Blueprints

PSIQUIATRIA

Blueprints

QUARTA EDIÇÃO

PSIQUIATRIA

Michael J. Murphy, MD, MPH
Instructor in Psychiatry
Harvard Medical School
Boston, Massachusetts
Assistant Psychiatrist
McLean Hospital
Belmont, Massachusetts

Ronald L. Cowan, MD, PhD
Assistant Professor of Psychiatry
Assistant Professor of Radiology and Radiological Sciences
Vanderbilt University Medical Center
Nashville, Tennessee

Colaborador
David F. Street, MD
Psychiatry Resident Physician
Department of Psychiatry
Vanderbilt University
Nashville, Tennessee

Consultor
Lloyd I. Sederer, MD
Executive Deputy Commissioner for Mental Hygiene
Department of Health and Mental Hygiene
The City of New York
New York, New York

Revisão Técnica
Claudio Lyra Bastos
Psiquiatra da Universidade Federal Fluminense, RJ
Diretor do Instituto Fluminense de Saúde Mental

REVINTER

Psiquiatria – Série Blueprints, Quarta Edição

ISBN 978-85-372-0198-5

Tradução:
ISMAR EMANUEL D'OLIVEIRA BASTOS
Professor da Universidade Gama Filho, RJ
Pós-Graduado em Docência Superior
Mestrado em Psicologia da Saúde

LUCIA HELENA DIAS DE OLIVEIRA BASTOS
Professora da Pós-Graduação de Fisioterapia Neurofuncional da Universidade Gama Filho, RJ
Pós-Graduada em Docência Superior
Mestrado em Psicologia da Saúde

Revisão Técnica:
CLAUDIO LYRA BASTOS
Psiquiatra da Universidade Federal Fluminense, RJ
Diretor do Instituto Fluminense de Saúde Mental

Título original:
Blueprints – Psychiatry, Fourth Edition

Livraria e Editora REVINTER Ltda.
Rua do Matoso, 170 – Tijuca
20270-135 – Rio de Janeiro – RJ
Tel.: (21) 2563-9700 – Fax: (21) 2563-9701
livraria@revinter.com.br – www.revinter.com.br

Prefácio

Psiquiatria – Série Blueprints foi concebido por um grupo de médicos recém-graduados, que perceberam a necessidade de uma revisão cuidadosa, porém compacta, da psiquiatria, que preparasse, adequadamente, os estudantes para o USMLE e que, ao mesmo tempo, fosse digerível em pequenas partes, fazendo com que residentes ocupados pudessem ler durante os raros momentos de calma entre as ocupações do hospital e as responsabilidades clínicas. Muitos estudantes têm relatado que o livro também é útil para a conclusão bem-sucedida dos internatos básico e avançado de psiquiatria. Acreditamos que o livro proporcionará uma boa visão geral do campo que o estudante deve suplementar com uma leitura mais profunda. Antes de *Blueprints*, sentíamos que os livros de revisão eram muito apressados para serem adequados ou muito detalhados na sua cobertura para os leitores ocupados e com pouco tempo livre. Temos mantido o conteúdo atual pelas revisões e atualizações repetidas do livro, enquanto preservamos um equilíbrio entre a abrangência e a brevidade. Muitas alterações têm sido feitas em resposta ao *feedback* do usuário. A estrutura do livro espelha os conceitos principais e terapêuticos da prática psiquiátrica moderna. Abordamos cada categoria diagnóstica principal, cada classe principal de tratamento somático e psicoterapêutico, aspectos legais e situações especiais únicas para o campo. Recomendamos que aqueles que se preparam para o USMLE leiam o livro na ordem dos capítulos, cruzando, quando útil, informações entre os capítulos de diagnóstico e tratamento. Esperamos que *Psiquiatria – Série Blueprints* se ajuste de maneira organizada ao seu regime de estudo como se ajusta na sua mochila ou pasta de documentos.

Michael J. Murphy, MD, MPH

Agradecimentos

Agradecemos ao corpo docente, à equipe e aos estudantes do McLean Hospital, Harvard Medical School, e ao Vanderbilt University Medical Center, por sua inspiração contínua.

Ronald L. Cowan, MD, PhD
Michael J. Murphy, MD, MPH

Abreviaturas

5-HT	5-hidroxitriptamina
AA	Alcoólicos anônimos
ACTH	Hormônio adrenocorticotrópico
AIDS	Síndrome da imunodeficiência adquirida
AMPc	Monofosfato de adenosina cíclico
ATC	Antidepressivo tricíclico
DE	Departamento de emergência
DSM-IV	*Diagnostic and Statistical Manual of Mental Disorders,* 4ª edição
EEG	Eletroencefalograma
ENV	Estimulação do nervo vago
ESE	Estado socioeconômico
FDA	*U.S. Food and Drug Administration*
GABA	Ácido γ-aminobutírico
GHB	γ-hidroxibutirato
GSA	Gasometria do sangue arterial
IM	Intramuscular
IV	Intravenoso
LSD	Dietilamida do ácido lisérgico
MAOI	Inibidor da monoamina oxidase
MDMA	*Ecstasy* (metilenodioximetanfetamina)
MeCP2	Metil-CpG ligando a proteína 2
NAS	Nível de álcool no sangue
NDRIs	Inibidores da recaptação da norepinefrina–dopamina
NIDA	*National Institute on Drug Abuse*
NMDA	N-metil-D-aspartato
NREM	Sem movimento ocular rápido
PCP	Fenciclidina
QI	Quociente de inteligência
REM	Movimento ocular rápido
RM	Ressonância magnética
RM	Retardo mental
SEP	Sintomas extrapiramidais
SIADH	Síndrome da secreção inadequada do hormônio antidiurético
SNC	Sistema nervoso central
SNM	Síndrome neuroléptica maligna
SNRIs	Inibidores da recaptação de norepinefrina–serotonina
SSRI	Inibidor seletivo da recaptação da serotonina
T_3	Triiodotironina
T_4	Tetraiodotironina
TAG	Transtorno de ansiedade generalizado
TC	Tomografia computadorizada
TCC	Terapia cognitivo-comportamental
TD	Discinesia tardia
TDAH	Transtorno de déficit de atenção/ hiperatividade
TDC	Terapia dialético-comportamental
TEC	Terapia eletroconvulsiva
TEPT	Transtorno de estresse pós-traumático
TOC	Transtorno obsessivo-compulsivo
TPA	Transtorno de personalidade anti-social
TSH	Hormônio tireoestimulante
WISC-R	Escala de inteligência de Wechsler para crianças – Revisada

Sumário

1 Transtornos Psicóticos 1
2 Transtornos do Humor 9
3 Transtornos de Ansiedade 17
4 Transtornos da Personalidade 24
5 Transtornos Relacionados com Substâncias Químicas 30
6 Transtornos Alimentares 39
7 Transtornos da Criança e do Adolescente 44
8 Transtornos Cognitivos 55
9 Transtornos Diversos 62
10 Condições Clínicas Especiais 70
11 Antipsicóticos 74
12 Antidepressivos, Terapia Eletroconvulsiva e Fototerapia 80
13 Estabilizadores do Humor 87
14 Ansiolíticos 93
15 Medicações Diversas 98
16 Principais Reações Adversas às Drogas 103
17 Teorias Psicológicas 108
18 Aspectos Legais 113
Perguntas 116
Respostas 129
Bibliografia 140
Índice Remissivo 141

Blueprints

PSIQUIATRIA

CAPÍTULO

1 Transtornos Psicóticos

Transtornos psicóticos são um grupo de transtornos no qual a **psicose**, definida como um comprometimento grave na avaliação da realidade, predomina no complexo de sintomas. Sintomas psicóticos específicos incluem delírios, alucinações, idéias de referência e transtornos do pensamento. A Tabela 1-1 lista o *Diagnostic and Statistical Manual of Mental Disorders*, 4ª edição (DSM-IV), classificação dos transtornos psicóticos.

É importante compreender que transtornos psicóticos são diferentes dos transtornos do humor com **aspectos psicóticos**. Os pacientes podem se apresentar com um episódio grave de depressão e ter delírios ou um episódio maníaco com delírios e alucinações. Esses pacientes não possuem um transtorno psicótico primário; ao invés disso, sua psicose é secundária ao transtorno do humor.

Os diagnósticos descritos abaixo estão entre os mais gravemente incapacitantes dos transtornos mentais. A incapacidade é devida, em parte, ao grau extremo de disfunção social e ocupacional associada a estes transtornos.

ESQUIZOFRENIA

Esquizofrenia é um transtorno no qual os pacientes têm sintomas psicóticos e disfunção social ou ocupacional que persiste por, no mínimo, 6 meses.

EPIDEMIOLOGIA

A esquizofrenia afeta 1% da população. A idade típica do início é logo após os 20 anos para os homens, e próximo dos 20 anos para as mulheres. As mulheres têm mais probabilidade de terem uma "primeira ruptura" mais tarde, durante a vida; de fato, em 1/3 das mulheres a doença inicia após 30 anos. A esquizofrenia é diagnosticada desproporcionalmente entre as classes socioeconômicas mais baixas; embora existam teorias para este achado, nenhuma foi substanciada.

FATORES DE RISCO

Os fatores de risco para a esquizofrenia incluem os riscos genéticos (história familiar), os pré-natais e perinatais, como dificuldades ou infecções durante a gravidez materna ou o parto, as anormalidades neurocognitivas, como baixo quociente de inteligência (QI), pré-morbidade ou dificuldades precoces do neurodesenvolvimento na infância, a vida urbana, a migração para uma cultura diferente e a utilização de maconha (especialmente nos indivíduos suscetíveis).

ETIOLOGIA

A etiologia da esquizofrenia é desconhecida. Existe um claro componente hereditário, porém a incidência familiar é esporádica e a esquizofrenia pode ocorrer em famílias sem histórico da doença. A esquizofrenia é amplamente admitida como sendo um transtorno do neurodesenvolvimento. A teoria mais notável é a **hipótese da dopamina**, que postula que a esquizofrenia é ocasionada por hiperatividade nas vias dopaminérgicas do cérebro. Esta teoria é consistente com a eficácia dos antipsicóticos (que bloqueiam os receptores de dopamina) e a capacidade das drogas (como cocaína ou anfetaminas) que estimulam a atividade dopaminérgica para induzir psicose. Estudos pós-morte têm mostrado também elevados números de receptores de dopamina nos núcleos subcorticais específicos dos indivíduos com esquizofrenia, mais do que naqueles com cérebros normais. Estudos mais recentes foram dirigidos para as anormalidades estrutural e funcional através de imagem do cérebro de pacientes com esquizofrenia e populações de controle. Nenhum achado ou nenhuma teoria, até o presente, foi suficiente para explicar a

TABELA 1-1

Transtornos Psicóticos

Esquizofrenia	Transtorno psicótico breve
Transtorno esquizofreniforme	Transtorno psicótico partilhado
Transtorno esquizoafetivo	Transtorno delirante

etiologia e a patogênese desta doença complexa. Sistemas neurotransmissores adicionais, como o ácido γ-aminobutírico (GABA) e o glutamato, e seus neurônios, também estão implicados na patogênese da esquizofrenia.

MANIFESTAÇÕES CLÍNICAS

História e Exame do Estado Mental

A esquizofrenia é um transtorno caracterizado por **sintomas positivos** e **negativos**, através de um padrão de **deterioração social e ocupacional**, e pela persistência da doença por, no mínimo, **6 meses**. Os sintomas positivos são caracterizados pela **presença** de pensamentos incomuns, percepções e comportamentos (p. ex., alucinações, delírios, agitação); os sintomas negativos são caracterizados pela ausência de funções normais sociais e mentais (p. ex., perda da motivação, isolamento, anergia, e autocuidado deficiente). A distinção positiva *versus* negativa foi feita em uma tentativa nosológica para identificar subtipos de esquizofrenia, assim como por causa de algumas medicações parecerem mais efetivas no tratamento dos sintomas negativos. Clinicamente, os pacientes exibem, com freqüência, tanto os sintomas positivos como os negativos ao mesmo tempo. A Tabela 1-2 lista os sintomas comuns positivos e negativos.

Para fazer o diagnóstico, dois (ou mais) dos seguintes critérios precisam estar presentes: alucinações, delírios, desorganização do discurso, comportamento fortemente desorganizado ou catatônico (mudo ou postural) ou sintomas negativos. Também precisa haver disfunção social ou ocupacional. O paciente precisa estar doente por, no mínimo, 6 meses.

Pacientes com esquizofrenia geralmente possuem uma história de funcionamento anormal pré-mórbido. O pródromo da esquizofrenia inclui poucas habilidades sociais, isolamento social e pensamento incomum (embora não francamente delirante). O questionamento acerca da história pré-morbidade pode ajudar a distinguir a esquizofrenia de uma doença psicótica secundária à mania ou ingestão de droga.

TABELA 1-2

Sintomas Positivos e Negativos da Esquizofrenia

Sintomas negativos	
Limitação afetiva	Expressão diminuída da emoção, tal como a falta de gestos expressivos
Alogia	Literalmente "falta de palavras", incluindo pobreza do discurso e do conteúdo do discurso em resposta a uma questão
Associalidade	Poucos amigos, atividades, interesses; comprometimento da intimidade, pouco interesse sexual
Sintomas positivos	
Alucinações	Alucinações auditivas, visuais, táteis ou olfativas; vozes que comentam
Delírios	Com freqüência descrita pelo conteúdo: persecutórios, grandiosos, paranóides, religiosos; idéias de referência, transmissão do pensamento, inserção do pensamento, isolamento do pensamento
Comportamento bizarro	Agressivo/agitado, aparência ou vestuário estranhos, comportamento social estranho, comportamento repetitivo estereotipado

Adaptado de Andreasen NC, Black DW, *Introductory Textbook Psychiatry.* 3rd ed. Washington, 2001.

Pacientes com esquizofrenia estão em alto risco de suicídio. Aproximadamente 1/3 irá tentar suicídio e 10% irá completar. Os fatores de risco para o suicídio incluem gênero masculino, idade < 30 anos, curso crônico, depressão prévia e alta hospitalar recente.

O DSM-IV reconhece 5 subtipos de esquizofrenia: paranóide, desorganizada, catatônica, não-diferenciada e residual. Os subtipos de esquizofrenia são úteis como descritores, porém não têm mostrado serem confiáveis ou válidos. A Tabela 1-3 descreve estes subtipos.

Avaliação Diagnóstica

A avaliação diagnóstica para a esquizofrenia envolve histórico detalhado, exames físico e laboratorial, incluindo, preferivelmente, imagem de ressonância magnética do cérebro (RM). Causas médicas, como anormalidades neuroendócrinas, abuso de psicoestimulante ou dependência e agressões ao cérebro como tumores ou infecção, devem ser excluídos.

TABELA 1-3

Subtipos de Esquizofrenia

Paranóide	Delírios paranóides, alucinações auditivas freqüentes, afeto *não* diminuído
Catatônico	Imobilidade motora ou excessiva, atividade motora sem propósito, manutenção de uma postura rígida, ecolalia
Desorganizado	Discurso desorganizado, comportamento desorganizado, afeto diminuído ou inapropriado, não catatônico
Indiferenciado (provavelmente a mais comum)	Delírios, alucinações, discurso desorganizado, comportamento catatônico, sintomas negativos; *sem alcançar critérios para paranóide, catatônico ou desorganizado*
Residual	Atender aos critérios para esquizofrenia, já resolvida, isto é, sem alucinações, sem delírios proeminentes etc., porém sintomas negativos *residuais* ou delírios atenuados, alucinações ou transtorno do pensamento

Adaptado de Andreasen NC, Black DW, *Introductory Textbook of Psychiatry.* 3rd ed. Washington, DC: American Psychiatric Publishing, 2001.

Diagnóstico Diferencial

O diagnóstico diferencial de um episódio psicótico agudo é amplo e desafiador (Tabela 1-4). Uma vez que um quadro orgânico ou relacionado a substâncias químicas tenha sido excluído, a tarefa é diferenciar esquizofrenia de um transtorno esquizoafetivo, de um transtorno do humor com aspectos psicóticos, de um transtorno delirante ou de um transtorno da personalidade.

MANEJO

Agentes antipsicóticos (também denominados neurolépticos) são primariamente utilizados no tratamento. Estas medicações são utilizadas para tratar episódios psicóticos agudos e para manter os pacientes em remissão ou com doença crônica. Medicações antipsicóticas são discutidas no Capítulo 11. As combinações de diversas classes de medicação são, com freqüência, prescritas em casos graves ou refratários. **Tratamentos psicossociais**, incluindo psicoterapia estável orientada para a realidade, suporte da família, psicoeducação, treinamento de habilidades sociais e vocacionais, e atenção para detalhes da situação de vida (moradia, cole-

TABELA 1-4

Causas de Síndromes Psicóticas Agudas

Transtornos psiquiátricos maiores
Exacerbação aguda da esquizofrenia
Psicoses atípicas (p. ex., esquizofreniforme)
Depressão com aspectos psicóticos
Mania
Abuso e privação de droga
Privação de álcool
Anfetaminas e cocaína
Fenilciclidina (PCP) e alucinógenos
Privação de hipnótico sedativo
Prescrição de drogas
Agentes anticolinérgicos
Toxicidade de digitálicos
Hormônios glicocorticóides e adrenocorticotrópicos (ACTH)
Isoniazida
L-Dopa e outros agonistas da dopamina
Agentes antiinflamatórios não-esteroidais
Privação de inibidores da monoaminoxidase (IMAOs)
Outros agentes tóxicos
Bissulfeto de carbono
Metais pesados
Causas neurológicas
Encefalopatia por AIDS
Tumor do cérebro
Convulsões parciais complexas
Início da doença de Alzheimer ou de Pick
Doença de Huntington
Encefalopatia hipóxica
Encefalite viral infecciosa
Cerebrite lúpica
Neurossífilis
Acidente vascular cerebral
Doença de Wilson
Causas metabólicas
Porfiria intermitente aguda
Síndrome de Cushing

(Continua)

TABELA 1-4

Causas de Síndromes Psicóticas Agudas (*Cont.*)

Encefalopatia hepática precoce
Hipo e hipercalcemia
Hipoglicemia
Hipo e hipertireoidismo
Síndromes paraneoplásicas (encefalite límbica)
Causas nutricionais
Deficiência de niacina (pelagra)
Deficiência de tiamina (síndrome de Wernicke-Korsakoff)
Deficiência de vitamina B_{12}

De Rosenbaum JF, Arana GW, Hyman SE *et al. Handbook of Psychiatric drug Therapy.* 5th ed. Philadelphia: Lippincott Williams & Wilkins, 2005.

gas de quarto, atividades diárias) são críticas para o manejo a longo prazo destes pacientes. Complicações da esquizofrenia incluem aquelas relatadas para as medicações antipsicóticas, conseqüências secundárias do cuidado de saúde pobre e comprometimento da capacidade de cuidar de si mesmo, e aumento dos índices de suicídio. Uma vez diagnosticada, a esquizofrenia é um transtorno crônico remitente/reincidente com comprometimento da função interepisódica. Prognóstico sombrio ocorre com o início precoce, uma história de traumatismo craniano ou co-morbidade por abuso de substância.

PONTOS-CHAVE

1. A esquizofrenia é caracterizada por psicose e disfunção social/ocupacional.
2. Os sintomas precisam durar, no mínimo, 6 meses.
3. A esquizofrenia possui um índice de 10% de suicídio (aproximadamente 1/3 tentará).
4. Tratamento com antipsicóticos e suporte psicossocial.

TRANSTORNO ESQUIZOAFETIVO

Pacientes com transtorno esquizoafetivo têm episódios psicóticos que **lembram a esquizofrenia, porém com transtornos do humor proeminentes**. Seus sintomas psicóticos, entretanto, precisam persistir por algum tempo na ausência de qualquer síndrome de humor.

EPIDEMIOLOGIA

A prevalência ao longo da vida é estimada em 0,5% a 0,8%. A idade do início é similar para a esquizofrenia (final da adolescência até o início dos 20 anos).

FATORES DE RISCO

Fatores de risco para o transtorno esquizoafetivo não estão bem estabelecidos, porém provavelmente sobrepõem-se àqueles da esquizofrenia e dos transtornos afetivos.

ETIOLOGIA

A etiologia do transtorno esquizoafetivo é desconhecida. Ela pode ser uma variante da esquizofrenia, uma variante de um transtorno do humor, uma síndrome psicótica distinta ou, simplesmente, um transtorno do humor superimposto e transtorno psicótico.

MANIFESTAÇÕES CLÍNICAS

História e Exame do Estado Mental

Pacientes com transtorno esquizoafetivo têm os sintomas típicos da esquizofrenia e coincidentemente, um transtorno principal do humor, tal como um episódio maníaco ou depressivo. Eles precisam, também, ter períodos de doença com sintomas psicóticos **sem um transtorno principal do humor**. Os transtornos do humor precisam estar presentes para uma parte substancial da doença.

Existem dois subtipos de transtorno esquizoafetivo reconhecidos na DSM-IV, **transtorno depressivo** e **transtorno bipolar**, que são determinados pela natureza dos episódios de transtorno do humor.

Avaliação Diagnóstica

A avaliação diagnóstica para o transtorno esquizoafetivo é similar a outras condições psiquiátricas e envolve histórico detalhado, exames físico e laboratorial, incluindo, preferivelmente, imagem de ressonância magnética do cérebro (RM). Condições médicas produzindo sintomas comportamentais secundários devem ser excluídas.

Diagnóstico Diferencial

Transtornos do humor com aspectos psicóticos, como na mania ou depressão psicótica, são diferentes do transtorno esquizoafetivo em que os pacientes têm persistência (de, no mínimo, 2 semanas) dos sintomas psicóticos após os sintomas do humor terem se resolvido. A esquizofrenia é diferenciada do transtorno esquizoafetivo pela ausência de um transtorno de humor proeminente no curso da doença.

É importante distinguir os sintomas negativos proeminentes do paciente com esquizofrenia da **falta de energia** ou **anedonia** no paciente deprimido com transtorno esquizoafetivo. Sintomas mais evidentes de um transtorno do humor (como humor deprimido e transtorno do sono) devem indicar um verdadeiro transtorno de humor coincidente.

MANEJO

Os pacientes são tratados com medicações que se dirigem à psicose e ao transtorno do humor. Geralmente, estes pacientes requerem a **combinação de uma medicação antipsicótica e um estabilizador do humor**. Estabilizadores do humor estão descritos no Capítulo 13. Terapia antidepressiva ou eletroconvulsiva pode ser necessária para um episódio depressivo agudo. Tratamentos psicossociais são similares para o transtorno esquizoafetivo e a esquizofrenia. Complicações do transtorno esquizoafetivo incluem as relatadas para medicações antipsicóticas e estabilizadores do humor, conseqüências secundárias de pouco cuidado com a saúde e comprometimento da habilidade para cuidar de si mesmo, e índices aumentados de suicídio. O prognóstico é melhor para a esquizofrenia e pior para o transtorno bipolar ou depressão maior. Os pacientes com transtorno esquizoafetivo têm maior probabilidade de uma remissão após o tratamento do que os com esquizofrenia, porém menor probabilidade do que os pacientes desordenados do humor.

PONTOS-CHAVE

1. No transtorno esquizoafetivo existem transtornos do humor *com* episódios psicóticos e existem períodos de psicose *sem* um transtorno do humor.
2. Tratamento com antipsicóticos e estabilizadores do humor.
3. O prognóstico para o transtorno esquizoafetivo é melhor do que para a esquizofrenia, porém pior do que para o transtorno do humor.

TRANSTORNO ESQUIZOFRENIFORME

Essencialmente, o transtorno esquizofreniforme é a esquizofrenia que dura, no mínimo, 6 meses e não envolve o isolamento social.

EPIDEMIOLOGIA

A validade deste diagnóstico está sob questão. Resultados de estudos deste transtorno indicam que a maior parte dos pacientes pode desenvolver uma esquizofrenia completa, enquanto outros parecem desenvolver um transtorno do humor. O diagnóstico do transtorno esquizofreniforme pode, entretanto, ajudar a evitar o diagnóstico prematuro de pacientes com esquizofrenia antes de algum outro transtorno, como o transtorno bipolar propriamente dito, se manifestar.

FATORES DE RISCO

Em virtude de a maior parte dos pacientes com transtorno esquizofreniforme eventualmente ser diagnosticada com esquizofrenia, os fatores de risco provavelmente são similares para os dois grupos.

ETIOLOGIA

Até o momento a etiologia é desconhecida. No mínimo um estudo encontrou similaridades nas anormalidades de estruturas do cérebro entre pacientes com esquizofrenia e aqueles com transtorno esquizofreniforme.

MANIFESTAÇÕES CLÍNICAS

História e Exame do Estado Mental

O transtorno esquizofreniforme é, essencialmente, uma **esquizofrenia de duração limitada** sem isolamento social. Pacientes com este transtorno têm o que parece ser um episódio "completo" de esquizofrenia, incluindo delírios, alucinações, discurso desorganizado ou sintomas negativos, porém a duração da doença incluindo fases prodrômicas, ativa e residual é de 1 a 6 meses. O diagnóstico modifica-se para esquizofrenia, uma vez que os sintomas tenham se estendido passados 6 meses, mesmo se apenas os sintomas residuais tiverem permanecido.

Diagnóstico Diferencial

Precisa ser tomado cuidado para distinguir o transtorno esquizofreniforme de um episódio maníaco ou depressivo com aspectos psicóticos. Outras causas de uma psicose aguda precisam ser excluídas (induzida por substância ou provocada por uma condição médica geral).

MANEJO

O transtorno é, por definição, **autolimitado**. Quando os sintomas causam comprometimento grave, o tratamento é similar àquele para o tratamento agudo da psicose na esquizofrenia.

PONTOS-CHAVE

1. O transtorno esquizofreniforme lembra a esquizofrenia.
2. O transtorno resolve-se completamente em menos de 6 meses.
3. Com mais freqüência resultam em esquizofrenia ou transtorno bipolar.
4. O transtorno é autolimitado.

TRANSTORNO DELIRANTE

O transtorno delirante é caracterizado por idéias delirantes não bizarras, sem outros sintomas psicóticos. É raro, seu curso é crônico e o tratamento é de apoio.

EPIDEMIOLOGIA

Este transtorno é raro, com prevalência de menos de 0,05%. Geralmente, o início é da metade para o fim da vida; afeta com mais freqüência as mulheres. Seu curso geralmente é **crônico**, com remissão incomum.

ETIOLOGIA

A etiologia é desconhecida. Com freqüência, estressores psicossociais parecem ser etiológicos, por exemplo, após **migração**. Na psicose de migração, a pessoa recentemente imigrada desenvolve delírios de perseguição. Muitos pacientes com transtorno delirante têm um caráter paranóide de pré-morbidade. O transtorno de personalidade paranóide tem sido encontrado nas famílias de pacientes com transtorno delirante.

MANIFESTAÇÕES CLÍNICAS

História e Exame do Estado Mental

Este transtorno é caracterizado por **idéias delirantes não bizarras** bem sistematizadas acerca de coisas que poderiam acontecer na vida real (ser seguido, envenenado, infectado, amado a distância, ter uma doença, ser desejado pelo cônjuge de alguém ou por outra pessoa significativa). O delírio precisa estar presente por, no mínimo, 1 mês. A não ser pelo delírio, o ajustamento social do paciente pode ser normal.

O paciente não precisa atender critérios para a esquizofrenia. Qualquer transtorno do humor precisa ser breve em relação à duração da doença. O DSM-IV reconhece sete subtipos de transtorno delirante (Tabela 1-5).

TABELA 1-5

Subtipos de Transtorno Delirante

Erotomaníaco	Uma pessoa torna-se falsamente convencida de que outra pessoa está apaixonada por ele ou por ela
Grandioso	Uma pessoa torna-se falsamente convencida de que ele ou ela possui habilidades especiais ou de outras formas é muito mais importante do que a realidade indica
Ciumento	Uma pessoa torna-se falsamente convencida de que seu ou sua amada é infiel
Persecutório	Uma pessoa torna-se falsamente convencida de que os outros podem ameaçá-lo ou ameaçá-la e que ele ou ela está contra uma conspiração geral
Somático	Uma pessoa torna-se falsamente convencida de que ele ou ela possui um transtorno da função corporal, por exemplo, disfunção de órgão, odor corporal, infecção de parasita
Misto	Uma pessoa é assim diagnosticada quando nenhum tema único de delírio predomina
Não-específico	Uma pessoa é assim diagnosticada quando um tema único de delírio não pode ser determinado ou quando o tema de delírio predominante não se encaixa nos critérios de subtipo

DIAGNÓSTICO DIFERENCIAL

É importante excluir outras doenças psiquiátricas ou condições médicas que podem ter causado as idéias delirantes. Portanto, o transtorno delirante precisa ser distinguido da depressão maior com aspectos psicóticos, mania, esquizofrenia e personalidade paranóide.

MANEJO

Ensaios de antipsicóticos são apropriados, porém são, com freqüência, ineficazes. O tratamento primário é a **psicoterapia**, tomando cuidado para nem sustentar nem refutar o delírio, porém manter uma **aliança** com o paciente. Sem tal aliança, a maior parte dos pacientes abandona o tratamento; com uma aliança, ao longo do tempo, o paciente pode abandonar os delírios.

PONTOS-CHAVE

1. O transtorno delirante é caracterizado por delírios não bizarros.
2. Transtorno crônico e não remitente.
3. O tratamento envolve uma aliança terapêutica.

TRANSTORNO PSICÓTICO BREVE

No transtorno psicótico breve o paciente experimenta um episódio psicótico total que é de **curta duração**. Ele pode ser temporariamente relatado para algum estressor ou ocorrer após o parto, porém também é visto **sem qualquer antecedente aparente**.

EPIDEMIOLOGIA

Existem dados disponíveis insuficientes para determinar a razão prevalência e sexo.

ETIOLOGIA

A etiologia é desconhecida; entretanto, o transtorno parece estar associado ao transtorno de personalidade limítrofe e ao transtorno de personalidade esquizotípica.

MANIFESTAÇÕES CLÍNICAS

História e Exame do Estado Mental

No transtorno psicótico breve, o paciente desenvolve sintomas psicóticos que duram no mínimo 1 dia, porém não mais do que 1 mês, seguidos pelo retorno eventual ao funcionamento pré-mórbido. Os pacientes podem exibir qualquer combinação de delírios, alucinações, discurso desorganizado ou comportamento fortemente desorganizado. Existem três subtipos reconhecidos: **com marcados estressores** (anteriormente conhecido como psicose reativa breve), **sem marcados estressores** e **pós-parto**. Os pacientes com o subtipo pós-parto geralmente desenvolvem os sintomas dentro de 1 a 2 semanas após o parto que se resolvem dentro de 2 a 3 meses.

Diagnóstico Diferencial

É importante excluir a esquizofrenia, especialmente se o transtorno piorar ou persistir por mais de 1 mês (exceto para a psicose pós-parto, que pode durar de 2 a 3 meses). Transtorno do humor, como mania ou depressão com aspectos psicóticos, precisa ser excluído.

MANEJO

A hospitalização pode ser necessária para proteger o paciente. O tratamento com antipsicóticos é comum, embora a condição seja, por definição, autolimitada e nenhum tratamento específico seja requerido. O ambiente contendo os arredores do hospital pode ser suficiente para ajudar a recuperação do paciente.

PONTOS-CHAVE

1. O transtorno psicótico breve é caracterizado por sintomas psicóticos típicos.
2. A condição é de vida curta, durando de 1 a 30 dias.
3. O transtorno pode ser precedido por um estressor ou pode ser pós-parto.
4. O transtorno pode ocorrer sem antecedente.
5. A condição é autolimitada.

Bibliografia

Freedman R. Schizophrenia. *N Engl J Med*. 2003 Oct 30;349(18):1738-1749. Review.

Maki P, Veijola J, Jones PB, et al. Predictors of schizophrenia–a review. *Br Med Bull*. 2005 Jun 9;73-74:1-15.

Winterer G, Weinberger DR. Genes, dopamine and cortical signal-to-noise ratio in schizophrenia. *Trends Neurosci.* 2004 Nov;27(11):683-690. Review.

CAPÍTULO

2 Transtornos do Humor

Transtornos do humor estão entre os diagnósticos mais comuns em psiquiatria. O humor é um estado emocional persistente (conforme diferenciado do afeto, que é a exibição externa dos sentimentos). Existem três categorias principais de Transtornos do humor, de acordo com o *Diagnostic and Statistical Manual of Mental Disorders*, 4ª edição: transtornos do humor unipolares (transtorno depressivo maior, transtorno distímico), transtornos do humor bipolares (transtorno bipolar I, transtorno bipolar II e transtorno ciclotímico) e transtornos do humor de etiologia conhecida (transtorno do humor induzido por substância e transtorno do humor devido à condição médica geral) (Tabela 2-1).

A melhor evidência disponível sugere que os transtornos do humor repousam em um *continuum* com o humor normal. Embora a mania e a depressão sejam, com freqüência, vistas como extremidades opostas do espectro do humor, elas podem ocorrer simultaneamente em um único indivíduo dentro de um breve período, dando origem ao conceito de estados de humor mistos.

TRANSTORNOS UNIPOLARES

Os transtornos unipolares consistem no transtorno depressivo maior e no transtorno distímico.

TRANSTORNO DEPRESSIVO MAIOR

O transtorno depressivo maior é diagnosticado após um único episódio de depressão maior (Tabela 2-2). É caracterizado por modificações emocionais, primariamente humor deprimido, e pelas denominadas modificações vegetativas, consistindo de alterações no sono, apetite e níveis de energia. Um episódio depressivo maior pode ocorrer a qualquer momento, a partir do início da infância até a velhice.

Epidemiologia

O índice de prevalência ao longo da vida (irá ocorrer em algum ponto na vida da pessoa) para transtorno depressivo maior é de 5% a 20%. A razão homem-mulher é de 2:1. Distribuições raciais parecem iguais, e variáveis socioeconômicas não parecem ser um fator. A incidência (índice de novos casos) é maior entre as idades de 20 e 40 anos e diminui após os 65 anos. Aproximadamente, 2,5% das crianças e 8% dos adolescentes sofrem de depressão; a depressão afeta de 1% a 3% das pessoas idosas.

Etiologia

Teorias psicossociais da depressão geralmente visualizam perdas interpessoais (reais ou percebidas) como fatores de risco para o desenvolvimento da depressão. De fato, a evidência disponível sugere que a perda de um dos pais na infância ou a perda de um cônjuge está associada à depressão. Teorias psicanalíticas clássicas centram-se na ambivalência em direção ao "objeto perdido" (pessoa), embora teorias mais recentes concentrem-se na importância crítica da relação de "objeto" na manutenção do equilíbrio psíquico e da auto-estima. O modelo cognitivo-comportamental vê as distorções cognitivas como os eventos primários que forjam uma percepção incorreta negativa do mundo que, por sua vez, gera emoções negativas. O modelo de desamparo aprendido (baseado nos estudos animais) sugere que a depressão emerge quando os indivíduos acreditam que eles não têm controle sobre os estresses e as dores que os acometem.

Dados biológicos, familiares e genéticos sustentam a idéia de uma diátese biológica na gênese da depressão. Estudos genéticos mostram que a depressão é encontrada como concordante com mais freqüência em gêmeos monozigotos do que em gêmeos dizigotos. A depressão unipolar em um dos pais leva a uma incidência aumentada de ambos os transtornos do humor, uni e bipolares, na sua descendência.

A evidência aponta para anormalidades nos neurotransmissores de aminas como mediadores dos estados depressivos: a evidência é maior para deficiências na norepinefrina e na serotonina.

TABELA 2-1

Classificação do Transtorno do Humor

Unipolar	Bipolar	Etiológica
Transtorno depressivo maior	Transtorno bipolar I	Transtorno induzido por substância
Transtorno distímico	Transtorno bipolar II	Transtorno do humor devido à condição médica geral
	Transtorno ciclotímico	

Anormalidades neuroendócrinas no eixo hipotalâmico-pituitário-supra-renal estão, com freqüência, presentes na depressão e sugerem uma ligação neuroendócrina.

Transtornos do sono são queixas quase universais nas pessoas deprimidas. Evidência objetiva de estudos do sono revela que o sono profundo (sono delta, estágios 3 e 4) está diminuído na depressão e que alterações do sono com movimentação ocular rápida (REM) incluem tempo aumentado na fase REM e o início mais precoce da fase REM no ciclo do sono (latência diminuída para REM).

TABELA 2-2

Critérios para Episódio Depressivo Maior

Humor: humor deprimido a maior parte do dia, quase todos os dias

Sono: insônia ou hipersonia

Interesse: marcada diminuição no interesse e prazer na maior parte das atividades

Culpa: sentimentos de falta de valor ou culpa inapropriada

Energia: fadiga ou baixa energia quase todos os dias

Concentração: concentração diminuída ou aumento da indecisão

Apetite: apetite aumentado ou diminuído, ganho ou perda de peso

Psicomotor: agitação ou retardo psicomotor

Suicídio: pensamentos recorrentes de morte, idéia suicida, plano suicida, tentativa suicida

Os critérios gerais para um episódio depressivo maior requerem 5 ou mais dos sintomas acima, estando presentes por, no mínimo, 2 semanas; um sintoma precisa ser o *humor deprimido* ou *a perda do interesse* ou *prazer*. Estes sintomas devem caracterizar-se por uma alteração no funcionamento prévio e não podem ser devidos a quadros orgânicos, nem induzidos por drogas e nem devidos a perdas ou luto. Os sintomas também precisam causar *sofrimento* ou *incapacitação.*

Da American Psychiatric Association, *Diagnostic and statistical manual of mental disorders,* 4th ed, text rev. Washington, DC: American Psychiatric Association, 2000.

Manifestações Clínicas

História e Exame do Estado Mental

O transtorno depressivo maior é diagnosticado se um paciente experimenta, no mínimo, um episódio de depressão maior e não alcança os critérios para transtorno bipolar ou transtorno etiológico do humor. A depressão maior é caracterizada por modificações emocionais e vegetativas. Modificações emocionais incluem, mais comumente, humor deprimido com sentimentos de tristeza, desamparo, culpa e desespero. A irritabilidade pode ser a queixa de humor primária em alguns casos. Sintomas vegetativos incluem alterações no sono, no apetite, na energia e na libido. Além dos sintomas vistos nos adultos, as crianças evitam a escola, apresentam problemas com autoridade, dores de cabeça ou dores estomacais freqüentes e surtos de fúria. Pessoas idosas, com freqüência incomodadas por luto, perdas ou doenças médicas, apresentam-se com os sintomas usuais do adulto e índices mais elevados de ansiedade ocorrendo em conjunto.

A depressão maior é freqüentemente **recorrente**. A duração usual de um episódio não tratado (Fig. 2-1A) é de 6 a 12 meses. Dos pacientes diagnosticados com depressão maior, 15% morrem por suicídio em algum momento de sua vida. Homens brancos acima de 65 anos de idade têm um índice de suicídio 5 vezes maior do que o da população geral.

Diagnóstico Diferencial

Os transtornos do humor secundários a (induzidos por) doenças médicas ou abuso de substância são os diagnósticos diferenciais primários. A depressão psicótica precisa ser diferenciada da esquizofrenia; sintomas negativos da esquizofrenia podem mimetizar a depressão. Pessoas com depressão maior podem, eventualmente, alcançar critérios para o transtorno bipolar.

Manejo

A depressão é responsiva a **psicoterapia** e **farmacoterapia**. Casos mais leves podem ser tratados com breves intervenções psicoterápicas isoladas. Para muitos casos graves, medicações antidepressivas combinadas com psicoterapia são superiores às medicações ou psicoterapia isoladas. Entre as psicoterapias, terapias de suporte, cognitivo-comportamentais e interpessoais breves têm mais dados para susten-

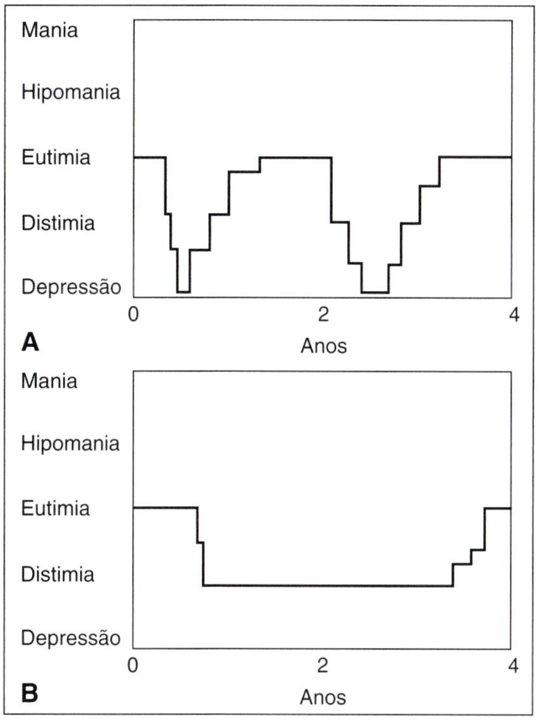

Figura 2-1 Transtornos unipolares do humor. **A:** Transtorno depressivo maior; **B:** transtorno distímico.

tar sua eficácia. Existe uma longa tradição de psicoterapia psicodinâmica no tratamento da depressão, embora ela não tenha sido empiricamente bem estudada.

Existem muitas classes de antidepressivos disponíveis que são eficazes e geralmente são escolhidos de acordo com os perfis dos efeitos colaterais. No momento, as classes disponíveis de antidepressivos incluem antidepressivos tricíclicos, inibidores de recaptação seletiva de serotonina, inibidores da monoaminoxidase e antidepressivos atípicos. Além disso, o lítio, o hormônio tireóideo e os psicoestimulantes podem ser utilizados como tratamentos potencializadores.

Crianças e adolescentes com depressão se beneficiam de alguns antidepressivos, bem como da psicoterapia. Elas podem estar em um risco elevado de suicídio durante o tratamento farmacológico ativo e as vítimas devem ser cuidadosamente acompanhadas por um especialista em saúde mental. Pessoas idosas com depressão se saem melhor quando baixas dosagens de antidepressivo são iniciadas e elevadas lentamente em conjunção com a psicoterapia.

A terapia eletroconvulsiva (TEC) é utilizada em depressões psicóticas graves ou refratárias ao tratamento, ou quando as medicações são contra-indicadas (p. ex., nos indivíduos idosos ou debilitados). A estimulação nervosa vagal, um tratamento novo bioelétrico envolvendo a estimulação elétrica do nervo vago via um dispositivo implantado cirurgicamente, tem mostrado alguma promessa, como um tratamento potencial para a depressão maior, embora a utilização atual ainda esteja limitada pelo custo e pela disponibilidade. Medicações antipsicóticas são um adjunto essencial para os antidepressivos em depressões psicóticas e podem ser úteis mesmo na depressão não-psicótica. Os ansiolíticos podem ser utilizados como adjuntos para antidepressivos na depressão com níveis elevados de ansiedade, embora antidepressivos mais sedativos possam ser suficientes. A fototerapia pode ser utilizada para transtornos de humor sazonais.

PONTOS-CHAVE

1. A depressão maior é um transtorno do humor unipolar.
2. A condição afeta pessoas de todas as idades e é, com freqüência, recorrente.
3. A depressão maior tem um índice de suicídio de 15%.
4. A psicoterapia e a farmacoterapia combinadas são o melhor tratamento para todas as idades.

TRANSTORNO DISTÍMICO

Transtorno distímico é uma forma leve da depressão maior crônica.

Epidemiologia

A prevalência ao longo da vida é de 6%.

Etiologia

Em virtude de a distimia ser, com freqüência, conceitualizada como uma forma leve e crônica de depressão maior, etiologias similares geralmente são atribuídas à distimia.

Manifestações Clínicas

História e Exame do Estado Mental

O transtorno distímico é uma forma crônica e menos grave da depressão maior. O diagnóstico da distimia requer que um indivíduo experimente um mínimo de 2 anos de humor cronicamente deprimido a maior parte do tempo (Fig. 2-1B). Sintomas associados e queixas podem incluir modificações no apetite e no sono, fadiga, concentração diminuída e sensação de desamparo. A distimia pode ser crônica e difícil para tratar. Às vezes, episódios depressivos maiores podem ocorrer juntamente, dando origem ao termo depressão dupla.

Diagnóstico Diferencial

A depressão maior e os transtornos etiológicos do humor são as considerações primárias do diagnóstico diferencial.

Manejo

O tratamento é similar ao da depressão maior, exceto pela psicoterapia, que pode desempenhar um papel maior e o curso do tratamento pode ser mais prolongado.

PONTOS-CHAVE

1. A distimia é um transtorno do humor unipolar.
2. A condição é crônica, durando no mínimo 2 anos.
3. A distimia é freqüentemente refratária ao tratamento.

TRANSTORNOS BIPOLARES

Os transtornos bipolares são: bipolar I, II e ciclotimia.

TRANSTORNO BIPOLAR I

O transtorno bipolar I é o mais sério dos transtornos bipolares e é diagnosticado após, no mínimo, um episódio de mania (Tabela 2-3). Pacientes com transtorno bipolar I geralmente também experimentam episódios depressivos maiores no curso de suas vidas.

TABELA 2-3

Critérios para Episódio Maníaco
Três a quatro dos seguintes critérios são requeridos durante um período de humor elevado:
Auto-estima: altamente inflada, grandiosidade
Sono: diminuição da necessidade para o sono, repouso após apenas poucas horas
Discurso: acelerado
Pensamentos: acelerados ou fuga de idéias
Atenção: fácil distraibilidade
Atividade: aumento da atividade focalizada
Hedonismo: alto excesso de envolvimento em atividades de prazer (sexo, gastos, viagens)
Critérios gerais para um episódio maníaco requerem um período claro de *humor* persistentemente *elevado, expansivo ou irritável* durando 1 semana ou grave o suficiente para requerer hospitalização. Estes sintomas precisam ser uma mudança de um funcionamento anterior e não podem ser causados por condição médica, não podem ser induzidos por substância. Os sintomas também precisam causar sofrimento ou comprometimento

Da American Psychiatric Association, *Diagnostic and statistical manual of mental disorders*, 4th ed, text rev. Washington, DC: American Psychiatric Association, 2000.

Epidemiologia

A prevalência ao longo da vida é de 0,4% a 1,6% e a razão homem-mulher é igual. Não existem variações raciais na incidência.

Etiologia

Estudos genéticos e familiares revelam que o transtorno bipolar I está associado a maior freqüência de bipolar I e II, e depressivos maiores em parentes de 1º grau. A ligação ao X tem sido demonstrada em alguns estudos, porém permanece controversa. A mania pode ser precipitada pelos estressores psicossociais, e existe evidência que perturbações no ciclo sono/vigília podem predispor uma pessoa à mania.

Manifestações Clínicas

História e Exame do Estado Mental

O transtorno bipolar I é definido pela ocorrência da mania (ou um episódio misto). Um único episódio de mania é suficiente para alcançar os requerimentos diagnósticos; a maior parte dos pacientes, entretanto, tem episódios recorrentes de mania geralmente mesclados com episódios depressivos. Os critérios para um episódio maníaco estão delineados na Tabela 2-3.

O primeiro episódio de mania geralmente ocorre no início dos 20 anos. Episódios maníacos são geralmente mais breves do que os episódios depressivos. A transição entre a mania e a depressão ocorre sem um período interveniente de eutimia em cerca de 2 de 3 pacientes (Fig. 2-2A). Os índices de suicídio ao longo da vida variam de 10% a 15%.

Crianças podem se apresentar com transtorno bipolar que lembra o tipo adulto, porém difere de acordo com a idade e o nível de desenvolvimento. Várias crianças pequenas podem se apresentar com risada incontrolável, crianças um pouco mais velhas podem tentar ensinar sua classe escolar de gramática na presença de seu professor, adolescentes podem se apresentar com surtos graves de raiva e agitação. Problemas psiquiátricos co-ocorrendo e dificuldades psicossociais são a norma. A maior parte das crianças com transtorno bipolar possui mais de um parente com a condição. Um primeiro episódio de transtorno bipolar em indivíduos idosos é raro. Causas médicas ou neurológicas de um transtorno bipolar recente em uma pessoa idosa devem ser profundamente investigadas.

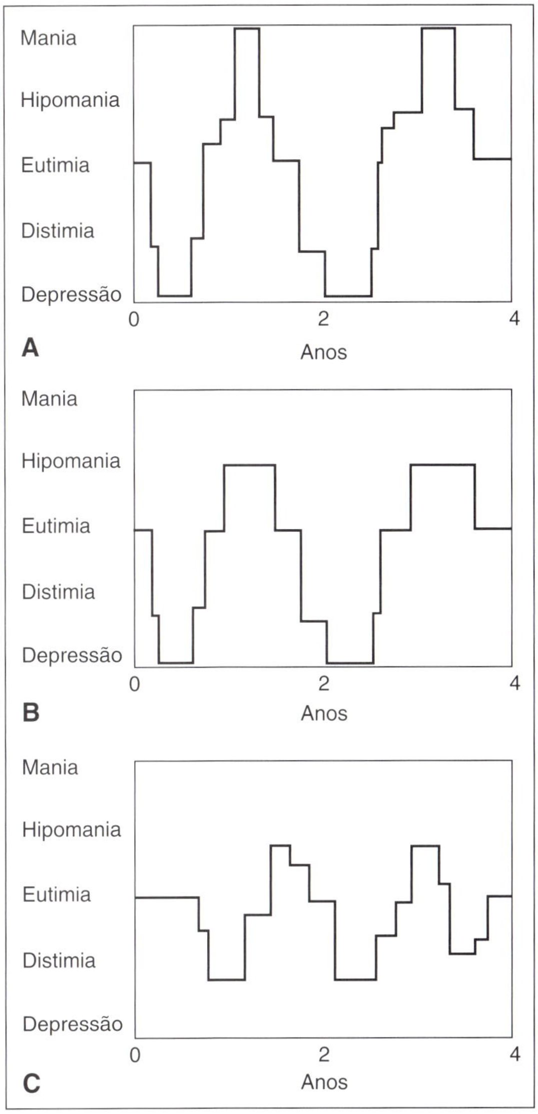

Figura 2-2 Transtornos bipolares do humor. **A:** Transtorno bipolar I; **B:** transtorno bipolar II; **C:** transtorno ciclotímico.

Diagnóstico Diferencial

A mania pode ser induzida pelo tratamento antidepressivo, incluindo medicações antidepressivas, psicoestimulantes, TEC e fototerapia. Quando isto ocorre, o paciente é diagnosticado com transtorno do humor induzido por substância e não como transtorno bipolar. O transtorno bipolar, devido a uma condição médica geral, é outra consideração diferencial maior. O transtorno esquizoafetivo, o transtorno de personalidade limítrofe e a depressão com agitação também são considerações.

Manejo

Pessoas experimentando um episódio maníaco com freqüência têm uma percepção pobre e resistem ao tratamento. Intervenções farmacológicas para a mania aguda incluem **antipsicóticos** em conjunção com **benzodiazepínicos** (para tranqüilização rápida) e início de medicação de **estabilização do humor**. Os antipsicóticos freqüentemente são utilizados na mania com e sem aspectos psicóticos. O lítio é o estabilizador do humor mais comumente utilizado, porém o ácido valpróico é muito eficaz, ainda mais para a mania de ciclos rápidos. A carbamazepina, a lamotrigina, a gabapentina e os benzodiazepínicos de longa ação são utilizados quando os tratamentos de primeira linha falham. Alguns antipsicóticos atípicos, particularmente a clozapina, a quetiapina, a olanzapina e o aripiprazol, parecem atuar como estabilizadores do humor e são cada vez mais utilizados na manutenção do transtorno bipolar. O TEC (ECT) para a mania, episódios mistos ou episódios depressivos é utilizado nos pacientes com intolerância à medicação e onde uma resposta mais imediata é clínica ou psiquiatricamente necessária (p. ex., para tratar um paciente gravemente suicida). A terapia de combinação de medicamentos é mais comum do que a monoterapia, embora estudos sobre a segurança e eficácia de tais combinações sejam faltosos. Crianças e adolescentes são tratados com medicações similares àquelas dos adultos, com freqüência em combinação, porém mesmo com poucos estudos que fundamentem as várias estratégias de tratamento.

A terapia de manutenção de estabilização do humor é essencial na prevenção da recorrência da mania e parece diminuir a recorrência da depressão. A psicoterapia é utilizada para encorajar a complacência à medicação, para ajudar os pacientes a se adaptarem à sua doença, e para ajudar a reparar algum dano interpessoal produzido durante a doença (p. ex., infidelidade, hostilidade, esbanjamento de dinheiro). Cuidado precisa ser tomado quando se prescreve antidepressivo para depressão ou distimia por causa de seu papel na estimulação de episódios maníacos mais graves ou mais freqüentes.

PONTOS-CHAVE

1. O transtorno bipolar I é um transtorno do humor bifásico afetando adultos, bem como crianças.
2. O transtorno é cíclico.
3. O índice de suicídio é de 10% a 15%.
4. A manutenção do tratamento com estabilizadores do humor é requerida; a terapia de combinação é comum.

TRANSTORNO BIPOLAR II

O transtorno bipolar II é similar ao transtorno bipolar I, exceto que a mania está ausente no bipolar II e a **hipomania** (uma forma suave de humor elevado, mais do que a mania) é o achado essencial do diagnóstico.

Epidemiologia

A prevalência ao longo da vida é em torno de 0,5%. O transtorno bipolar II pode ser mais comum nas mulheres.

Etiologia

A evidência atual implica os mesmos fatores para o bipolar I.

Manifestações Clínicas

História e Exame do Estado Mental

O transtorno bipolar II é caracterizado pela ocorrência de hipomania e episódios de depressão maior em um indivíduo que nunca alcançou os critérios para a mania ou um estado misto. A hipomania é determinada pelo mesmo complexo de sintomas como a mania, porém os sintomas são menos graves, causando menos comprometimento e, geralmente, não requerem hospitalização. O transtorno bipolar II é **cíclico**; o curso do bipolar II não-tratado é apresentado na Figura 2-2B. O suicídio ocorre em 10% a 15%.

Diagnóstico Diferencial

O mesmo para o transtorno bipolar I.

Manejo

O tratamento é o mesmo como para o transtorno bipolar I, embora os episódios hipomaníacos geralmente não requeiram um regime de tratamento tão agressivo como ocorre na mania. É preciso se tomar cuidado na prescrição de antidepressivos para a depressão ou distimia por causa de seu papel na estimulação de episódios hipomaníacos mais graves ou mais freqüentes.

PONTOS-CHAVE

1. O transtorno bipolar II é um transtorno do humor bifásico com hipomania.
2. O transtorno é recorrente.
3. O índice de suicídio é de 10% a 15%.

TRANSTORNO CICLOTÍMICO

O transtorno ciclotímico é uma forma leve, crônica, recorrente do transtorno bipolar no qual o humor normalmente oscila entre a hipomania e a distimia. Ela não é diagnosticada se uma pessoa já experimentou um episódio maníaco ou um episódio depressivo maior.

Epidemiologia

A prevalência ao longo da vida do transtorno ciclotímico é de 0,4% a 1%. O índice parece igual em homens e mulheres, embora as mulheres busquem o tratamento com mais freqüência.

Etiologia

Estudos familiares e genéticos revelaram uma associação a outros transtornos do humor.

Manifestações Clínicas

História e Exame do Estado Mental

O transtorno ciclotímico é uma forma leve de transtorno bipolar, consistindo em **transtornos recorrentes do humor** entre a hipomania e o humor distímico. Um único episódio de hipomania é suficiente para o diagnóstico de transtorno ciclotímico; entretanto, a maior parte dos indivíduos também possui períodos distímicos. O transtorno ciclotímico nunca é diagnosticado quando existe uma história de mania ou episódio depressivo maior ou episódio misto. O curso do transtorno ciclotímico não-tratado está descrito na Figura 2-2C.

Diagnóstico Diferencial

O principal diferencial está entre outros transtornos do humor uni e bipolar, transtorno do humor induzido por substância e transtorno do humor devido a uma condição médica geral. Transtornos da personalidade (especialmente limítrofe) com humor lábil podem ser confundidos com o transtorno ciclotímico.

Manejo

A psicoterapia, os estabilizadores do humor e os antidepressivos são utilizados. Entretanto, pessoas com ciclotimia podem nunca buscar atenção médica para seus sintomas de humor.

PONTOS-CHAVE

1. O transtorno ciclotímico é um transtorno do humor bifásico sem mania franca ou depressão.
2. O transtorno é crônico e recorrente.

TRANSTORNOS DO HUMOR COM ETIOLOGIA CONHECIDA

TRANSTORNO DO HUMOR INDUZIDA POR SUBSTÂNCIA

O transtorno do humor induzido por substância é diagnosticado quando medicações, outras substâncias psicoativas, TEC ou fototerapia são eventos próximos e, provavelmente, a causa desse transtorno. Todos os tipos anteriormente mencionados desse transtorno (p. ex., unipolar, bipolar) podem ocorrer.

TRANSTORNO DO HUMOR DECORRENTE DE UMA CONDIÇÃO MÉDICA GERAL

Esta categoria é para os transtornos do humor aparentemente causados por uma doença clínica. Transtornos endócrinos, como disfunção da tireóide e supra-renal, são etiologias comuns. Transtornos do humor pós-parto estão excluídos deste critério; eles são modificações dos transtornos do humor uni e bipolar (ver páginas anteriores).

SUBTIPOS E MODIFICAÇÕES

Vários diagnósticos específicos podem ser aplicados para subtipos específicos de transtornos do humor. Estes têm implicações prognósticas e tratamento e podem provar possuir implicações etiológicas.

Melancolia. A depressão melancólica é uma forma grave de depressão associada à culpa, ao remorso, à perda do prazer e a sintomas vegetativos extremos.

Pós-parto. A depressão pós-parto ocorre dentro de 4 semanas do parto. A presença de um episódio do transtorno do humor pós-parto é fortemente preditiva de uma recorrência.

Sazonal. O transtorno do humor sazonal mostra um padrão de variação consistentemente sazonal. O padrão mais comum é a piora da depressão durante o outono e o inverno, com melhora na primavera. O reverso é, às vezes, verdadeiro. Se a depressão é um componente do transtorno bipolar, os episódios maníacos e hipomaníacos podem mostrar uma associação sazonal.

Atípica. Depressões atípicas mostram um padrão de hipersonia, apetite aumentado ou ganho de peso, reatividade do humor, sensibilidade com rejeição à longa permanência de pé, anergia e paralisia pesada.

Ciclo Rápido. Pacientes com transtorno bipolar podem ter ciclos freqüentes (rápidos). Para alcançar os critérios para ciclo rápido, 4 transtornos do humor por ano precisam estar presentes. O índice de suicídio pode ser mais elevado do que nos ciclos não rápidos.

Catatônico. A especificação catatônica é aplicada para transtornos do humor quando existem anormalidades pronunciadas de movimento, incluindo imobilidade motora ou atividade motora excessiva sem propósito, manutenção de uma postura rígida, mutismo, movimento estereotipado, ecolalia (repetição de uma palavra ou frase logo após ser pronunciada por outra pessoa) e ecopraxia (repetição dos movimentos feitos por outra pessoa).

Bibliografia

American Psychiatric Association. Practice guideline for the treatment of patients with bipolar disorder (revision). *Am J Psychiatry.* 2002;159(4 Suppl):1-50.

Rush AJ et al. Vagus nerve stimulation for treatment-resistant depression: a randomized, controlled acute phase trial. *Biol Psychiatry.* 2005 Sep 1;58(5):347-354.

Trivedi MH, Rush AJ, et al. Clinical results for patients with major depressive disorder in the Texas Medication Algorithm Project. *Arch Gen Psychiatry.* 2004 Jul;61(7):669-680.

Youngstrom EA, Findling RL, Youngstrom JK, et al. Toward an evidence-based assessment of pediatric bipolar disorder. *J Clin Child Adolesc Psychol.* 2005 Sep;34(3):433-448.

CAPÍTULO

3 Transtornos de Ansiedade

O termo ansiedade refere-se a muitos estados nos quais o sofredor experimenta uma sensação de ameaça ou desgraça iminente que não é bem definida ou baseada realisticamente. A ansiedade pode ser adaptativa ou patológica, transitória ou crônica, e possui uma variedade de manifestações psicológicas e físicas. Os **transtornos de ansiedade** são um grupo heterogêneo de transtornos nos quais o sentimento de ansiedade é o elemento maior. Eles são o grupo mais prevalente de transtornos psiquiátricos; de acordo com o estudo da Área de Represa Epidemiológica, 7,3% de todos os americanos alcançam os critérios do *Diagnostic and Statistical Manual of Mental Disorders*, 3ª edição (DSM-III; a versão DSM utilizada atualmente) em um determinado ponto no tempo (denominado ponto de prevalência). Os transtornos da ansiedade listados no *Diagnostic and Statistical Manual of Mental Disorders*, 4ª edição (DSM-IV), são mostrados na Tabela 3-1.

TRANSTORNO DO PÂNICO E AGORAFOBIA

O transtorno do pânico é caracterizado por ataques de pânico inesperados e recorrentes que podem ocorrer *com ou sem* agorafobia. A agorafobia é uma condição incapacitante na qual os pacientes temem locais de onde a saída possa ser difícil. Seja ocorrendo como transtornos distintos ou conjuntos, o transtorno do pânico e a agorafobia são condições comuns, às vezes incapacitantes.

EPIDEMIOLOGIA

O transtorno do pânico ocorre mais freqüentemente nas mulheres, com uma prevalência ao longo da vida de 2% a 3%. O início típico é aos 20 anos, com a maior parte dos casos começando antes dos 30 anos.

A agorafobia também ocorre mais freqüentemente em mulheres, com uma prevalência ao longo da vida entre 2% e 6%. Apenas 1/3 dos pacientes com agorafobia também possuem transtorno do pânico. Entretanto, a maior parte dos pacientes com agorafobia vistos clinicamente também tem transtorno do pânico. Esta aparente contradição se dá pelo fato de que pacientes com agorafobia isolada são menos prováveis de buscar tratamento.

ETIOLOGIA

A etiologia do transtorno do pânico é desconhecida. Existem diversas teorias biológicas populares envolvendo a hipersensibilidade ao dióxido de carbono (CO_2) (potencialmente envolvendo a função colinérgica bulbar), anormalidades no metabolismo de lactato, anormalidade do *locus coeruleus* (uma região no cérebro que regula o nível de prontidão) e níveis elevados de catecolaminas no sistema nervoso central. O receptor do ácido γ-aminobutírico (GABA) também tem sido implicado como etiológico porque os pacientes respondem bem a benzodiazepínicos e porque o pânico é induzido nos pacientes com transtornos da ansiedade utilizando antagonistas do GABA.

Os teoristas apresentam uma posição de que os ataques de pânico são uma resposta condicionada a uma situação amedrontadora. Por exemplo, uma pessoa tem um acidente de automóvel e experimenta ansiedade intensa, incluindo palpitações. Daí por diante, as palpitações isoladas, experimentadas durante o exercício ou qualquer resposta do sistema nervoso simpático, podem induzir a resposta condicionada de um ataque de pânico.

MANIFESTAÇÕES CLÍNICAS

História e Exame do Estado Mental

O transtorno do pânico é caracterizado por **ataques de pânico inesperados recorrentes**, que podem ocorrer com ou

TABELA 3-1

Transtornos de Ansiedade
Transtorno do pânico *com agorafobia*
Transtorno do pânico *sem agorafobia*
Agorafobia
Fobia social
Fobia específica
Transtorno obsessivo-compulsivo
Transtorno de ansiedade generalizado
Transtorno de estresse agudo
Transtorno de estresse pós-traumático
Transtorno de ansiedade induzido por substância
Transtorno de ansiedade devido à condição médica geral
Transtorno de ansiedade não especificada de outra forma

sem agorafobia (ver a seguir). Os ataques de pânico geralmente vêm de forma súbita, o pico acontece em minutos, e duram de 5 a 30 minutos. O paciente precisa experimentar 4 de 13 sintomas típicos de pânico delineados na Tabela 3-2.

Para garantir o diagnóstico, um dos seguintes precisa ocorrer por, no mínimo, 1 mês: preocupação persistente acerca de sofrer ataques adicionais, preocupação sobre as implicações do ataque (perda do controle, "ficar louco") ou uma mudança significativa no comportamento em relação aos ataques (p. ex., restrição das atividades).

A agorafobia é uma complicação incapacitante do transtorno do pânico, porém também pode ocorrer nos pacientes sem história de transtorno do pânico. É caracterizada por um **medo intenso de lugares ou situações** nas quais possa ser difícil (ou embaraçoso) sair. Pacientes com agorafobia e transtorno do pânico geralmente têm medo de sofrer um ataque de pânico em um lugar público e se sentirem envergonhados ou incapazes de escapar. Aqueles com agorafobia isolada (2/3 daqueles com agorafobia) simplesmente evitam áreas públicas, porém não apresentam ataques de pânico. Embora alguns pacientes com agorafobia sejam tão incapacitados que estejam restritos ao lar, muitos ficam confortados pela presença de um acompanhante, permitindo que eles entrem em alguns lugares públicos com menos ansiedade.

Avaliação Diagnóstica

O transtorno do pânico é diagnosticado após colher uma história criteriosa e realizar exames físicos e laboratoriais necessários para excluir causas médicas. Em particular, condições cardíacas como perturbações do ritmo, anormalidades

TABELA 3-2

DSM-IV Critérios para Ataque de Pânico

Um período discreto de intenso medo ou desconforto, no qual 4 (ou mais) dos seguintes sintomas se desenvolvem abruptamente e alcançam um pico dentro de 10 minutos:

- Palpitações, coração esmagado ou aceleração da freqüência cardíaca
- Sudorese
- Tremor ou estremecimento
- Sensações de respiração encurtada ou de sufocamento
- Sensação de choque
- Dor ou desconforto torácico
- Náusea ou sofrimento abdominal
- Sentir-se tonto, instável, aturdido ou desmaiar
- Desrealização (sentimentos de irrealidade) ou despersonalização (desvincular-se de si mesmo)
- Medo de perder o controle ou "ficar louco"
- Medo de morrer
- Parestesias
- Tremores ou ondas de calor

Adaptado da American Psychiatric Association, *Diagnostic and statistical manual of mental disorders,* 4th ed. Washington, DC: American Psychiatric Association, 2000.

valvulares e doença da artéria coronária necessitam ser cuidadosamente excluídas. A utilização de psicoestimulantes como a cocaína ou cristais de metanfetamina também precisam ser excluídos.

Diagnóstico Diferencial

Os ataques de pânico devem ser distinguidos de outros efeitos fisiológicos diretos de uma substância ou condição médica geral (particularmente condições cardíacas ou epilepsia complexa parcial). Os ataques de pânico também não podem ser atribuídos a outro transtorno mental, tal como fobia social ou transtorno obsessivo-compulsivo (TOC).

MANEJO

Os tratamentos principais para o transtorno do pânico são a farmacoterapia e a terapia cognitiva-comportamental ou sua combinação. **Antidepressivos tricíclicos** específicos (ATCs), **inibidores da monoaminoxidase** específicos (IMAOs), **inibidores seletivos da recaptação da serotonina** (ISRSs) e **benzodiazepínicos** de alta potência têm mostrado ser efetivos nos estudos controlados. A **terapia cognitivo-compor-**

tamental (TCC) envolve a utilização de exercícios de relaxamento e dessenssibilização combinados com educação dirigida para o auxílio dos pacientes, para que compreendam que seus ataques de pânico são resultados de sensações corporais mal interpretadas. Os pacientes podem, então, aprender que estas sensações são inócuas e autolimitadas, o que diminui a resposta de pânico. A **terapia de exposição**, na qual o paciente incrementalmente se confronta com um estímulo amedrontador, tem mostrado ser efetiva no tratamento da agorafobia.

> **PONTOS-CHAVE**
>
> 1. O transtorno do pânico é caracterizado por ataques de pânico recorrentes inesperados.
> 2. O transtorno do pânico pode ser visto com ou sem agorafobia.
> 3. O transtorno do pânico é tratado com antidepressivos e benzodiazepínicos e técnicas cognitivo-comportamentais.
> 4. Agorafobia é o medo de não ser capaz de (ou de ter vergonha de) escapar de um lugar ou situação.
> 5. Agorafobia ocorre com mais freqüência isolada (sem pânico).
> 6. Agorafobia pode ser uma complicação do transtorno do pânico.
> 7. Agorafobia é tratada com terapia de exposição.

FOBIA ESPECÍFICA

A fobia específica é um transtorno de ansiedade caracterizada por medo intenso de situações ou objetos particulares (p. ex., cobras, alturas). É o transtorno psiquiátrico mais comum.

EPIDEMIOLOGIA

Fobias específicas são mais prevalentes nas mulheres do que nos homens e ocorrem com uma prevalência, ao longo da vida, de 25%. O início típico é na infância, com a maior parte dos casos ocorrendo antes dos 12 anos.

ETIOLOGIA

Os transtornos fóbicos, incluindo a fobia específica, tendem a ocorrer nas famílias. Teoristas comportamentais argumentam que as fobias são aprendidas ao serem associadas a eventos traumáticos.

MANIFESTAÇÕES CLÍNICAS

História e Exame do Estado Mental

Fobia é um medo irracional de um objeto específico, lugar, atividade ou situação que está fora da proporção em termos de qualquer dano real. Para atender aos critérios do DSM-IV para a fobia específica, um paciente precisa experimentar um medo marcado, persistente, que é reconhecido pelo paciente como sendo excessivo ou não-razoável e é marcado pela presença ou antecipação de uma situação ou objeto específico. Além disso, a exposição ao estímulo precisa, quase invariavelmente, provocar a reação de ansiedade, e o afastamento do perigo sobre a situação temida precisa comprometer atividades diárias ou relacionamentos. Para aqueles jovens abaixo dos 18 anos, os sintomas precisam persistir por, no mínimo, 6 meses.

Diagnóstico Diferencial

O diagnóstico diferencial principal é outro transtorno mental (tal como afastamento da escola no transtorno de ansiedade de separação) apresentando-se com ansiedade ou medo.

MANEJO

As fobias específicas da infância tendem a remitir espontaneamente com a idade. Quando elas persistem na idade adulta, freqüentemente se tornam crônicas. Entretanto, elas raramente causam incapacidade. A terapia de exposição na forma de **dessensibilização sistemática** ou **"inundação"** *(flooding)* é o tratamento de escolha. Existe pouco papel para a medicação.

> **PONTOS-CHAVE**
>
> 1. A fobia específica é um medo intenso de um certo objeto, lugar, atividade ou situação.
> 2. A fobia específica ocorre em 25% da população no mesmo ponto ao longo da vida, geralmente com início antes dos 12 anos.
> 3. O tratamento é com dessensibilização sistemática e "inundação" *(flooding)*.

FOBIA SOCIAL

A fobia social é um transtorno de ansiedade no qual os pacientes têm um medo intenso de serem avaliados em situações sociais ou públicas (p. ex., dando uma palestra, falando na classe). O transtorno pode ser **generalizado** ou **limitado** para situações específicas.

EPIDEMIOLOGIA

As fobias sociais ocorrem igualmente entre homens e mulheres e afetam de 3% a 5% da população. O início típico é na adolescência, com a maior parte dos casos ocorrendo antes de 25 anos.

ETIOLOGIA

Os transtornos fóbicos, incluindo a fobia social, tendem a ocorrer em famílias. Os teoristas comportamentais argúem que as fobias são aprendidas ao serem associadas a eventos traumáticos. Alguns teoristas apresentam uma posição que a hipersensibilidade à rejeição é um antecedente psicossocial da fobia social.

MANIFESTAÇÕES CLÍNICAS

História e Exame do Estado Mental

As fobias sociais são caracterizadas pelo medo de situações nas quais a pessoa é exposta a pessoas estranhas ou à possível avaliação de outros. A exposição a uma situação social amedrontadora precisa, quase invariavelmente, provocar uma reação de ansiedade. O afastamento ou o sofrimento em relação à situação amedrontadora precisa comprometer as atividades de vida diária ou relacionamentos. Para aqueles jovens abaixo dos 18 anos de idade, os sintomas precisam persistir por, no mínimo, 6 meses. A fobia social pode ser generalizada (o paciente teme quase todas as situações) ou limitada a situações específicas.

Diagnóstico Diferencial

O diagnóstico diferencial principal é outro transtorno mental (como o afastamento da escola no transtorno de ansiedade de separação), apresentando-se com ansiedade ou medo.

MANEJO

Casos leves de fobia social podem ser tratados com TCC, porém muitos casos requerem medicação. IMAOs, betabloqueadores, ISRSs, alprazolam e gabapentina têm provado ser bem-sucedidos no tratamento da fobia social. Os ISRSs parecem ser a farmacoterapia mais efetiva. A TCC utiliza técnicas de terapia de exposição da "inundação" *(flooding)* e dessensibilização sistemática para reduzir a ansiedade nas situações temidas. A psicoterapia de suporte individual ou em grupo é útil para restaurar a auto-estima e para encorajar o paciente a se aventurar nas situações amedrontadoras.

PONTOS-CHAVE

1. Fobia social é o medo de ser exposto à avaliação pelos outros.
2. A fobia social possui uma prevalência ao longo da vida de 3% a 5%, ocorrendo geralmente antes da idade de 25 anos.
3. A condição pode ser generalizada ou limitada.
4. O tratamento é com IMAOs, betabloqueadores, ISRSs, alprazolam ou gabapentina e com TCC.

TRANSTORNO DE ANSIEDADE GENERALIZADO

O transtorno de ansiedade generalizado (TAG) é caracterizado pela preocupação intensa penetrante sobre todos os aspectos da vida, associado a **manifestações físicas** de ansiedade.

EPIDEMIOLOGIA

A prevalência do TAG ao longo da vida é de aproximadamente 5%. A idade típica do início é aos 20 anos, porém o transtorno pode começar em qualquer idade.

ETIOLOGIA

Estudos idênticos sugeriram que o TAG possui tanto etiologia herdada como ambiental. Os sistemas de neurotransmissores serotoninérgico, noradrenérgico e GABAérgicos têm sido estudados em relação ao TAG, porém a etiologia biológica permanece obscura. Os teoristas cognitivo-comportamentais apresentam uma posição que o TAG é devido a distorções cognitivas nas quais os pacientes percebem, de forma errada, situações como perigosas quando elas não o são.

MANIFESTAÇÕES CLÍNICAS

História e Exame do Estado Mental

Os pacientes com transtorno de ansiedade generalizado preocupam-se excessivamente sobre cada aspecto de suas vidas (desempenho no trabalho, saúde, relações conjugais e vida social). Eles não têm ataques de pânico, fobias, obsessões ou compulsões; ao invés disso, eles experimentam ansiedade penetrante e preocupação (expectativa apreensiva) acerca de um número de eventos ou atividades que ocorrem a maior parte dos dias, por pelo menos 6 meses. Eles precisam, também, ter dificuldade para controlar a preocupação, e ela precisa estar associada com, no mínimo, 3 dos seguintes sintomas: desassossego, facilmente fatigado, dificuldade de concentração ou mente em branco, irritabilidade, tensão muscular e transtorno do sono.

Diagnóstico Diferencial

O foco da ansiedade e preocupação no TAG precisa não ser sintomático de outro transtorno eixo I. Por exemplo, a ansiedade e a preocupação não podem ser sobre ter um ataque de pânico (como no transtorno do pânico) ou ser envergonhado em público (como na fobia social).

MANEJO

O tratamento farmacológico do TAG é feito com **benzodiazepínicos**, **buspirona** (um ansiolítico não-diazepínico), ISRSs, **gabapentina** ou **betabloqueadores**. Embora os benzodiazepínicos sejam muito eficazes, a duração do tratamento é limitada pelo risco de tolerância e dependência. **Técnicas de relaxamento** também são utilizadas no tratamento com algum sucesso.

PONTOS-CHAVE

1. O TAG é uma preocupação intensa sobre todos os aspectos da vida.
2. O TAG é caracterizado pela dificuldade de controlar a preocupação.
3. O transtorno é associado a manifestações físicas de ansiedade.
4. O tratamento é feito com benzodiazepínicos, buspirona, ISRSs, betabloqueadores, gabapentina e técnicas de relaxamento.

TRANSTORNO DE ESTRESSE PÓS-TRAUMÁTICO

O transtorno de estresse pós-traumático (TEPT) é um transtorno de ansiedade caracterizado pela **reexperiência persistente de um trauma**, **esforços para evitar lembrar do trauma** e **hiperexcitabilidade** (Tabela 3-3).

EPIDEMIOLOGIA

A prevalência do TEPT é estimada em 0,5% entre homens e 1,2% entre mulheres. O TEPT pode ocorrer em qualquer idade, a partir da infância até a vida adulta, e pode começar horas, dias ou mesmo anos após o trauma inicial.

TABELA 3-3

Transtorno de Estresse Pós-Traumático
Reexperiência do trauma
Esforços para evitar relembrar do trauma
Hiper-reatividade

ETIOLOGIA

O fator etiológico central no TEPT é o trauma. É provável alguma predisposição para o TEPT, porque nem todas as pessoas que experimentam traumas similares desenvolvem a síndrome. Estudos de ressonância magnética encontraram alteração de volume do hipocampo no TEPT.

MANIFESTAÇÕES CLÍNICAS

História e Exame do Estado Mental

Pessoas com TEPT sofreram um evento traumático (p. ex., combate, agressão física, estupro, explosão) no qual eles experimentaram, testemunharam ou foram confrontados com morte potencial ou real, lesão física séria ou uma ameaça à integridade física. O evento traumático é, subseqüentemente, experimentado através de sonhos ou imagens repetitivas intrusivas ou através de delírios recorrentes, alucinações ou volta ao passado do evento. Em uma tentativa de adaptação, estes pacientes fazem esforços para evitar lembranças do evento, freqüentemente através de mecanismos psicológicos (p. ex., dissociação, adormecimento) ou afastamento real das circunstâncias que possam evocar a lembrança. Elas também experimentam sentimentos de distanciamento dos outros e exibem evidência de hiperprontidão autonômica (p. ex., dificuldade do sono, resposta assustada exagerada).

Diagnóstico Diferencial

Os sintomas que lembram o TEPT podem ser vistos na depressão, no TAG, no transtorno do pânico, no TOC e no transtorno dissociativo. Quando os sintomas lembram o TEPT (PTSD), verificar que também são sintomas de todas as 3 categorias; se não, considerar um dos diagnósticos acima.

MANEJO

O tratamento é com uma combinação de agentes psicofarmacológicos **dirigidos aos sintomas** e **psicoterapia** (individual ou grupo). ISRSs utilizados por, no mínimo, 6 meses parecem ser o tratamento mais efetivo para redução dos sintomas do TEPT. ATC e IMAOs também podem ser efetivos.

O propranolol e outros betabloqueadores podem ter um papel na prevenção do desenvolvimento do TEPT se dado precocemente após o trauma. A psicoterapia é eficaz e deve se adequar à natureza do trauma, ao grau das habilidades de enfrentamento e aos sistemas de suporte disponíveis para o paciente.

PONTOS-CHAVE

1. O TEPT ocorre em resposta ao trauma.
2. O TEPT é caracterizado pela reexperiência do trauma, esforços para evitar lembrar do trauma e hiper-reatividade.
3. Tratamento com medicações dirigidas para sintomas específicos e com psicoterapia.

TRANSTORNO OBSESSIVO-COMPULSIVO

O TOC é um transtorno de ansiedade no qual os pacientes experimentam obsessões recorrentes e compulsões que causam sofrimento recorrente e ocupam uma parte significativa de suas vidas.

EPIDEMIOLOGIA

A prevalência ao longo da vida do TOC é de 2% a 3%. O começo típico do transtorno é entre os últimos 10 e o início dos 20 anos, porém 1/3 dos pacientes mostra sintomas do TOC antes da idade de 15 anos.

ETIOLOGIA

Modelos comportamentais do TOC argumentam que obsessões e compulsões são produzidas e sustentadas através de condicionamento clássico e operante. Interessantemente, o TOC é visto mais freqüentemente após lesão ou doença do cérebro (p. ex., traumatismo craniano, transtornos epiléticos, doença de Huntington), e estudos de gêmeos mostram que gêmeos monozigóticos possuem um índice de concordância mais elevado do que gêmeos dizigóticos; estes achados sustentam uma base biológica para o transtorno. O neurotransmissor **serotonina** tem sido implicado como um mediador no pensamento obsessivo e comportamentos compulsivos. Evidência de neuroimagem até o momento sugere que regiões múltiplas do cérebro são afetadas.

MANIFESTAÇÕES CLÍNICAS

História e Exame do Estado Mental

Pacientes com TOC experimentam obsessões e compulsões. **Obsessões** são idéias recorrentes intrusivas, pensamentos ou imagens que causam ansiedade e sofrimento significativos; **compulsões** são ações físicas ou mentais repetitivas com propósito que geralmente são realizadas em resposta às obsessões. Os "rituais" compulsivos são pretendidos para neutralizar as obsessões, diminuir a ansiedade ou, de alguma forma, prevenir magicamente um evento ou situação temida.

Diagnóstico Diferencial

É importante distinguir o pensamento *obsessivo* do TOC do pensamento *delirante* da esquizofrenia ou outros transtornos psicóticos. Obsessões geralmente são indesejáveis, resistentes e reconhecidas pelos pacientes como vindas de seus próprios pensamentos, enquanto os delírios geralmente são considerados como distintos dos pensamentos dos pacientes e, geralmente, não são resistidos.

MANEJO

A TCC, a clomipramina e os ISRSs têm se mostrado muito efetivos no tratamento do TOC. Embora pobremente estudadas, as técnicas comportamentais de **dessensibilização sistemática, "inundação"** *(flooding)* e **prevenção da resposta** têm sido utilizadas de forma bem-sucedida para tratar rituais compulsivos. Por exemplo, alguém que teme a contaminação a partir de um objeto irá segurar o objeto repetidamente na terapia enquanto, simultaneamente, é impedida de realizar o ritual associado ao objeto temido.

PONTOS-CHAVE

1. O TOC é caracterizado por obsessões e compulsões recorrentes.
2. O TOC causa sofrimento e desperdício de tempo ao compelir os pacientes para realizar vários rituais obsessivo-compulsivos.
3. A prevalência ao longo da vida é de 2% a 3%.
4. Tratamento com TCC, clomipramina e ISRSs, e com dessenssibilização sistemática, "inundação" e prevenção da resposta.

Bibliografia

Battaglia M, Ogliari A. Anxiety and panic: from human studies to animal research and back. *Neurosci Biobehav Rev.* 2005 Feb;29(1):169-179.

Kripke C. Is pharmacotherapy useful in social phobia? *Am Fam Physician.* 2005 May 1;71(9):1700-1701.

Mataix-Cols D, Rosario-Campos MC, Leckman JF. A multidimensional model of obsessive-compulsive disorder. *Am J Psychiatry.* 2005 Feb;162(2):228-238.

Mitte K, Noack P, Steil R, et al. A meta-analytic review of the efficacy of drug treatment in generalized anxiety disorder. *J Clin Psychopharmacol.* 2005 Apr;25(2):141-150.

Ursano RJ, Bell C, Eth S, et al, and Work Group on ASD and PTSD; Steering Committee on Practice Guidelines. Practice guideline for the treatment of patients with acute stress disorder and posttraumatic stress disorder. *Am J Psychiatry.* 2004 Nov;161 (11 Suppl):3-31.

CAPÍTULO

4 Transtornos da Personalidade

Os transtornos de personalidade estão codificados no Eixo II no *Diagnostic and Statistical Manual of Mental Disorders*, 4ª edição (DSM-IV). Com base em características gerais similares, 10 tipos de transtornos de personalidade são agrupados. Existem 3 grupos de transtornos de personalidade reconhecidos: **estranho e excêntrico**, **dramático e emocional** e **ansioso e temeroso** (Tabela 4-1).

Os critérios diagnósticos gerais do DSM-IV para os transtornos de personalidade estão delineados na Tabela 4-2, e os critérios para transtornos individuais de personalidade são discutidos a seguir. Os transtornos de personalidade freqüentemente se sobrepõem aos sintomas.

GRUPO A (ESTRANHO E EXCÊNTRICO)

TRANSTORNO DE PERSONALIDADE PARANÓIDE

As pessoas com transtorno de personalidade paranóide são desconfiadas e suspeitam e antecipam dano e traição.

Epidemiologia

O transtorno de personalidade paranóide tem uma prevalência ao longo da vida de 0,5% a 2,5% da população geral. Parentes de pacientes com esquizofrenia crônica e pacientes com transtornos delirantes persecutórios mostram uma prevalência aumentada do transtorno de personalidade paranóide.

Etiologia

Os precursores ambientais não são claros. Estudos de família sugerem uma ligação com um transtorno delirante (tipo paranóide). Parece haver um pequeno aumento na prevalência entre parentes de indivíduos com esquizofrenia.

Manifestações Clínicas

História e Exame do Estado Mental

Pessoas com transtorno de personalidade paranóide são desconfiadas, receosas e vêem o mundo como malevolente. Antecipam dano, traição e engano. Não é surpreendente que não sejam sociáveis consigo mesmas. Elas necessitam de distância emocional.

Diagnóstico Diferencial

A distinção-chave é com relação a separar a paranóia associada com transtornos psicóticos do transtorno de personalidade paranóide, especialmente porque a paranóia associada a transtornos psicóticos geralmente é responsiva a medicações antipsicóticas.

TRANSTORNO DE PERSONALIDADE ESQUIZÓIDE

Indivíduos com transtorno de personalidade esquizóide são emocionalmente isolados e preferem ser deixados sozinhos.

Epidemiologia

Estima-se que a prevalência ao longo da vida chegue a 7,5% da população geral, porém, em virtude de as pessoas com transtorno de personalidade esquizóide evitarem os outros, elas comumente não são vistas na prática clínica.

Etiologia

Existe alguma evidência para sugerir prevalência aumentada do transtorno de personalidade esquizóide em parentes de pessoas com esquizofrenia ou transtorno de personalidade esquizotípica. Pais não amorosos ou negligentes são hipotetizados como desempenhando um papel.

TABELA 4-1

Transtornos de Personalidade 1: Classificação dos Transtornos de Personalidade

Grupo A (Estranho/ Excêntrico)	Grupo B (Dramático/ Emocional)	Grupo C (Ansioso/ Amedrontado)
Paranóide	Anti-social	Afastamento
Esquizóide	Limítrofe	Dependente
Esquizotípico	Histriônico	Obsessivo-compulsivo
	Narcisista	

Manifestações Clínicas

História e Exame do Estado Mental

Estas pessoas são solitárias. São distantes e apartadas e possuem profunda dificuldade de expressar ou experimentar emoção. Embora elas prefiram ser deixadas sozinhas e geralmente não busquem relacionamentos, elas podem manter um laço importante com um membro da família.

Diagnóstico Diferencial

O transtorno de personalidade esquizóide pode ser distinguido do transtorno de personalidade evitativo (ver adiante) e fobia social pelo fato de que indivíduos esquizóides não desejam relacionamentos. Pessoas evitativas e socialmente fóbicas desejam e podem buscar relacionamentos, porém sua ansiedade compromete sua capacidade para alcançar relacionamentos. A esquizofrenia, o transtorno autístico e o transtorno de Asperger (uma variação menos grave do autismo) também são condições diagnósticas diferenciais.

TABELA 4-2

Critérios Diagnósticos Gerais para Transtornos de Personalidade

Pacientes com transtorno de personalidade evidenciam um padrão duradouro de comportamento e experiência interna, estabelecido na adolescência ou no início da idade adulta, que:

1. Desvia-se marcadamente das expectativas culturais
2. É inflexível e dominante pessoal e socialmente
3. Causa sofrimento ou comprometimento social ou no trabalho
4. É um padrão estável de experiência e comportamento de longa duração ("estavelmente instável")
5. Não pode ser explicado por outra doença mental
6. Não é causado pelo uso de substância ou condição médica

Nota: Indivíduos com transtornos de personalidade geralmente mantêm intactos os testes de realidade. Entretanto, eles podem apresentar sintomas psicóticos transitórios quando estressados por perda real (ou imaginária) ou frustração. Transtornos de personalidade são diferentes dos traços de personalidade que são geralmente adaptativos, culturalmente aceitáveis, e não causam sofrimento significativo ou comprometimento.
Fonte: American Psychiatric Association, *Diagnostic and statistical manual of mental disorders*, 4th ed. Washington, DC: American Psychiatric Association, 2000.

TRANSTORNO DE PERSONALIDADE ESQUIZOTÍPICO

Indivíduos com transtorno de personalidade esquizotípica possuem pensamentos, afetos, percepções e crenças estranhas.

Epidemiologia

A prevalência ao longo da vida é de 3% da população geral.

Etiologia

Os estudos demonstram agregação interfamiliar deste transtorno, especialmente entre parentes de 1º grau dos indivíduos com esquizofrenia.

Manifestações Clínicas

História e Exame do Estado Mental

O transtorno de personalidade esquizotípico é mais bem compreendido como similar à esquizofrenia, porém menos grave e sem os sintomas psicóticos sustentados. As pessoas com este transtorno possuem poucos relacionamentos e demonstram estranhezas do pensamento, afeto, percepção e crença. Muitos são altamente desconfiados e com freqüência paranóides, o que resulta em um mundo social muito constrito. O índice de suicídio ao longo da vida entre esta população é de 10%.

Diagnóstico Diferencial

Esquizofrenia, transtorno delirante e transtorno do humor com psicose são os diagnósticos diferenciais principais.

GRUPO B (DRAMÁTICO E EMOCIONAL)

TRANSTORNO DE PERSONALIDADE ANTI-SOCIAL

Indivíduos com transtorno de personalidade anti-social (TPA) repetitivamente desrespeitam as regras e as leis da sociedade e raramente experimentam remorso por suas ações.

Epidemiologia

O transtorno de personalidade anti-social está presente em 3% dos homens e 1% das mulheres. Cerca da metade já foram presos; e cerca de metade daqueles que estão na prisão possuem TPA.

Etiologia

O TPA é mais comum entre os parentes de 1º grau daqueles diagnosticados com TPA. Nas famílias de um indivíduo com TPA, os homens mostram índices elevados de TPA e abuso de substância, enquanto as mulheres possuem índices elevados de transtorno de somatização. Um ambiente difícil, violento e criminoso também predispõe as pessoas para este transtorno.

Manifestações Clínicas

História e Exame do Estado Mental

Indivíduos com TPA exibem desconsideração flagrante ou não para as regras e leis da sociedade. Eles são exploradores, mentem freqüentemente, ameaçam os outros, são impulsivos e agressivos, e raramente experimentam remorso pelo dano que causam aos outros. O alcoolismo é um achado freqüentemente associado a esta população. Muitos indivíduos com TPA são indiciados ou presos por suas ações. Seu índice de suicídio ao longo da vida é de 5%.

Diagnóstico Diferencial

O transtorno bipolar e o transtorno por abuso de substância podem provocar comportamentos anti-sociais durante a doença aguda, que remitem quando o transtorno é controlado. O comportamento anti-social de indivíduos com TPA, por outro lado, não é dependente do estado.

TRANSTORNO DE PERSONALIDADE LIMÍTROFE

Indivíduos com transtorno de personalidade limítrofe sofrem de instabilidade nos relacionamentos, na auto-imagem, no afeto e no controle de impulsos.

Epidemiologia

A prevalência ao longo da vida é de 1% a 2% da população geral.

Etiologia

O transtorno de personalidade limítrofe é cerca de 5 vezes mais comum entre os parentes de 1º grau dos pacientes limítrofes. Além disso, este transtorno mostra índices aumentados nas famílias de alcoólatras e famílias de indivíduos com TPA, assim como nas famílias com transtornos do humor. As mulheres com transtorno de personalidade limítrofe geralmente sofreram abuso sexual ou físico, ou ambos.

Manifestações Clínicas

História e Exame do Estado Mental

Indivíduos com transtorno de personalidade limítrofe sofrem de uma legião de sintomas. Seus relacionamentos são infundidos de raiva, medo de abandono e oscilações entre idealização e desvalorização. Sua auto-imagem é incipiente, fragmentada e instável, com conseqüentes modificações imprevisíveis nos relacionamentos, objetivos e valores. Eles são afetivamente instáveis e reativos, com raiva, depressão e pânico proeminentes. Sua impulsividade pode resultar em muitos comportamentos inseguros, incluindo abuso de drogas, promiscuidade, jogatina e outros comportamentos de risco. Suas compulsões autodestrutivas resultam no comportamento freqüente suicida e parassuicida (como cortes ou queimaduras superficiais ou *overdoses* não-fatais, em que a intenção não é letal). Eles também demonstram breve paranóia e sintomas dissociativos. As tentativas de suicídio podem ser freqüentes antes da idade de 30 anos, e os índices de suicídio aproximam-se de 10% ao longo da vida. As principais defesas intrapsíquicas que tais indivíduos utilizam são primitivas, com negação grosseira, distorção, projeção e dissociação proeminentes. Os pacientes podem exibir uma ampla gama de doenças co-mórbidas, incluindo abuso de substância, transtornos do humor e transtornos alimentares.

Diagnóstico Diferencial

Os transtornos do humor e as modificações comportamentais devido ao abuso de substância ativa são as considerações diagnósticas diferenciais principais. As pistas diagnósticas são relacionamentos instáveis, auto-imagem instável, afeto instável e comportamentos impulsivos ou instáveis.

TRANSTORNO DE PERSONALIDADE HISTRIÔNICO

Indivíduos com transtorno de personalidade histriônico possuem uma emocionalidade superficial excessiva e uma poderosa necessidade de atenção.

Epidemiologia

A prevalência ao longo da vida é de 2% a 3% da população geral. Nos ambientes clínicos, o diagnóstico é mais freqüentemente aplicado a mulheres, porém pode, igualmente, afetar os homens na população geral.

Etiologia

Parece haver uma ligação familiar para o transtorno de somatização e com a TPA.

Manifestações Clínicas

História e Exame do Estado Mental

Indivíduos com transtorno de personalidade histriônico são caracterizados por sua emocionalidade excessiva e superficial e sua profunda necessidade de ser o centro da atenção todo o tempo. Predominam o comportamento teatral com vestuário vivo e dramático, respostas emocionais exageradas para eventos aparentemente insignificantes e comportamento de sedução ou de flerte inapropriado através de uma variedade de circunstâncias. A despeito de sua aparente pletora de emoção, estes indivíduos frequentemente têm dificuldade com intimidade, acreditando geralmente que seus relacionamentos são mais íntimos do que na verdade o são.

Diagnóstico Diferencial

O transtorno de somatização é a principal consideração diagnóstica diferencial.

TRANSTORNO DE PERSONALIDADE NARCISISTA

Indivíduos com transtorno de personalidade narcisista parecem arrogantes e empertigados, porém, sofrem de uma auto-estima extremamente baixa.

Epidemiologia

A prevalência ao longo da vida é estimada em 1% na população geral e 2% a 16% nas populações clínicas. Cerca de 50% a 75% daqueles com este diagnóstico são homens.

Etiologia

A etiologia deste transtorno é desconhecida.

Manifestações Clínicas

História e Exame do Estado Mental

Pessoas com transtorno de personalidade narcisístico demonstram uma combinação aparentemente paradoxal de autocentralidade e desvalorização. Seu sentimento de auto-importância geralmente é extravagante, e elas demandam atenção e admiração. A preocupação ou empatia para com os outros geralmente está ausente. Freqüentemente parecem arrogantes, explorativos e empertigados. Entretanto, a despeito de seu senso inflado de si mesmo, sob esta fachada frágil repousa uma auto-estima baixa e inveja profunda daqueles que elas consideram mais desejáveis, valiosos ou capazes.

Diagnóstico Diferencial

A grandiosidade do narcisismo pode ser diferenciada da grandiosidade do transtorno bipolar pela presença de sintomas característicos do humor no transtorno bipolar.

GRUPO C (ANSIOSO E AMEDRONTADO)

TRANSTORNO DE PERSONALIDADE DE EVITAÇÃO

Indivíduos com transtorno de personalidade de evitação desejam relacionamentos, porém, evitam-nos por causa da ansiedade produzida pelo seu senso de inadequação.

Epidemiologia

A prevalência ao longo da vida é de 0,5% a 1% da população geral, e parece ser igualmente prevalente nos homens e mulheres.

Etiologia

Não existem dados conclusivos. O padrão de afastamento pode começar na infância.

Manifestações Clínicas

História e Exame do Estado Mental

Pessoas com transtorno de personalidade evitativa experimentam sentimentos intensos de inadequação. Elas são dolorosamente sensíveis à crítica, de forma que são compelidas a evitar o tempo despendido com outras pessoas. Seus medos de rejeição e humilhação são tão poderosos que se envolvem em um relacionamento para buscar fortes garantias de aceitação. A essência deste transtorno é a inadequação, hipersensibilidade à crítica e conseqüente inibição social.

Diagnóstico Diferencial

A distinção diagnóstica principal é entre o transtorno evitativo de personalidade e a fobia social, tipo generalizado.

TRANSTORNO DE PERSONALIDADE DEPENDENTE

Indivíduos com transtorno de personalidade dependente são extremamente carentes, dependendo dos outros para suporte emocional e tomada de decisão.

Epidemiologia

A prevalência ao longo da vida é de 15% a 20%, 2% a 3% clinicamente.

Etiologia

A etiologia é desconhecida.

Manifestações Clínicas

História e Exame do Estado Mental

Estas pessoas sentem saudades de serem cuidadas. Por causa de sua extrema dependência dos outros para suporte emocional e tomada de decisão, elas vivem em grande e contínuo medo de separação de alguém de quem dependem; daí seus comportamentos submissos.

Diagnóstico Diferencial

Pessoas com transtorno de personalidade dependente são similares aos indivíduos com transtorno de personalidade limítrofe no seu desejo de evitar o abandono, porém não exibem o comportamento impulsivo, afeto instável e a auto-imagem pobre do paciente limítrofe.

TRANSTORNO DE PERSONALIDADE OBSESSIVO-COMPULSIVA

Estes indivíduos são perfeccionistas que requerem uma grande quantidade de ordem e controle.

Epidemiologia

A prevalência estimada é de 1% na população geral. Os homens são diagnosticados com transtorno de personalidade obsessivo-compulsiva 2 vezes mais freqüentemente que as mulheres.

Etiologia

A etiologia é desconhecida, porém pode haver uma associação com transtornos do humor e da ansiedade.

Manifestações Clínicas

História e Exame do Estado Mental

Indivíduos com transtorno de personalidade obsessivo-compulsiva são perfeccionistas. Eles requerem ordem e controle em cada dimensão de suas vidas. Sua atenção para minúcias freqüentemente compromete sua habilidade para terminar o que eles começaram ou para manter em vista seus objetivos. Eles são frios e rígidos nos relacionamentos e fazem julgamentos morais freqüentes; a devoção ao trabalho com freqüência substitui a intimidade. Eles são sérios e trabalhadores; mesmo a recreação torna-se uma tarefa sóbria.

Diagnóstico Diferencial

O transtorno de personalidade obsessivo-compulsiva pode ser diferenciado do transtorno obsessivo-compulsivo (TOC) baseado na gravidade dos sintomas.

MANEJO

Em virtude de poder ter componentes temperamentais e ser desenvolvido ao longo da vida através da interação com o ambiente, os transtornos de personalidade geralmente são resistentes ao tratamento. Geralmente, é recomendada a **psicoterapia** para a maior parte dos transtornos de personalidade. **Terapias baseadas psicodinamicamente** são comumente utilizadas, embora precisem ser modificadas para cada indivíduo e para cada transtorno. **Terapias cognitiva, comportamental** e **familiar** também são utilizadas para tratar estes transtornos. Estudos empíricos validando a eficácia de várias terapias geralmente são escassos. A **terapia comportamental dialética** (TCD) foi desenvolvida, especificamente, para o tratamento do transtorno de personalidade limítrofe e tem sido validada nos estudos empíricos. A terapia de grupo incorporando várias modalidades psicoterapêuticas também é utilizada.

A farmacoterapia é amplamente utilizada nos transtornos de personalidade, embora nenhuma medicação específica tenha sido mostrada para tratar qualquer transtorno específico. Ao invés disso, as medicações são dirigidas a vários sintomas associados aos transtornos de personalidade. Por exemplo, estabilizadores de humor podem ser utilizados para instabilidade do humor e impulsividade. Os benzodiazepínicos comumente são utilizados para a ansiedade, embora o seu potencial para abuso e dependência seja, com freqüência, menosprezado. Os betabloqueadores também são freqüentemente utilizados. Para a depressão, sintomas obsessivo-compulsivos e transtornos alimentares, inibidores seletivos de recaptação da serotonina (ISRSs) e outros antidepressivos têm sido utilizados de forma bem-sucedida. Sintomas psicóticos ou paranóides são comumente tratados com baixas doses de antipsicóticos.

PONTOS-CHAVE

1. Os transtornos de personalidade são categorizados em 3 grupos de sintomas.
2. Os transtornos de personalidade consistem de um padrão duradouro de experiência e comportamento.
3. Os transtornos podem produzir sintomas psicóticos transitórios durante o estresse.
4. Tratamento com psicoterapia e medicações dirigidas ao alívio dos sintomas.
5. Os transtornos de personalidade são resistentes ao tratamento.
6. Os transtornos de personalidade podem ter associações genéticas com os transtornos do Eixo I.

Bibliografia

Kool S, Schoevers R, de Maat S, et al. Efficacy of pharmacotherapy in depressed patients with and without personality disorders: a systematic review and meta-analysis. *J Affect Disord.* 2005 Nov; 88(3):269-278.

Livesley WJ. Behavioral and molecular genetic contributions to a dimensional classification of personality disorder. *J Personal Disord.* 2005 Apr;19(2):131-155. Review.

Livesley WJ. Principles and strategies for treating personality disorder. *Can J Psychiatry.* 2005 Jul;50(8):442-450.

Paris J. Recent advances in the treatment of borderline personality disorder. *Can J Psychiatry.* 2005 Jul;50(8):435-441.

CAPÍTULO

5 Transtornos Relacionados com Substâncias Químicas

O abuso de substâncias químicas é tão comum como custoso para a sociedade. É etiológico para muitas doenças clínicas e é freqüentemente co-mórbido com doença psiquiátrica. O *Diagnostic and Statistical Manual of Mental Disorders,* 4ª edição (DSM-IV), define o abuso de substância e a dependência (independente da substância). Por conseguinte, o abuso de álcool e a dependência são definidos pelos mesmos critérios que o abuso e a dependência de heroína. Este capítulo define abuso e dependência e proporciona descrições clínicas de cada transtorno relacionado com substâncias. O DSM-IV reconhece os sinais e sintomas diferentes associados aos vícios de várias drogas. Aqui os transtornos relacionados com substâncias são examinados em seqüência.

ABUSO DE SUBSTÂNCIAS QUÍMICAS

O DSM-IV define o abuso de substâncias químicas como um padrão mal adaptativo da utilização da substância, levando, clinicamente, a um comprometimento significativo ou sofrimento, conforme manifestado por um ou mais dos seguintes:

- Falência para realizar as principais obrigações em casa, na escola ou no trabalho.
- Utilização recorrente da substância em situações nas quais ela é fisicamente ameaçadora.
- Problemas legais recorrentes relacionados à substância.
- Utilização recorrente da substância a despeito de problemas sociais ou interpessoais persistentes ou recorrentes, causados ou exacerbados pelos efeitos da substância.

DEPENDÊNCIA DE SUBSTÂNCIAS QUÍMICAS

A dependência de substância é definida como um padrão mal adaptativo da utilização da substância levando a comprometimento significativo clinicamente, ou sofrimento, como manifestado por 3 ou mais dos seguintes, ocorrendo a qualquer tempo, em um período de 12 meses:

1. Tolerância.
2. Síndrome de abstinência.
3. Utilização repetida, não-intencional, excessiva.
4. Esforços falhos persistentes para abandono.
5. Gasto de tempo excessivo tentando obter a substância.
6. Redução importante das atividades sociais, ocupacionais ou recreacionais.
7. Utilização continuada a despeito da conscientização de que a substância é a causa das dificuldades psicológicas ou físicas.

Embora cada transtorno de dependência de substância possua características únicas, estas são consideradas as características comuns que definem a dependência de uma determinada substância. Os principais transtornos da utilização de substância são discutidos com atenção particular para suas características únicas.

TRANSTORNOS RELACIONADOS COM O ÁLCOOL

INTOXICAÇÃO ALCOÓLICA

A intoxicação alcoólica é definida pela presença de fala pastosa, incoordenação, marcha instável, nistagmo, comprometimento na atenção ou memória, estupor ou coma e comportamento mal adaptativo clinicamente significativo ou modificações psicológicas (comportamento agressivo ou sexual inapropriado, labilidade do humor, comprometimento do julgamento, funcionamento social ou ocupacional comprometido), que se desenvolve durante ou logo após a ingestão de álcool.

O diagnóstico de intoxicação por álcool precisa ser diferenciado de outros estados médicos ou neurológicos que podem mimetizar a intoxicação, por exemplo, hipoglicemia diabética; toxicidade com vários agentes, incluindo, porém não limitados, a etilenoglicol, lítio e fenitoína; e intoxicação com benzodiazepínicos ou barbitúricos. O diagnóstico de intoxicação por álcool pode ser confirmado pelo rastreamento toxicológico sérico, incluindo o nível de álcool no sangue (NAS – BAL).

DEPENDÊNCIA DO ÁLCOOL

O abuso do álcool transforma-se em dependência quando seus efeitos sobre a vida de uma pessoa tornam-se mais globais e os sintomas de **tolerância** e **abstinência** se desenvolvem. O paciente dependente bebe grandes quantidades por períodos cada vez mais longos do que o intencionado, gasta uma grande quantidade de tempo tentando obter o álcool e reduz ou elimina a participação em importantes atividades sociais, ocupacionais ou recreacionais por causa do álcool. Na dependência do álcool, também existe um desejo persistente ou esforços malsucedidos para abandonar ou controlar sua ingestão.

Epidemiologia

Acredita-se ser elevada a porcentagem de americanos que abusam do álcool. Dentre os americanos, 2/3 bebem ocasionalmente; 12% são bebedores pesados, bebendo quase todos os dias e tornando-se intoxicados várias vezes por mês. O estudo da Área de Represa Epidemiológica encontrou uma prevalência ao longo da vida de dependência do álcool de 14%. A razão de prevalência homem-mulher para a dependência do álcool é de 4:1.

Etiologia

A etiologia da dependência do álcool é desconhecida. Estudos de adotados e estudos de gêmeos monozigóticos demonstraram uma base genética parcial, particularmente para os homens com alcoolismo. Homens alcoólatras têm maior probabilidade que mulheres alcoólatras de terem uma história familiar de alcoolismo. Comparados com sujeitos-controle, os parentes de alcoólatras têm maior probabilidade de possuir índices elevados de depressão e transtorno de personalidade anti-social (TPA). Estudos de adotados também revelaram que o alcoolismo é multideterminado: a genética e o ambiente (educação familiar), ambos desempenham um papel.

Manifestações Clínicas

História

O paciente dependente de álcool pode negar ou minimizar a extensão da bebida, tornando o diagnóstico inicial de alcoolismo difícil. O paciente pode apresentar acidentes ou quedas, perdas de consciência, acidentes com veículo a motor, ou até ser preso por dirigir sob a influência do álcool. Por causa de a negação ser tão proeminente no transtorno, a informação colateral dos membros da família é essencial para o diagnóstico. Achados físicos precoces que sugerem alcoolismo incluem acne rosácea, eritema palmar e hepatomegalia indolor (a partir de infiltração gordurosa).

Exame Físico

Sinais de alcoolismo mais avançado incluem cirrose, icterícia, ascite, atrofia testicular, ginecomastia e contratura de Dupuytren. A cirrose pode levar a complicações incluindo sangramento varicoso, carcinoma hepatocelular e encefalopatia hepática. Transtornos médicos com incidência aumentada nos pacientes dependentes de álcool incluem pneumonia, tuberculose, cardiomiopatia, hipertensão e cânceres gastrintestinais (*i.e.*, oral, esofágico, retal, cólon, pâncreas e fígado).

Exame do Estado Mental

Existem também numerosas complicações neuropsiquiátricas do alcoolismo. A **síndrome de Wernicke-Korsakoff** pode se desenvolver no paciente dependente de álcool por causa da **deficiência da tiamina**. O estágio de Wernicke da síndrome consiste da tríade **nistagmo**, **ataxia** e **confusão mental**; entretanto, poucos pacientes com síndrome de Wernicke exibem a tríade completa e o diagnóstico da síndrome de Wernicke pode ser perdido em até 90% das apresentações clínicas. Estes sintomas remitem com infusão intravenosa lenta de tiamina de 400 a 500 mg por dia, por 4 a 5 dias. A repleção de magnésio também é essencial. Sem tiamina em dosagens suficientemente elevadas e dadas intravenosamente, a encefalopatia de Wernicke pode progredir para a psicose de Korsakoff (**amnésia anterógrada** e **confabulação**), que é reversível em 2/3 dos pacientes. Outras complicações neuropsiquiátricas do alcoolismo incluem alucinações alcoólicas, demência induzida pelo alcoolismo, neuropatia periférica, alterações do estado mental decorrentes de hematoma subdural ou outro sangramento intracraniano, depressão induzida por substância e suicídio. Nos estágios tardios do alcoolismo, é provável um significativo comprometimento social e ocupacional: perda do emprego e alienação familiar são típicos.

Testes de Laboratório

Vários testes de laboratório são úteis para fazer o diagnóstico. Os NAS (BALs), quantitativamente, confirmam o álcool no soro. Eles também podem proporcionar uma medida grosseira da tolerância. Em geral, quanto mais elevado o NAS (BAL) sem sinais de intoxicação significativos, mais tolerante o paciente se tornou aos efeitos intoxicantes do álcool. Pacientes dependentes do álcool também desenvolvem altos níveis de colesterol HDL e baixos níveis de colesterol LDL, volume corpuscular médio elevado, transaminase sérica glutâmico oxaloacética elevada, e transaminase sérica glutâmico-pirúvica elevada. Dos pacientes dependentes de álcool, 30%, comparados com 1% dos sujeitos-controle, possuem evidência de fraturas de costela antigas nas radiografias do tórax.

Diagnóstico Diferencial

O diagnóstico de dependência do álcool geralmente é claro após história cuidadosa, exame do estado físico e mental e consulta com a família ou amigos.

Manejo

O manejo é específico para a síndrome clínica. A intoxicação por álcool é tratada com medidas de suporte, incluindo estímulos externos diminuídos e privação da fonte de álcool. Cuidado intensivo pode ser requerido nos casos de ingestão excessiva de álcool complicada pelo comprometimento respiratório. Todos os pacientes com suspeita ou conhecidos dependentes do álcool devem receber suplementação oral de vitamina com 1 mg de folato por dia e 100 mg de tiamina por dia. Se a ingestão oral não é possível, a tiamina deve ser administrada intravenosamente como uma infusão lenta antes de qualquer glicose ser dada (porque a glicose depleta as reservas de tiamina).

As síndromes de privação do álcool incluem as seguintes.

Abstinência Menor

Os tremores começam 12 a 18 horas após a cessação da bebida, com pico em 24 a 48 horas. Sem tratamento, a abstinência não complicada de álcool dura de 5 a 7 dias. É caracterizada por tremores, náusea, vômito, taquicardia e hipertensão. A privação menor é tratada com benzodiazepínicos, como clordiazepóxido (Librium) ou oxazepam (Serax) executando a titulação para o grau dos sinais de privação. O benzodiazepínico é, então, diminuído durante um período de dias. Os objetivos do tratamento são a prevenção de complicações mais sérias e o conforto do paciente.

Abstinência Maior

O risco de convulsões alcoólicas começa 7 a 36 horas após a cessação da bebida, com picos entre 24 e 48 horas. Cerca de 1 a 6 convulsões generalizadas são comuns, porém raramente levam a um estado epilético. As convulsões alcoólicas precedem o *delirium tremens* em 30% dos casos. As convulsões são tratadas agudamente com benzodiazepínicos intravenosos. A fenitoína profilática (Dilantin) pode ser efetiva quando administrada durante o período de alto risco nos pacientes com uma história de convulsões por abstinência.

As alucinações alcoólicas têm início dentro de 48 horas após a cessação da bebida e podem durar mais de 1 semana. Elas são caracterizadas por vívidas e desagradáveis alucinações auditivas na presença de um sensório claro. As alucinações alcoólicas podem ser tratadas com um antipsicótico (p. ex., haloperidol ou uma medicação antipsicótica atípica). Em raras ocasiões estas alucinações tornam-se crônicas.

O *delirium* de abstinência do álcool (*delirium tremens*) é uma condição ameaçadora da vida manifestada pelo *delirium* (transtornos perceptivos, confusão ou desorientação, agitação), hiper-reatividade autonômica e febre leve. Ele afeta até 5% dos pacientes hospitalizados com dependência de álcool e geralmente começa de 2 a 3 dias após a redução abrupta ou cessação da ingestão de álcool. É tratado com benzodiazepínicos intravenosos e cuidado de suporte. O tratamento pode precisar ocorrer em uma unidade de cuidado intensivo, particularmente se existir significativa instabilidade autonômica (p. ex., pressão sanguínea rapidamente flutuante). A síndrome geralmente dura 3 dias, porém pode persistir por semanas.

Reabilitação do Álcool

Os 2 objetivos da reabilitação são **sobriedade** e tratamento da **psicopatologia co-mórbida**.

Para sustentar uma recuperação duradoura, o paciente precisa parar de negar a doença e aceitar o diagnóstico de dependência do álcool. O Alcoólicos Anônimos (AA), um grupo de auto-ajuda que existe em todo o mundo para recuperação de pacientes dependentes de álcool, tem mostrado ser um dos programas mais efetivos para alcançar e manter a sobriedade. O programa envolve encontros diários a semanais que se centra em 12 passos em direção à recuperação. Espera-se que os membros possam alcançar os 12 passos com o auxílio de um padrinho (preferencialmente alguém com diversos anos de sobriedade).

O álcool parece ser uma causa potente de depressão. Pacientes intoxicados podem se apresentar gravemente deprimidos e exibir comportamentos ou afirmações suicidas, que se resolvem quando a sobriedade é alcançada. O tratamento da depressão deve ser adequado para pacientes que permanecem deprimidos após 2 a 4 semanas de sobriedade. A ansiedade também é comum na privação ou nos pacientes recentemente sóbrios e deve ser avaliada, no mínimo, após 1 mês de sobriedade. Programas de reabilitação do paciente internado e residencial utilizam uma abordagem de equipe dirigida a concentrar o paciente na recuperação. A terapia de grupo permite que os pacientes vejam seus próprios problemas espelhados e confrontados por outros. A terapia familiar permite que o paciente examine o papel da família no alcoolismo.

O dissulfiram (Antabuse) pode ser útil na manutenção da sobriedade em alguns pacientes. Ela atua inibindo a 2ª enzima na via de metabolismo do álcool, a aldeidodesidrogenase, de forma que o acetaldeído se acumula na corrente sanguínea, causando rubor, náusea, vômito, palpitações e hipotensão. Na teoria, o dissulfiram deve inibir a bebida, tornando-a fisiologicamente desagradável; entretanto, como os efeitos podem ser fatais em raros casos, os pacientes precisam estar comprometidos com a abstinência e compreender totalmente o risco de beber quando ingerir o dissulfiram. A dose usual de dissulfiram é de 250 mg diariamente.

A naltrexona (Revia) é uma medicação antagonista de opiáceos. A naltrexona reduz tanto a quantidade de álcool ingerida como a freqüência da ingestão de álcool. A naltrexona geralmente é dosada em 50 mg por dia, porém doses mais elevadas podem ser potencialmente mais efetivas. Ao contrário do dissulfiram, os pacientes podem continuar tomando naltrexona ainda que recaiam na ingestão de álcool. A naltrexona, como um antagonista opióide, pode trabalhar, em parte, reduzindo a euforia que reforça a ingestão de álcool.

O acamprosato (Campral) é uma medicação moduladora do receptor glutamato (e também pode afetar o ácido γ-aminobutírico, GABA) utilizada para a manutenção da abstinência do álcool e na redução do índice e gravidade de recaída. Como a naltrexona, o acamprosato não produz um efeito semelhante ao dissulfiram e pode ser continuado em pessoas que recaem no consumo de álcool.

É importante observar que o dissulfiram, a naltrexona e o acamprosato são utilizados para terapia de **manutenção**, e não para prevenir os sintomas potencialmente fatais da abstinência do álcool.

Muitos estudos têm demonstrado os benefícios de programas de reabilitação, porém quase metade de todos os pacientes dependentes de álcool tratados irá recair, mais comumente, nos primeiros 6 meses.

PONTOS-CHAVE

1. Na dependência do álcool a negação e a minimização são comuns.
2. Os benzodiazepínicos são utilizados na desintoxicação aguda para prevenir complicações ameaçadoras da vida da privação.
3. O pico de incidência das convulsões alcoólicas é de 24 a 48 horas.
4. A reabilitação é dirigida à abstinência a tratamento de transtornos co-mórbidos.
5. A reabilitação envolve AA e terapias de grupo e de família.
6. Dos alcoólicos tratados, 50% irão recair.
7. A síndrome de Wernicke-Korsakoff é causada por deficiência de tiamina.
8. A tríade de Wernicke consiste de nistagmo, ataxia e confusão mental.
9. Os sintomas de Korsakoff são amnésia anterógrada e confabulação.

TRANSTORNOS DA UTILIZAÇÃO DE SUBSTÂNCIAS SEDATIVAS, HIPNÓTICAS E ANSIOLÍTICAS

Drogas sedativas, hipnóticas e ansiolíticas são amplamente utilizadas. Elas têm **tolerância cruzada** com relação à outra e com o álcool. Incluídas nesta classe estão os barbitúricos e os benzodiazepínicos. Destes, os benzodiazepínicos são os mais amplamente prescritos e disponíveis.

EPIDEMIOLOGIA

Aproximadamente é prescrito a 15% da população geral um benzodiazepínico em um determinado ano. Alguns pacientes abusam destas drogas.

MANIFESTAÇÕES CLÍNICAS

História

O abuso e a dependência de droga sedativo-hipnótica estão associados a síndromes de intoxicação e abstinência que lembram aqueles do álcool.

Exame do Estado Físico e Mental

A intoxicação apenas pode ser distinguida da intoxicação por alcoolismo pela presença (ou ausência) de álcool na respiração, no soro ou na urina. Os barbitúricos, quando tomados oralmente, têm uma probabilidade maior do que os benzodiazepínicos de causar comprometimento respiratório clinicamente significativo.

Testes de Laboratório

A intoxicação pode ser confirmada através de análises quantitativas ou qualitativas toxicológicas séricas ou da urina. Rastreamentos toxicológicos do soro podem identificar a presença de benzodiazepínicos e barbitúricos e seus metabólitos principais.

Os sintomas de abstinência estão listados na Tabela 5-1. O *delirium* (confusão, desorientação e alucinações visuais e somáticas) tem início de 3 a 4 dias após a abstinência. A dependência requer a presença de 3, ou mais, dos 7 sintomas listados na Tabela 5-1.

MANEJO

O tratamento da privação sedativo-hipnótica pode ser baseado no paciente ambulatorial ou internado. Geralmente a de-

TABELA 5-1

Sinais e Sintomas da Privação Sedativo-Hipnótica

Abstinência Menor	Abstinência Maior
Desassossego	Tremores grosseiros
Apreensão	Fraqueza
Ansiedade	Vômito
	Sudorese
	Hiper-reflexia
	Náusea
	Hipotensão ortostática
	Convulsões

sintoxicação do paciente internado é requerida quando existem doenças médicas co-mórbidas ou psiquiátricas, falências do tratamento anterior e falta de suporte da família ou dos amigos. Em uma unidade de paciente interno, os benzodiazepínicos ou barbitúricos podem ser administrados e diminuídos de uma forma controlada. A abstinência de substâncias de curta duração geralmente é mais grave, enquanto a abstinência de substâncias de longa duração é mais prolongada.

A abstinência de barbitúricos é mais perigosa do que a de benzodiazepínicos; ela pode levar (muito mais facilmente) à hiperpirexia e morte. A abstinência é manejada pela programação da dosagem e diminuição de um benzodiazepínico ou barbitúrico (diazepam ou fenobarbital).

Nos pacientes que têm abusado do álcool e benzodiazepínicos ou barbitúricos, pode ser necessário realizar um **teste provocativo de pentobarbital**. Este teste permite a quantificação da tolerância para realizar uma diminuição controlada reduzindo, portanto, os problemas da abstinência.

O tratamento da dependência sedativo-hipnótica lembra aquele da dependência para o álcool. Após a desintoxicação, o paciente pode entrar em um programa de reabilitação residencial ou um programa de tratamento diário ou noturno. O encaminhamento aos AA é apropriado porque os aspectos do vício e o processo de recuperação são similares. As famílias podem ser encaminhadas ao Al-Anon, AA direcionados para educação familiar e grupo de suporte.

PONTOS-CHAVE

1. Drogas sedativas e hipnóticas têm tolerância cruzada com o álcool.
2. Os agentes possuem efeitos intoxicantes e resultam em estados de privação similares ao álcool.
3. A tolerância pode ser medida por um teste de desafio pentobarbital.
4. O tratamento lembra aquele para o alcoolismo.

TRANSTORNOS DA UTILIZAÇÃO DE OPIÓIDES

Os opiáceos incluem morfina, heroína, codeína, meperidina e hidromorfona. A heroína está disponível apenas ilegalmente nos Estados Unidos. Os opiáceos são comumente utilizados para controle da dor.

EPIDEMIOLOGIA

A utilização e o abuso de opiáceos são relativamente incomuns nos Estados Unidos. A prevalência para a dependência de heroína no ano anterior a 2003 foi de 0,1%, e a prevalência no ano passado para a prescrição de dependência para alívio da dor foi de 0,6%. Muitos daqueles que utilizam opiáceos de forma recreacional tornam-se viciados.

MANIFESTAÇÕES CLÍNICAS

História

A maior parte dos usuários de heroína e morfina tomam os opiáceos intravenosamente, o que produz inundação e intenso prazer, sensação corporal difusa que lembra o orgasmo. Esta "precipitação" inicial é seguida por uma sensação de bem-estar. Retardo psicomotor, sonolência, inatividade e comprometimento da concentração vêm em seguida.

Exame dos Estados Físico e Mental

Os sinais de intoxicação ocorrem imediatamente após o viciado "crescer" e incluem constrição pupilar, depressão respiratória, fala gaguejante, hipotensão, bradicardia e hipotermia. Náusea, vômito e constipação são comuns após a utilização de opiáceo.

Testes de Laboratório

A utilização de opiáceos pode ser confirmada por meio de medidas toxicológicas do soro e da urina.

O abuso de opiáceos é definido pelos critérios para abuso de substância observados acima. Na dependência do opiáceo, ocorre tolerância aos efeitos do opiáceo. Viciados "crescem" 3 ou mais vezes por dia.

Os sintomas de abstinência geralmente começam 10 horas após a última dose. A abstinência de opiáceos pode ser altamente desconfortável, porém raramente é complicada medicamente ou ameaça a vida. Os sintomas de abstinência estão listados na Tabela 5-2.

Viciados em opiáceos freqüentemente possuem transtornos co-mórbidos da utilização de substância, transtornos

TABELA 5-2

Sintomas da Privação Opiácea

Privação Leve	Privação Mais Grave
Humor disfórico, ansiedade e desassossego	Náusea
Lacrimação ou rinorréia	Vômito
Dilatação pupilar	Dores musculares
Piloereção	Convulsões (na privação de meperidina)
Sudorese	Cólicas abdominais
Taquicardia	Hipertensão
Febre	Ondas de calor e de frio
Diarréia	Ansiedade grave
Insônia	
Bocejos	

de personalidade anti-social ou limítrofe e transtornos do humor. Viciados em opiáceos são mais predispostos a cometer crimes por causa dos altos custos dos opiáceos. O viciado em opiáceo também está associado a altos índices de mortalidade de *overdoses* inadvertidas, acidentes e suicídio. Viciados em opiáceos também estão em alto risco de problemas médicos por causa da nutrição deficiente e da utilização de agulhas sujas. Transtornos médicos comuns incluem hepatite sérica, infecção por vírus da imunodeficiência humana (HIV), endocardite, pneumonia e celulite.

Diagnóstico Diferencial

O diagnóstico de vício de opiáceo geralmente é óbvio após uma história cuidadosa e exames do estado físico e mental.

MANEJO

Pacientes viciados em opiáceos devem ser gradualmente privados utilizando metadona. A **metadona** é um agonista fraco do receptor opiáceo μ e possui uma meia-vida mais longa (15 horas) do que a heroína ou a morfina. Assim, ela causa relativamente menos efeitos de intoxicação ou de abstinência. Geralmente a dose inicial da metadona (em geral de 5 a 20 mg) é baseada no perfil dos sintomas de abstinência . A abstinência de opiáceos de curta duração dura de 7 a 10 dias; a abstinência da meperidina de longa duração dura de 2 a 3 semanas.

A buprenorfina (Buprenex) é um agonista parcial do receptor opiáceo μ e um antagonista do receptor opiáceo *kappa*. A buprenorfina injetável é empregada como uma utilização fora de rótulo para desintoxicação opiácea. Os tabletes de buprenorfina como Subutex (buprenorfina isolada) ou como Suboxona (buprenorfina mais naltrexona) são aprovados pela FDA para tratamento ambulatorial do paciente dependente de opiáceos por certos médicos qualificados. A aprovação da forma de tabletes da buprenorfina permitiu a expansão do tratamento da dependência de opiáceos além do da metadona clínica. A inclusão de naltrexona com buprenorfina na suboxona permite a administração de terapia de substituição de opiáceos com diminuição dos efeitos eufóricos e de depressão respiratória.

A clonidina, um antagonista do receptor alfa 2 atuando centralmente, que diminui o débito noradrenérgico central, também pode ser utilizada para síndromes de abstinência aguda. Ela é remarcadamente eficaz no tratamento de sintomas autonômicos de privação, porém oferece pouco para conter o desejo da droga. Riscos de sedação e hipotensão limitam a utilidade da clonidina nas situações ambulatoriais. A clonidina não parece ser efetiva como substituição de opiáceos no auxílio da manutenção da abstinência. Medicações adicionais podem ser utilizadas para aliviar sintomas desconfortáveis de privação, como a diciclomina para cólica abdominal, prometazina para náusea e quinina para dores musculares.

A reabilitação geralmente envolve encaminhamento para um programa de tratamento diário e para os Narcóticos Anônimos, um programa de 12 passos similar aos dos AA. A manutenção da metadona, administração diária de 60 a 100 mg de metadona nas clínicas licenciadas pelo governo para a utilização desta substância, é amplamente utilizada para pacientes que demonstram dependência fisiológica. A administração da metadona a longo prazo pode aliviar a ânsia pela droga e minimizar o comportamento de busca da droga.

PONTOS-CHAVE

1. A utilização recreacional de opiáceos com freqüência leva ao vício.
2. Os viciados em opiáceos estão em risco aumentado para HIV, pneumonia, endocardite, hepatite e celulite.
3. Ocorre alta mortalidade decorrente de *overdose* acidental, suicídio e acidentes.
4. A abstinência do opiáceo começa 10 horas após a última dose.
5. A abstinência é desconfortável, porém geralmente não tem complicações médicas.

TRANSTORNOS DA UTILIZAÇÃO DE ESTIMULANTE DO SISTEMA NERVOSO CENTRAL

A cocaína e as anfetaminas estão prontamente disponíveis nos Estados Unidos. Os padrões de utilização e abuso e da dependência da cocaína e anfetaminas são similares porque ambas são **estimulantes do sistema nervoso central (SNC)** com efeitos psicoativos e simpaticomiméticos similares.

Nos Estados Unidos, a cocaína está disponível em duas formas: no pó de cloridrato de cocaína, que geralmente é inalado, e como cristal de alcalóide de cocaína *(crack),* que é normalmente fumado. A cocaína tem um início de ação extremamente rápido (quando inalada ou fumada) e uma curta meia-vida, requerendo dosagem freqüente para se manter "alto".

Nos Estados Unidos, uma anfetamina (dextroanfetamina) e metilfenidato estão disponíveis na forma de pílula a partir da prescrição para tratamento da obesidade, narcolepsia e transtorno de hiperatividade/déficit de atenção. Várias formas de anfetaminas são utilizadas ilicitamente, incluindo uma forma muito pura de metanfetamina, denominada metanfetamina cristal, que pode ser inalada ou fumada. As anfetaminas possuem uma meia-vida mais longa do que a cocaína e, dessa forma, são tomadas com menos freqüência.

Os índices de depressão geralmente são elevados nos indivíduos que abusam de substância e são dependentes de substância. Medicações antidepressivas influenciando a função de catecolaminas, como a desipramina e a bupropiona, geralmente são superiores aos ISRSs no tratamento da depressão relacionada com a cocaína.

MANIFESTAÇÕES CLÍNICAS

A intoxicação por cocaína ou anfetamina é caracterizada por:

1. Modificações comportamentais mal adaptativas (p. ex., euforia ou hipervigilância).
2. Taquicardia ou bradicardia.
3. Dilatação pupilar.
4. Hiper ou hipotensão.
5. Perspiração ou tremores.
6. Náusea ou vômito.
7. Perda de peso.
8. Agitação ou retardo psicomotor.
9. Fraqueza muscular, depressão respiratória, dor no tórax, disritmias cardíacas.
10. Confusão, convulsões, discinesia ou coma.

A intoxicação por cocaína pode causar alucinações táteis. Tanto a intoxicação por cocaína como por anfetamina pode levar a agitação, julgamento comprometido e **psicose transitória** (p. ex., paranóia, alucinações visuais). A dependência de cocaína e anfetamina é definida pelos critérios delineados acima para dependência de substância.

A privação da cocaína ou anfetamina leva à fadiga, depressão, pesadelos, dor de cabeça, sudorese profusa, cãibras musculares e fome. Os sintomas de abstinência têm um pico de 2 a 4 dias.

MANEJO

A abstinência de anfetaminas ou outros estimulantes do SNC é autolimitada e geralmente não requer internação para desintoxicação. A psicose pela intoxicação ou privação de anfetamina geralmente é autolimitada, requerendo apenas observação em um ambiente seguro. Medicações antipsicóticas podem ser utilizadas para tratar a agitação.

Ultimamente, o objetivo é a reabilitação. Narcóticos Anônimos, tratamento da psicopatologia co-mórbida, administração de drogas para reduzir o desejo e terapia de família são os aspectos essenciais da reabilitação da cocaína.

PONTOS-CHAVE

1. A cocaína e as anfetaminas são estimulantes do SNC.
2. Os estimulantes do SNC (CNS) podem causar psicose transitória (p. ex., alucinações táteis ou paranóia).
3. O pico dos sintomas de abstinência (fadiga, depressão, pesadelos etc.) é de 2 a 4 dias.
4. A abstinência de estimulantes do SNC é autolimitada.

TRANSTORNOS CAUSADOS PELO USO DA MACONHA E DE SUBSTÂNCIAS MISTAS

MACONHA

A maconha é amplamente utilizada mundo afora nas formas de *marijuana* e *haxixe*. A droga geralmente é fumada e causa um estado de euforia. As complicações da maconha incluem julgamento comprometido, concentração deficiente e memória deficiente. Complicações sérias incluem delírio e psicose.

CLUB DRUGS

Club Drugs refere-se a um grupo de drogas classificadas pelo *National Institute on Drug Abuse* (NIDA) em razão de sua popularidade discotecas e outros locais de festa. São em drogas com ampla variedade de classes químicas, porém ligadas por sua utilização freqüente em grupos sociais e por serem consumidas simultaneamente. Por sua popularidade e pelo alto índice de usuários nas salas de emergência, revisamos a seguir algumas *club drugs* mais amplamente utilizadas.

Ecstasy (MDMA). É uma droga muito popular com propriedades estimulantes e alucinógenas misturadas. Muitos usuários relatam um efeito estimulante eufórico, e o MDMA parece, especificamente, realçar o desejo do usuário para intimidade com relação aos outros. Como tal, sua utilização tem sido associada a uma freqüência aumentada de atividade sexual insegura. A utilização aguda do MDMA tem sido associada a mortes de várias causas. A utilização do MDMA parece levar a uma perda permanente dos axônios de serotonina de diâmetro fino por todo o cérebro.

Metanfetamina. É um psicoestimulante neurotóxico para os axônios de dopamina e serotonina. A metanfetamina é, com freqüência, produzida localmente em pequenos laboratórios e pode, portanto, variar grandemente na pureza.

γ-hidroxibutirato (GHB). É um composto utilizado em baixas doses por fisiculturistas e outros que buscam ganhar massa muscular (o GHB promove a liberação do hormônio de crescimento). Em altas doses, é utilizado para produzir euforia e é comum em clubes e festas. O GHB é facilmente superdosado e pode levar à morte por interrupção respiratória.

Cetamina. Também conhecida com C Especial (K Especial), a cetamina é um anestésico dissociativo grandemente utilizado em medicina veterinária. É utilizado por causa do seu efeito alucinatório e dissociativo.

Rohypnol®. É um benzodiazepínico aprovado para utilização clínica em alguns países fora dos Estados Unidos, incluindo o Brasil. O Rohypnol produz efeitos clássicos benzodiazepínicos de sedação. Entretanto, possui fortes propriedades amnésicas e costuma ser usado para drogar pessoas com o propósito de roubo ou ataque sexual.

Dietilamida do ácido lisérgico (LSD). É famoso por suas propriedades alucinógenas. A utilização aguda pode produzir uma experiência alucinatória altamente eufórica ("viagem boa") ou altamente disfórica ("viagem ruim"). A utilização a longo prazo do LSD pode levar à psicose ou transtorno alucinógeno persistente da percepção.

Bibliografia

Cami J, Farre M. Drug addiction. *N Engl J Med.* 2003 Sep 4;349(10):975-986.

Fiellin DA, Kleber H, Trumble-Hejduk JG, et al. Consensus statement on office-based treatment of opioid dependence using buprenorphine. *J Subst Abuse Treat*. 2004 Sep;27(2):153-159.

Room R, Babor T, Rehm J. Alcohol and public health. *Lancet.* 2005 Feb 5-11;365(9458): 519-530.

Rounsaville BJ. Treatment of cocaine dependence and depression. *Biol Psychiatry.* 2004 Nov 15;56(10):803-809.

Thomson AD, Cook CC, Touquet R, et al, and Royal College of Physicians, London. The Royal College of Physicians report on alcohol: guidelines for managing Wernicke's encephalopathy in the accident and Emergency Department. *Alcohol Alcoholism*. 2002 Nov-Dec;37(6):513-521.

CAPÍTULO

6 Transtornos Alimentares

Transtornos alimentares são caracterizados por transtornos no comportamento alimentar e uma preocupação exagerada com a imagem ou tamanho corporal. Embora os transtornos alimentares sejam classificados em 2 categorias discretas de diagnóstico no *Diagnostic and Statistical Manual of Mental Disorders*, 4ª edição (DSM-IV), muitos sintomas se sobrepõem. A distinção diagnóstica principal é baseada no peso corporal ideal. Quando o comportamento alimentar anormal causa um peso corporal que cai abaixo de uma porcentagem definida do peso corporal esperado, um diagnóstico de anorexia nervosa é feito. Se o peso corporal ideal é mantido na presença de comportamentos alimentares anormais, um diagnóstico de bulimia nervosa é feito. Os transtornos alimentares provavelmente repousam juntamente com um *continuum* de transtornos no comportamento alimentar e, freqüentemente, estão associados a transtornos do humor e outras doenças psiquiátricas (Tabela 6-1).

ANOREXIA NERVOSA

A anorexia nervosa é um transtorno alimentar grave caracterizado pelo **peso corporal baixo**. A anorexia nervosa é diagnosticada quando o peso corporal de uma pessoa cai abaixo de 85% do peso corporal ideal para aquele indivíduo. A perda de peso precisa ser causada por comportamento direcionado na manutenção do peso baixo ou alcançar uma imagem corporal particular.

EPIDEMIOLOGIA

O ponto de prevalência da anorexia nervosa está entre 0,5% e 1% nas mulheres, e mais de 90% dos pacientes com anorexia nervosa são mulheres. A prevalência nos homens não está clara. A média de idade do início é aos 17 anos, com início raro antes da puberdade ou após os 40 anos de idade. A anorexia nervosa é mais comum nas sociedades industriais e classes socioeconômicas mais elevadas.

ETIOLOGIA

Os transtornos alimentares e seus subtipos provavelmente dividem muitas bases comuns de origem. Teorias psicológicas da anorexia nervosa permanecem especulativas. Pacientes com anorexia nervosa geralmente possuem medo elevado de perda do controle, dificuldade com a auto-estima e, comumente, exibem o pensamento "tudo ou nada". Embora não seja específico para os transtornos alimentares, o passado físico ou abuso sexual pode ser um fator de risco. Teorias contemporâneas concentram-se na necessidade de controlar o corpo.

Teorias sociais propõem que opiniões sociais que igualam o baixo peso corporal com a atratividade, dirigem as mulheres para desenvolver transtornos alimentares. Embora este fato possa ser responsável por alguns casos (p. ex., a anorexia nervosa é mais comum entre as bailarinas e modelos), a anorexia nervosa, historicamente, tem estado presente durante períodos quando os costumes sociais para a beleza eram diferentes.

Dados biológicos, familiares e genéticos sustentam uma base biológica e hereditária para a anorexia. Estudos familiares revelam uma incidência aumentada de transtornos do humor e anorexia nervosa nos parentes de 1º grau dos pacientes com anorexia nervosa. Estudos de gêmeos mostram elevada concordância para gêmeos monozigotos *versus* dizigotos. Evidência neuroendócrina sustentando uma contribuição biológica para a anorexia inclui alterações no fator de liberação de corticotropina, metabolismo de norepinefrina reduzido do sistema nervoso central, e que a amenorréia (causada pelo hormônio luteinizante reduzido e liberação do hormônio folículo-estimulante), às vezes, precede o início da anorexia nervosa.

TABELA 6-1

Classificação dos Transtornos Alimentares

Anorexia Nervosa	Bulimia Nervosa
Tipo restritivo	Tipo não eliminação
Tipo compulsão alimentar/eliminação	Tipo eliminação

MANIFESTAÇÕES CLÍNICAS

História e Exame do Estado Mental

Os critérios DSM-IV para o diagnóstico da anorexia nervosa incluem recusa para manter o peso corporal maior do que 85% do ideal, medo intenso de ganho de peso, preocupação com o tamanho e a forma do corpo, influência desproporcional do peso do corpo na importância pessoal e a negação dos riscos médicos do baixo peso. Pacientes com anorexia nervosa geralmente não possuem uma perda do apetite; eles se recusam a comer por medo do ganho de peso. A amenorréia também é um critério diagnóstico nas mulheres pós-menarca (o retardo da menarca pode ocorrer em meninas pré-menarcais). Em alguns casos, a amenorréia precede o desenvolvimento da anorexia nervosa; entretanto, na maior parte dos casos, parece ser uma conseqüência da privação.

Indivíduos com anorexia nervosa costumam se exercitar intensamente para perder peso e alterar a forma corporal. Alguns restringem a ingestão de alimento como um método primário de controlar o peso; outros utilizam satisfação e eliminação (utilização de laxativos, enemas, diuréticos ou vômito induzido) para controlar o peso.

O repertório comportamental para o controle do peso corporal é utilizado para classificar a anorexia nervosa em 2 subtipos: restritivo e satisfação/eliminação. No tipo restritivo, os métodos principais de controle do peso são a restrição do alimento e o exercício. No tipo satisfação/eliminação, a restrição do alimento e o exercício podem estar presentes, porém comportamentos alimentares de eliminação e satisfação também estão presentes.

O curso natural da anorexia não é bem compreendido, porém muitos casos tornam-se crônicos. A mortalidade a longo prazo da anorexia nervosa, em conseqüência de suicídio ou complicações médicas, é maior do que 10%.

Diagnóstico Diferencial

Condições que podem lembrar a anorexia devem ser excluídas. Estas incluem depressão maior com perda do apetite e do peso, alguns transtornos psicóticos em que a nutrição pode não ser adequada, transtorno dismórfico corporal e uma variedade de condições médicas gerais (especialmente neuroendócrinas). A anorexia nervosa é diferenciada da bulimia nervosa pela presença do baixo peso em indivíduos com a primeira.

Manejo

O manejo da anorexia nervosa é dirigido aos sintomas presentes. Quando complicações médicas estão presentes, estas precisam ser cuidadosamente tratadas e seguidas. Se a utilização de ipecacuanha para induzir o vômito é suspeitada, a intoxicação precisa ser excluída.

Durante a privação de alimentos, a psicoterapia é de pouco valor por causa do comprometimento cognitivo produzido pela desnutrição. Quando os pacientes estão menos comprometidos clinicamente, um programa terapêutico incluindo refeições supervisionadas; monitorização do peso e eletrólitos; psicoeducação acerca da doença, da privação e da nutrição; psicoterapia individual e terapia familiar poder ser iniciado. O manejo psicofarmacológico freqüentemente inclui antidepressivos, especialmente os inibidores seletivos de recaptação de serotonina (ISRSs) para tratar a depressão co-mórbida. Os tratamentos de psicofarmacologia são utilizados, principalmente, para tratar qualquer doença psiquiátrica co-mórbida e terão pouco ou nenhum efeito na anorexia em si mesma.

PONTOS-CHAVE

1. A anorexia nervosa é um transtorno alimentar grave caracterizado pelo baixo peso corporal.
2. Em mais de 90% dos casos, o transtorno é diagnosticado em mulheres.
3. A anorexia nervosa pode causar sérias complicações médicas e um índice de mortalidade, a longo prazo, maior que 10%.

BULIMIA NERVOSA

Bulimia nervosa é um transtorno alimentar caracterizado por **compulsão alimentar** com a **manutenção do peso corporal**.

EPIDEMIOLOGIA

O ponto de prevalência estimado da bulimia nervosa é de 1% a 3% das mulheres. A razão homem-mulher é de 1:10. A doença ocorre desproporcionalmente entre brancos nos Estados Unidos.

ETIOLOGIA

Muitos dos fatores na gênese da anorexia nervosa também estão implicados na bulimia nervosa. Estudos genéticos e familiares sustentam conexões familiares similares em ambos os transtornos. Teorias psicológicas para a bulimia nervosa realçam adição ou modelo comportamental obsessivo-compulsivo. Achados biológicos, neurológicos e endócrinos são menos proeminentes nas teorias da causa da bulimia nervosa. Acredita-se que o metabolismo anormal da serotonina desempenha mais um papel na bulimia nervosa do que na anorexia nervosa.

MANIFESTAÇÕES CLÍNICAS

História e Exame do Estado Mental

A bulimia nervosa é diagnosticada nos indivíduos que se envolvem em compulsão alimentar e comportamentos desenvolvidos para evitar o ganho de peso, porém que mantêm seu peso corporal. Além disso, estas são pessoas cuja auto-avaliação é excessivamente influenciada por seu peso e forma corporal.

Compulsões por alimento na bulimia nervosa podem ser precipitadas por estresse ou estados de humor alterados. Uma vez que comece uma compulsão, o indivíduo sente-se geralmente fora de controle e continua a comer grandes quantidades de alimento, com freqüência até o ponto de desconforto físico. A **eliminação** pode seguir-se e, com mais freqüência, consiste de vômito, geralmente induzido mecanicamente estimulando o reflexo de começar a vomitar, ou utilizando ipecacuanha. Outros métodos de eliminação utilizados para evitar o ganho de peso incluem laxativo e abuso de diuréticos e enemas. Indivíduos com bulimia freqüentemente se exercitam e restringem sua ingestão de alimento. Como na anorexia nervosa, os pacientes com bulimia nervosa estão excessivamente interessados na imagem corporal e preocupados em tornarem-se gordos. A bulimia nervosa é classificada em dois subtipos: tipo de não eliminação ou tipo de eliminação (Tabela 6-1), conforme o comportamento de eliminação está presente.

Diagnóstico Diferencial

A bulimia nervosa deve ser distinguida da compulsão do subtipo de eliminação e compulsão da anorexia nervosa. Se o peso corporal é menor do que 85% do ideal, um diagnóstico de anorexia nervosa é feito. A compulsão alimentar pode ocorrer na depressão maior e no transtorno de personalidade limítrofe, porém não está ligada a uma compulsão para reduzir o peso.

MANEJO

O tratamento da bulimia nervosa é similar àquele da anorexia nervosa. Embora as complicações médicas da privação não estejam presentes, outras complicações médicas podem requerer manejo médico cuidadoso e, às vezes, hospitalização. A psicoterapia concentra-se, primeiro, em alcançar o controle do comportamento alimentar. A terapia cognitiva pode ser útil na preocupação excessiva com a imagem corporal. A auto-estima e as relações interpessoais tornam-se o foco da terapia à medida que os problemas comportamentais diminuem. Antidepressivos, especialmente ISRSs, são mais efetivos no tratamento da bulimia nervosa do que na anorexia nervosa (incluindo aqueles pacientes que não possuem depressão co-mórbida).

PONTOS-CHAVE

1. A bulimia nervosa é um transtorno alimentar grave caracterizado pela compulsão alimentar e eliminação.
2. O transtorno também é caracterizado pela manutenção do peso corporal normal.
3. A bulimia nervosa é mais comum nas mulheres do que nos homens.
4. A bulimia nervosa pode ter sérias complicações médicas.

TABELA 6-2

Complicações Médicas dos Transtornos Alimentares

Comportamento	Complicação Médica
Compulsão alimentar	Dilatação gástrica ou ruptura
	Obesidade
	Ruptura esofágica
	Parotidite com hiperamilasemia
	Alcalose metabólica hipocalêmica e hipoclorêmica (com arritmias cardíacas)
	Intoxicação por ipecacuanha (miopatias cardíaca e esquelética)
Utilização de laxativo	Constipação (provocada por dependência de laxativos)
	Acidose metabólica
	Desidratação
Utilização de diurético	Anormalidades eletrolíticas (com arritmias cardíacas)
	Desidratação
Privação	Leucopenia, anemia
	Razão ventrículos/cérebro aumentada
	Hipotensão, bradicardia
	Hipotermia
	Hipercolesterolemia
	Edema
	Pele seca, cabelo lanugo

COMPLICAÇÕES MÉDICAS

Transtornos alimentares, quando persistentes, podem ter sérias conseqüências médicas. A mortalidade, ao longo da vida, por anorexia nervosa é de aproximadamente 10%; ela é desconhecida para a bulimia nervosa. A Tabela 6-2 lista as complicações médicas comuns dos transtornos alimentares. As mais sérias destas, como ruptura gástrica ou esofágica, cardiomiopatia por toxicidade da ipecacuanha e arritmias cardíacas secundárias ao desequilíbrio eletrolítico, podem ser fatais. Outras complicações paralelas àquelas das doenças médicas crônicas pagam um preço alto no funcionamento geral do paciente e podem causar imenso sofrimento e dano para suas famílias. Além destas complicações médicas, seqüelas psiquiátricas e neurológicas secundárias incluem declínio cognitivo, encefalopatia metabólica e perturbação grave do humor, todas com conseqüências profundas para os pacientes e suas famílias.

Bibliografia

Fairburn CG. Evidenced-based treatment of anorexia nervosa. *Int J Eating Disorder.* 2005;37(Suppl):S26-S30.

Lilly RZ. Bulimia nervosa. *Br Med J.* 2003;327:380-381.

CAPÍTULO

7 Transtornos da Criança e do Adolescente

Muitos transtornos vistos nos adultos podem ocorrer nas crianças. Entretanto, existe um grupo de transtornos geralmente diagnosticado primeiro nas crianças. A Tabela 7-1 lista estes transtornos de acordo com o *Diagnostic and Statistical Manual of Mental Disorders*, 4ª edição (DSM-IV). Este capítulo revisa apenas os transtornos mais comuns.

A avaliação psiquiátrica da criança requer atenção para detalhes do estágio de seu desenvolvimento, estrutura e dinâmica familiar e comportamento normativo apropriado para a idade. A consulta aos pais e a obtenção de informações das escolas, dos professores e de outras partes envolvidas (p. ex., *Department of Social Services/Youth Services) são essenciais para a avaliação apropriada.*

As crianças, especialmente as crianças jovens, geralmente expressam emoção de uma forma mais **concreta** (menos abstrata) do que os adultos. Conseqüentemente, as entrevistas das crianças requerem questões mais concretas (Você sente vontade de chorar? *Em vez de* Você está triste?). Jogos, contar histórias e brincadeiras imaginativas podem, com freqüência, ser utilizados para obter percepção sobre a vida emocional e interpessoal da criança. Durante o jogo, observações são feitas também em relação ao nível de atividade, habilidades motoras e expressão verbal. Crianças são muito mais prováveis do que os adultos de terem transtornos mentais co-mórbidos, tornando o diagnóstico e o tratamento mais complicados.

As complexidades do diagnóstico na psiquiatria infantil geralmente requerem a utilização de testagem psicológica. Testes de inteligência geral incluem a Stanford-Binet Intelligence Scale (um dos primeiros testes de inteligência desenvolvido e com freqüência utilizada nas crianças jovens) e a Wechsler Intelligence Scale for Children – Revised (WISC-R). A WISC-R é o teste de inteligência mais amplamente utilizado para avaliar crianças em idade escolar. Ele produz uma contagem verbal, uma contagem de desempenho e uma contagem da escala total (tanto verbal como de desempenho) ou **quociente de inteligência (QI)**.

Existem muitos outros testes e escalas de avaliação objetiva desenvolvidos para medir o comportamento (p. ex., impulsividade, atividade física), as habilidades perceptivo-motoras (desenhando pessoas, colocando estacas em orifícios apropriadamente modelados) e os estilos de personalidade (descrevendo o que está acontecendo em uma cena ambígua).

Em razão de a atividade convulsiva ou as anormalidades eletroencefalográficas sutis serem comuns em certos transtornos psiquiátricos da criança, um **eletroencefalograma (EEG)** pode ser justificado. A avaliação do retardo mental geralmente envolve uma busca para as possíveis causas.

RETARDO MENTAL

Pacientes com retardo mental possuem inteligência subnormal (conforme medido pelo QI) combinada com déficits no funcionamento adaptativo. O QI é definido como uma idade mental (conforme avaliado utilizando um WISC-R, dividida pela idade cronológica e multiplicada por 100. Se a idade mental se iguala à idade cronológica, então a razão iguala-se a 1 e o QI é "100". Um QI menor do que 70 é requerido para o diagnóstico de retardo mental. A gravidade varia de leve a profunda e está baseada no QI (Tabela 7-2).

EPIDEMIOLOGIA

O retardo mental afeta de 1% a 2% da população e possui uma razão homem-mulher de 2:1. Formas mais leves de retardo mental ocorrem, mais freqüentemente, nas famílias com nível socioeconômico baixo (NSE); formas mais graves de retardo mental são independentes de NSE. A maior parte dos pacientes com retardo mental possui as formas leve ou moderada (Tabela 7-2).

TABELA 7-1

Transtornos geralmente Diagnosticados Primeiro na 1ª Infância, 2ª Infância ou Adolescência

- Retardo mental
- Transtornos de aprendizagem
  - Transtorno da leitura
  - Transtornos matemáticos
  - Transtorno da expressão escrita
- Transtorno de habilidades motoras
  - Transtorno de coordenação do desenvolvimento
- Transtornos da comunicacão
  - Transtorno da linguagem expressiva
  - Transtorno misto da linguagem receptiva-expressiva
  - Transtorno fonológico
  - Gagueira
- Transtornos invasivos (globais) do desenvolvimento
  - Transtorno autístico
  - Transtorno de Rett
  - Transtorno desintegrativo da infância
  - Transtorno de asperger
- Transtornos de déficit de atenção e de comportamento dividido
  - Transtorno de déficit de atenção/hiperatividade
  - Transtorno de conduta
  - Transtorno oposicionista desafiador
- Transtornos alimentares e da alimentação da 1ª infância ou início da infância
  - Pica
  - Transtorno de ruminação
  - Transtorno alimentar da 1ª infância ou início da infância
- Transtornos de tique
  - Transtorno de Tourette
  - Transtorno de tique motor ou vocal crônico
  - Transtorno de tique transitório
- Transtornos de eliminação
  - Encoprese
  - Enurese
- Outros transtornos da 1ª infância, 2ª infância ou adolescência
  - transtorno de ansiedade de separação
  - Mutismo seletivo
  - Transtorno de fixação reativa da 1ª infância, ou início da infância
  - Transtorno de Movimentação Estereotípica

ETIOLOGIA

O retardo mental pode ser acreditado como uma via comum final de um número de transtornos da infância ou perinatal. A causa mais comum de retardo mental é a **síndrome de Down** (trissomia do 21). A **síndrome do X Frágil** é a causa mais comum de retardo mental *herdado*. Erros inatos do metabolismo; traumatismos cranianos perinatais ou na 1ª infância; diabetes materno, abuso de substância, toxemia, ou rubéola, todos podem causar retardo mental. Geralmente, existe mais do que 500 anormalidades genéticas associadas ao retardo mental. Em 30% a 40% dos pacientes com retardo mental, nenhuma etiologia clara pode ser determinada.

TABELA 7-2

Retardo Mental

Grau de RM	QI	Porcentagem de RM na População Total
Leve	50-70	85%
Moderado	35-50	10%
Grave	20-35	3%-4%
Profundo	< 20	1%-2%

MANIFESTAÇÕES CLÍNICAS

História, Exames do Estado Físico e Mental e Testes de Laboratório

A maior parte das crianças mentalmente retardadas possui malformações físicas que as identificam ao nascimento como em alto risco de apresentar retardo mental (como as características faciais da criança com síndrome de Down). Bebês podem mostrar sinais de funcionamento intelectual significativamente abaixo da média. Crianças com retardo mental podem ser identificadas pelos pais ou pediatras após o fracasso em alcançar marcos de desenvolvimento em diversas áreas funcionais (p. ex., fala retardada, habilidades sociais ou capacidade de habilidades de autocuidado) ou mostrar um QI menor do que 70 na Stanford-Binet (geralmente apenas para crianças muito jovens) ou WISC-R (padrão para as crianças em idade escolar).

O começo dos sintomas deve ocorrer antes de 18 anos. O paciente precisa ter tanto um QI menor ou igual a 70 e déficits concorrentes ou comprometimentos em diversas áreas do funcionamento adaptativo (p. ex., comunicação, autocuidado, habilidades interpessoais). Achados de laboratório podem sugerir etiologia metabólica ou cromossômica.

Diagnóstico Diferencial

Transtorno de déficit de atenção/hiperatividade (TDAH), transtornos da aprendizagem, depressão, esquizofrenia e transtorno convulsivo podem parecer retardo mental. Estes transtornos também podem ser condições co-mórbidas. Crianças sob suspeita de retardo mental devem ser submetidas a avaliação médica e neurológica completa, incluindo testagem de QI, EEG e imagem do cérebro (tomografia computadorizada – TC, ou ressonância magnética – RM).

MANEJO

O manejo depende do grau de retardo, do curso e das habilidades particulares da criança e dos pais. A maior parte das crianças com retardo mental progride através de marcos normais (ficar de pé, caminhar, falar, reconhecer letras e números) em um padrão similar às crianças normais, porém em um índice mais baixo. O crescimento e o desenvolvimento ocorrem na criança com retardo mental. Elas podem ter surtos de desenvolvimento, semelhantes às crianças normais, que não podem ser previsíveis em uma idade inicial.

No retardo mental leve, a criança é geralmente considerada educável. A criança pode, geralmente, aprender a ler, escrever e realizar aritmética simples. Com o suporte da família e educação especial, a maior parte destas crianças será capaz de viver com seus pais. O objetivo, a longo prazo, do tratamento é ensinar a criança a conviver na sociedade e a ter algum tipo de trabalho.

No retardo mental moderado, a criança geralmente é considerada treinável. Com o treinamento, a criança pode aprender a falar, reconhecer seu nome e poucas palavras simples e realizar atividades da vida diária (banhar-se, vestir-se, manejar pequena mudança) sem assistência. O objetivo a longo prazo do tratamento é, normalmente, tornar a criança capaz de viver e conviver em um grupo caseiro supervisionado.

Crianças com retardo mental profundo ou grave quase invariavelmente requerem cuidado em ambientes institucionais, geralmente começando muito precoce na vida. Estas formas de retardo mental estão, com freqüência, associadas a síndromes específicas (p. ex., doença de Tay-Sachs), na qual existe deterioração física progressiva levando à morte prematura.

PONTOS-CHAVE

1. O retardo mental é definido pelo QI menor ou igual a 70 e comprometimento do funcionamento em áreas específicas.
2. A condição é mais comum nos homens (2:1).
3. O retardo mental é mais comumente causado pela síndrome de Down (trissomia do 21).
4. O retardo mental é manejado em ambientes apropriados para o desenvolvimento.

TRANSTORNOS DA APRENDIZAGEM

Transtornos da aprendizagem são caracterizados pelo desempenho em uma área específica da aprendizagem (p. ex., leitura, escrita, aritmética) substancialmente abaixo da expectativa de uma idade cronológica da criança, medida de inteligência e educação apropriada da idade. O DSM-IV identifica 3 transtornos da aprendizagem: **transtorno da leitura**, **transtornos matemáticos** e **transtorno da expressão escrita**.

ETIOLOGIA

Transtornos específicos da aprendizagem freqüentemente ocorrem em famílias. Eles são presumidos como resultado de **lesão cerebral focal** ou de **defeito do neurodesenvolvimento**.

EPIDEMIOLOGIA

Transtornos da aprendizagem são relativamente comuns. O transtorno da leitura afeta 4% das crianças em idade escolar, e os transtornos matemáticos estão estimados em 1%. A incidência do transtorno da expressão escrita não é ainda conhecida. Transtornos da aprendizagem são 2 a 4 vezes mais comuns em meninos do que em meninas.

MANIFESTAÇÕES CLÍNICAS

História, Exame do Estado Mental e Testes de Laboratório

Transtornos específicos da aprendizagem geralmente são diagnosticados após a criança ter exibido dificuldades em uma área acadêmica específica. Em razão da leitura e da aritmética não serem geralmente ensinadas antes do 1º grau, o diagnóstico raramente é feito no jardim de infância. Algumas crianças podem não ser diagnosticadas até o 4º ou 5º grau, particularmente se elas possuírem um QI elevado e puderem mascarar seus déficits. O diagnóstico do transtorno da aprendizagem é confirmado através de testagem específica de inteligência e realização. Crianças com transtornos da aprendizagem não obtêm contagem de teste de realização consistentes com seus QIs completos.

Diagnóstico Diferencial

É importante estabelecer que uma contagem de desempenho baixo não é causada por algum outro fator como falta de oportunidade de aprender, ensino ruim ou fatores culturais (p. ex., o inglês como 2ª língua). Fatores físicos (como comprometimento da audição ou visão) também precisam ser excluídos.

Finalmente, é importante considerar e testar para transtornos mais globais, como transtorno invasivo (global) do desenvolvimento, retardo mental e transtornos da comunicação. Não é incomum encontrar diversos destes transtornos coexistindo. Um diagnóstico de transtorno específico da aprendizagem é feito quando o quadro clínico total não está adequadamente explicado por outras condições co-mórbidas.

MANEJO

Crianças com estes transtornos freqüentemente necessitam de educação específica, especialmente se seu diagnóstico foi feito tardiamente. Elas também necessitam ser ensinadas com estratégias de aprendizagem para superar seus déficits particulares. Habilidades aceitáveis na área transtornada podem, com freqüência, ser alcançadas com assistência educacional de suporte sólido, embora os pacientes possam ser afetados por estes transtornos por toda a maioridade.

PONTOS-CHAVE

1. Existem 3 tipos de transtornos de aprendizagem: matemática, leitura e expressão escrita.
2. Os transtornos tendem a ser familiares e são, provavelmente, devidos à lesão cerebral ou ao mau desenvolvimento.
3. O transtorno da leitura é o mais comum de todos os 3, ocorrendo com mais freqüência em meninos (2:1 a 4:1).
4. O diagnóstico é confirmado por meio de testes de desempenho.
5. Fatores físicos ou sociais precisam ser excluídos.
6. O manejo envolve educação específica e estratégias de aprendizagem.

TRANSTORNOS DO DESENVOLVIMENTO

A DSM-IV agrupa o **transtorno autístico**, o **transtorno de Rett**, o **transtorno desintegrativo da infância** e o **transtorno de Asperger** sob o título de transtornos globais do desenvolvimento. Estas condições também são referidas como transtornos do espectro autístico, por causa dos aspectos sobrepostos de suas manifestações clínicas.

TRANSTORNO AUTÍSTICO

O transtorno autístico é um transtorno global do desenvolvimento comum do início da infância. É caracterizado pela tríade comprometimento de interações sociais, comprometimento da habilidade para se comunicar e repertório restrito de atividades e interesses.

ETIOLOGIA

O transtorno autístico é familiar. Estudos genéticos demonstraram penetração incompleta (índice de concordância de 36% nos gêmeos monozigotos), embora um defeito genético específico não tenha sido descoberto. Uma pequena porcentagem daqueles com transtorno autístico possui um cromossomo X frágil, e um índice elevado de autismo existe com **esclerose tuberosa**.

EPIDEMIOLOGIA

O transtorno autístico é raro. Ele ocorre em 2 a 5 crianças por 10.000 nascimentos vivos. A razão homem-mulher é de 3:1 a 4:1.

MANIFESTAÇÕES CLÍNICAS

História, Exame do Estado Mental e Testes de Laboratório

O desenvolvimento anormal geralmente é observado primeiro, pouco tempo após o nascimento. Comumente, o 1º sinal é o **comprometimento nas interações sociais** (ausência do desenvolvimento do sorriso social, expressões faciais ou olhar nos olhos). Crianças mais velhas com freqüência falham em desenvolver formas não verbais de comunicação (p. ex., gestos e posturas corporais) e muitas parecem não ter desejo ou capacidade para fazer amizades. Existe também uma perda de interesse em dividir o divertimento (*i. e.,* não mostrar, dividir ou indicar objetos externos que eles acham interessantes). Por definição, os achados precisam estar presentes antes da idade de 3 anos.

O transtorno autístico também é caracterizado por um **comprometimento marcado na comunicação**. Pode haver atraso ou falta total do desenvolvimento da linguagem. Aquelas crianças que desenvolvem a linguagem mostram comprometimento na habilidade para iniciar e sustentar conversações e utilizam linguagem repetitiva ou idiossincrasia. A linguagem também pode ser anormal no volume, na entonação, na velocidade, no ritmo ou na ênfase.

Finalmente, existem, em geral, **padrões restritivos, repetitivos ou estereotipados de comportamento, interesses ou atividades**. Pode haver uma preocupação englobada com um ou mais padrões estereotipados ou restritivos do interesse (p. ex., guardar dados esportivos banais), um comprometimento inflexível a rotinas não-funcionais específicas ou rituais (p. ex., comer a mesma refeição no mesmo lugar e na mesma hora, a cada dia), maneirismos motores estereotipados ou repetitivos (p. ex., balançar o corpo todo) e uma preocupação persistente com as partes dos objetos (p. ex., botões).

Aproximadamente 25% das crianças com transtorno autístico possuem convulsões co-mórbidas; aproximadamente 75% apresentam retardo mental (o tipo moderado é o mais comum). O EEG e a testagem da inteligência são, geralmente, parte da avaliação inicial. Raramente, habilidades especiais específicas estão presentes como, por exemplo, calcular o calendário.

Diagnóstico Diferencial

O diagnóstico geralmente é claro após a história cuidadosa, exame do estado mental e monitorização do desenvolvimento. Entretanto, psicose infantil, retardo mental (isolado), transtornos da linguagem e surdez ou cegueira congênitas precisam, todos, ser excluídos.

MANEJO

O transtorno autístico é um transtorno crônico permanente, com morbidade relativamente grave. Poucos indivíduos com autismo irão viver independentemente. Uma vez que o diagnóstico é feito, os pais devem ser informados de que sua criança possui um transtorno do neurodesenvolvimento (e não um transtorno comportamental que eles devem se sentir responsáveis pela produção). Os pais terão que aprender **técnicas de manejo comportamental** desenvolvidas para reduzir os comportamentos rígidos e estereotipados do transtorno e melhorar o funcionamento social. Muitas crianças com autismo requerem educação especial ou programas diários especializados para manejo do comportamento.

Crianças com autismo com um transtorno convulsivo co-mórbido são tratadas com anticonvulsivantes. Doses baixas de **neurolépticos** (p. ex., haloperidol) e alguns estabilizadores do humor e antidepressivos têm mostrado ajudar a diminuir os comportamentos agressivos ou autolesivos.

TRANSTORNO DE RETT

O transtorno de Rett é um transtorno global do desenvolvimento, que é a causa principal de retardo mental nas meninas.

ETIOLOGIA

A etiologia exata do transtorno de Rett não é conhecida para todos os casos, porém a condição tem sido a mais comumente relacionada com mutações no gene que codifica a proteína 2 de ligação à metil-CPG (MeCP2). Neuropatologicamente, o transtorno de Rett está associado à microcefalia com densidade neuronal aumentada, porém com diminuição nos dendritos neuronais e na densidade sináptica em algumas regiões do cérebro.

EPIDEMIOLOGIA

O transtorno de Rett ocorre quase que exclusivamente nas mulheres. A condição ocorre em cerca de 1 em cada 15.000 nascimentos.

MANIFESTAÇÕES CLÍNICAS

História, Exame do Estado Mental e Testes de Laboratório

Crianças com a síndrome de Rett parecem normais por diversos meses após o nascimento e, então, desenvolvem problemas específicos. Os critérios diagnósticos precisos do DSM-IV requerem a circunferência normal da cabeça no nascimento, desenvolvimentos pré-natal e perinatal normais, e desenvolvimento psicomotor normal durante os primeiros 5 meses após o nascimento. Após este período de normalidade, existe uma diminuição no índice do crescimento da cabeça entre os 5 e 48 meses ; perda das habilidades das mãos adquiridas entre os 5 e 30 meses (com o começo de movimentos estereotipados de espremer a mão/lavar a mão); perda do compromisso social no início da doença (que pode melhorar mais tarde); marcha ou movimentos do tronco pobremente coordenados; e graves comprometimentos no desenvolvimento da linguagem com grave retardo psicomotor. Retardo mental grave co-mórbido e transtorno convulsivo são comuns (porém, o retardo mental e a convulsão não são parte dos critérios diagnósticos do DSM-IV).

Não existem testes de laboratório para o diagnóstico do transtorno de Rett, embora a genotipagem possa revelar mutações associadas. Outras condições precisam ser excluídas.

Diagnóstico Diferencial

As condições diagnósticas diferenciais, primariamente, incluem outros transtornos do desenvolvimento penetrante, como transtorno autístico, transtorno desintegrativo da infância e transtorno de Asperger.

MANEJO

O manejo se dá amplamente pelas técnicas comportamentais e tratamento das complicações. Medicações anticonvulsivas, medicações antipsicóticas e outras medicações psicotrópicas podem desempenhar um papel no manejo das dificuldades comportamentais.

TRANSTORNO DESINTEGRATIVO DA INFÂNCIA

O transtorno desintegrativo da infância é caracterizado por um período de desenvolvimento normal seguido pela perda da função em múltiplos domínios. É o mais raro dos transtornos globais do desenvolvimento.

ETIOLOGIA

A etiologia do transtorno desintegrativo da infância é desconhecida. A condição pode estar associada a condições médicas gerais que afetam o cérebro.

EPIDEMIOLOGIA

A condição é muito rara e muito menos comum do que o autismo. Pode haver uma preponderância dos homens.

MANIFESTAÇÕES CLÍNICAS

História, Exame do Estado Mental e Testes de Laboratório

Os critérios diagnósticos do DSM–IV para o transtorno desintegrativo da infância requerem o desenvolvimento aparentemente normal da infância durante os 2 primeiros anos de vida, seguido por uma perda das habilidades previamente adquiridas antes de 10 anos. As habilidades previamente adquiridas podem ser perdidas nos domínios da linguagem, nas habilidades sociais e no comportamento adaptativo, controle do intestino e da bexiga, nas habilidades de brincar e motoras. Adicionalmente, pode haver comprometimento do funcionamento na interação social ou comunicação, ou o desenvolvimento de comportamentos restritos ou repetitivos, interesses e atividades. O curso geralmente é crônico, uma vez que a perda das habilidades tenha se estabilizado. Esta condição geralmente co-ocorre com retardo mental e índices aumentados de transtorno convulsivo. Testes de laboratório são dirigidos, primariamente, à exclusão de condições potencialmente tratáveis que afetam a função do cérebro.

Diagnóstico Diferencial

As condições diagnósticas diferenciais incluem, primariamente, outros transtornos globais do desenvolvimento, como transtorno autístico, transtorno de Rett e transtorno de Asperger. Condições médicas tratáveis afetando a função do cérebro devem ser excluídas.

MANEJO

O manejo consiste, primariamente, em tratamento para as dificuldades comportamentais e condições associadas (p. ex., transtorno convulsivo).

TRANSTORNO DE ASPERGER

O transtorno de Asperger pode ser o transtorno global do desenvolvimento mais comum (porém, os números de prevalência são controversos) e está caracterizado pelo comprometimento das interações sociais e comportamentos e interesses restritivos, repetitivos e estereotipados.

ETIOLOGIA

A etiologia do transtorno de Asperger permanece desconhecida. Existe alguma contribuição familiar e numerosos fatores genéticos, metabólicos e infecciosos têm sido considerados.

EPIDEMIOLOGIA

A incidência do transtorno de Asperger varia com o método diagnóstico, porém é estimada como 4 por 1.000 crianças e é, aproximadamente, 4 vezes mais comum nos homens. Metade de todas as crianças com o transtorno de Asperger pode não ser diagnosticada com a condição.

MANIFESTAÇÕES CLÍNICAS

História, Exame do Estado Mental e Testes de Laboratório

Os aspectos diagnósticos do DSM-IV do transtorno de Asperger incluem comprometimentos na interação social (consistindo de déficits graves nos múltiplos comportamentos de comunicação não-verbal, como olhar nos olhos, expressão facial e linguagem corporal) e relações com colegas, compartilhamento diminuído de experiências pessoais com os outros e interação recíproca social/emocional diminuída. Adicionalmente, existem comportamentos e interesses repetitivos e estereotipados, como preocupação com padrões restritivos estereotipados de interesse; uma rígida aderência a rotinas ou rituais de pouca utilização funcional; maneirismos e estereótipos motores; concentração ou preocupação com partes dos objetos. No transtorno de Asperger, não existem atrasos na linguagem ou cognição, auto-ajuda, curiosidade ambiental ou comportamento adaptativo. O curso geralmente é crônico.

Diagnóstico Diferencial

As condições diagnósticas diferenciais primariamente incluem outros transtornos globais do desenvolvimento, como transtorno autístico, transtorno de Rett e transtorno desintegrativo da infância.

MANEJO

O tratamento para o transtorno de Asperger não é específico e consiste em abordagens educacionais, comportamentais e psicoterapêuticas dirigidas às maximizações das interações sociais. O tratamento farmacológico pode ser indicado para comportamentos específicos ou condições co-mórbidas.

PONTOS-CHAVE

1. Existem 4 tipos de transtornos globais de desenvolvimento: transtorno autístico, transtorno de Rett, transtorno desintegrativo da infância, transtorno de Asperger.
2. Transtornos globais de desenvolvimento também são referidos como transtornos do espectro do autismo.
3. O transtorno de Asperger é, provavelmente, o transtorno mais comum.
4. A linguagem é preservada no transtorno de Asperger, porém não no transtorno autístico.
5. O transtorno de Rett ocorre quase que exclusivamente em mulheres.
6. A maior parte dos casos de transtorno de Rett está associada a alterações no MeCP2.

TRANSTORNO DO DÉFICIT DE ATENÇÃO/HIPERATIVIDADE

O TDAH é caracterizado por um padrão persistente e disfuncional de hiperatividade, impulsividade, falta de atenção e distração.

ETIOLOGIA

O transtorno ocorre em famílias de forma co-segregada com transtornos do humor, transtornos de abuso de substâncias, transtornos da aprendizagem e transtorno de personalidade anti-social. Famílias com uma criança diagnosticada com TDAH têm maior probabilidade de possuir membros da família com os transtornos anteriormente mencionados do que a descendência daquelas sem TDAH.

A etiologia do transtorno é desconhecida, porém a lesão perinatal, má nutrição e exposição à substância têm sido implicadas. Muitas crianças com TDAH possuem anormalidades na arquitetura do sono (latência da movimentação rápida dos olhos diminuída, latência delta aumentada), EEG e sinais neurológicos leves. Estudos de imagem do cérebro indicam que o volume cerebral geral é menor nas crianças diagnosticadas com TDAH quando comparado com controles.

EPIDEMIOLOGIA

A prevalência do TDAH nas crianças de idade escolar é estimada como sendo de 3% a 5%. A razão menino-menina varia de 4:1, na população geral, a 9:1, nas situações clínicas. Os meninos são muito mais prováveis de serem trazidos para atenção médica.

MANIFESTAÇÕES CLÍNICAS

História, Exame do Estado Mental e Testes de Laboratório

Para alcançar os critérios para o TDAH, uma criança precisa evidenciar o começo de sintomas de falta de atenção ou hiperatividade antes da idade dos 7 anos; os sintomas precisam, também, estar presentes em 2 ou mais ambientes (p. ex., escola, casa). Os sintomas em apenas um ambiente sugerem uma causa ambiental ou psicodinâmica.

Crianças na idade pré-escolar geralmente são levadas para avaliação quando não é possível tratamento em casa. Normalmente elas ficam acordadas até tarde, acordam cedo e gastam a maior parte de suas horas acordadas em várias atividades hiperativas e impulsivas. Crianças com uma grande quantidade de hiperatividade podem, literalmente, correr em torno da casa, causar dano e provocar destruição.

Quando estas crianças entram na escola, suas dificuldades com atenção tornam-se mais óbvias. Elas parecem não seguir direções, esquecem materiais escolares importantes, falham em completar o trabalho de casa ou as tarefas na classe e tentam revelar as respostas às questões do professor antes de serem chamadas. Como um resultado de sua falta de atenção e hiperatividade, estas crianças com freqüência se tornam conhecidas como "problemáticas". Elas ficam acadêmica e socialmente atrasadas com relação aos seus colegas.

A avaliação da criança envolve a obtenção de uma história cuidadosa a partir dos pais e professores (os últimos geralmente através de fichas de relatos e relatos escritos). O comportamento da criança com e sem os pais é cuidadosamente observado durante a avaliação psiquiátrica. A testagem informal é realizada pedindo-se à criança para tentar completar um quebra-cabeça simples, escrever as letras do alfabeto, distinguir direita de esquerda e reconhecer letras traçadas nas palmas das mãos (grafestesia). O exame físico, centrando-se particularmente na função neurológica, é imperativo. Nenhum teste de laboratório ou cognitivo é útil na obtenção do diagnóstico.

Diagnóstico Diferencial

É importante distinguir sintomas de TDAH de comportamentos adequados para a idade nas crianças ativas (correr em torno, fazer barulho etc.). As crianças também podem parecer desatentas se possuírem QI baixo ou alto em um ambiente superestimulante ou subestimulante, respectivamente. Em qualquer instância, a testagem do QI e a avaliação cuidadosa do programa da escola irão esclarecer o diagnóstico.

Crianças com transtorno oposicionista desafiador podem resistir a tarefas de trabalho ou da escola por má vontade em obedecer às exigências do outro, porém não de dificuldade na atenção.

Crianças com outros transtornos mentais (p. ex., transtorno do humor, transtorno de ansiedade) podem exibir desatenção, porém geralmente não antes da idade de 7 anos. A história da criança no ajuste escolar geralmente não se caracteriza por relatos dos professores ou dos pais de comportamento inatento ou turbulento.

Os sintomas que lembram o TDAH podem ocorrer nas crianças antes da idade de 7 anos, porém a etiologia é geralmente um efeito colateral da medicação (p. ex., broncodilatadores) ou um transtorno do desenvolvimento psicótico ou global; estas crianças não são consideradas como possuindo TDAH. Naturalmente, o TDAH pode ser co-mórbido com quaisquer dos transtornos citados. Um diagnóstico dual é feito apenas quando se necessita explicar o quadro clínico total.

MANEJO

O manejo do TDAH envolve uma combinação de tratamentos somático e comportamental. A maior parte das crianças com TDAH responde favoravelmente aos **psicoestimulantes**. O metilfenidato é o agente de primeira linha, seguido pela anfetamina D. Os clínicos tentam utilizar a menor dose eficaz e restringir a utilização a períodos de maior necessidade (*i. e.,* os dias de escola), porque os psicoestimulantes possuem efeitos físicos indesejáveis a longo prazo (perda de peso e crescimento corporal inibido). Algumas crianças podem ser tratadas efetivamente com agentes que elevam a norepinefrina no cérebro, como bupropiona (Wellbutrin®) ou atomoxetina (Strattera®), um inibidor da recaptação da norepinefrina.

Técnicas de manejo comportamental incluem reforço positivo, limite firme da situação e técnicas para redução da estimulação (p. ex., um colega de cada vez, tarefas curtas, centradas).

PONTOS-CHAVE

1. O TDAH é caracterizado pela falta de atenção e hiperatividade ocorrendo em múltiplos ambientes.
2. Os sintomas precisam começar antes de 7 anos.
3. O TDAH é mais comum em meninos (4:1).
4. Para um diagnóstico de TDAH, outras causas de falta de atenção ou hiperatividade precisam ser excluídas.
5. O TDAH é manejado com psicoestimulantes e técnicas comportamentais.

TRANSTORNO DE CONDUTA E TRANSTORNO OPOSICIONISTA DESAFIADOR

O transtorno de conduta é definido como um padrão repetitivo e persistente de comportamento no qual os direitos básicos dos outros ou regras sociais importantes, apropriadas para a idade, são violadas. Comportamentos transtornados incluem agressão em direção a pessoas ou animais, destruição de propriedade, falsidade, roubo ou violações sérias das regras (ausência na escola, fuga). O transtorno de conduta é o equivalente, na infância, do transtorno de personalidade anti-social do adulto (TPA). É o transtorno mais comum visto nos pacientes psiquiátricos clínicos ambulatoriais e é, freqüentemente, visto co-morbidamente com o TDAH ou transtornos de aprendizagem. Estudos de adoção mostram uma predisposição genética, porém fatores psicossociais desempenham um papel principal. A separação ou o divórcio dos pais, o abuso de autoridade dos pais, conduta gravemente deficiente ou inconsistente desses e a associação com um grupo de colegas delinqüentes mostram-se tendo alguma relação ao desenvolvimento do transtorno de conduta.

O tratamento envolve terapia individual e familiar. Algumas crianças podem precisar ser retiradas de casa e colocadas em cuidado protegido. Pais que retêm a custódia de uma criança com transtorno de conduta são ensinados a estabelecer limite, consistência e outras técnicas comportamentais. Medicações podem ser utilizadas apenas para tratar um TDAH comórbido ou um transtorno do humor, porém não para o transtorno de conduta propriamente dito. O resultado a longo prazo depende da gravidade do transtorno e do grau e tipo da comorbidade. Das crianças com transtorno de conduta, 25% a 40% vão apresentar, quando adultos, um TPA.

O transtorno oposicionista desafiador é diagnosticado em uma criança com comportamento importuno, difícil ou dividido quando a freqüência do comportamento excede significativamente o de outras crianças de sua idade mental (ou que é menos tolerado na cultura da criança, em particular). É um diagnóstico relativamente novo, que pretende descrever crianças com problemas de comportamento que não alcançam os critérios para o transtorno de conduta propriamente dito. O manejo enfatiza o aconselhamento individual e familiar.

PONTOS-CHAVE

1. O transtorno de conduta é o equivalente, na infância, da TPA.
2. O transtorno é definido pelos comportamentos observáveis mensuráveis.
3. O transtorno de conduta é o diagnóstico mais comum na criança ambulatorial nas clínicas psiquiátricas.
4. O transtorno é tratado por técnicas autolimitadas, consistência e comportamentais.
5. O transtorno oposicionista desafiador é a forma menos grave de transtorno de conduta.

TRANSTORNO DE TOURETTE

O transtorno de Tourette é um transtorno raro no qual a criança demonstra tiques múltiplos involuntários motores e vocais. Tique é uma movimentação ou vocalização estereotipada, não rítmica recorrente, rápido e súbito.

EPIDEMIOLOGIA

O transtorno de Tourette afeta 0,4% da população. Existe uma razão homem-mulher de 3:1.

ETIOLOGIA

O transtorno de Tourette é altamente familiar e parece co-ocorrer freqüentemente com transtorno obsessivo-compulsivo. A despeito da evidência de transmissão genética em algumas famílias, nenhum gene (ou genes) ainda foi descoberto para explicar a etiologia do transtorno.

MANIFESTAÇÕES CLÍNICAS

História, Exames do Estado Mental e Físico

O paciente ou a família geralmente descreve um começo na infância ou início da adolescência antes dos 18 anos. Tiques vocais geralmente são roncos ou grunhidos altos, porém podem envolver interjeições ou frases; as palavras são, às vezes, obscenidades (coprolalia). O paciente descreve estar consciente de gritar as palavras, sendo capaz de exercer algum controle sobre elas, porém diz estar premido por uma urgência incontrolável de dizê-las. Os tiques motores podem envolver caretas faciais, protrusão da língua, piscar de olhos, urrar ou movimentações maiores das extremidades ou de todo o corpo. Os tiques motores geralmente antecipam os tiques vocais; latidos ou roncos geralmente antecedem as gritarias verbais. Os tiques motores não são dolorosos.

Diagnóstico Diferencial

Uma avaliação neurológica cuidadosa deve ser realizada para excluir outras causas dos tiques. A doença de Wilson e a doença de Huntington são os principais transtornos diagnósticos diferenciais. Um EEG deve ser realizado para excluir transtorno convulsivo. A avaliação cuidadosa de outras doenças psiquiátricas co-mórbidas deve ser realizada. Estimulantes utilizados para tratar outros transtornos psiquiátricos podem desmascarar os tiques.

MANEJO

O tratamento para tiques mais graves geralmente envolve a utilização de doses baixas de neurolépticos de alta potência, como haloperidol ou pirozida, porém vários outros agentes são utilizados. A criança e sua família devem receber educação e **psicoterapia de apoio** dirigida a minimizar as conseqüências sociais negativas (p. ex., embaraço, vergonha, isolamento) que ocorrem com este transtorno.

PONTOS-CHAVE

1. O transtorno de Tourette é um transtorno de tique.
2. O transtorno é raro e mais comum nos homens (3:1).
3. Quando diagnosticando o transtorno de Tourette, as doenças de Wilson e Huntington precisam ser excluídas.
4. O tratamento é com neurolépticos de alta potência e suporte paciente/família.

ALIMENTAÇÃO NA INFÂNCIA E TRANSTORNOS ALIMENTARES

Transtorno Pica

O transtorno pica é uma condição caracterizada pelo desenvolvimento da ingestão inapropriada de substâncias não nutritivas por um período de, no mínimo, 1 mês, quando a ingestão de substâncias não-nutritivas não é parte de um comportamento culturalmente aceito. Pouco é conhecido acerca da etiologia e epidemiologia do transtorno da pica. Nos mentalmente retardados, os índices do transtorno de pica aumentam com a gravidade do retardo mental. O transtorno pode resultar sem complicações médicas como envenenamento com chumbo, complicações gastrintestinais e conseqüências infecciosas. Pode ser sustentado ou autolimitado.

TRANSTORNO DE RUMINAÇÃO

O transtorno de ruminação é um transtorno da alimentação caracterizado pela regurgitação repetida do alimento ingerido por, no mínimo, 1 mês após um período de alimentação normal. O comportamento regurgitativo não pode ser devido a dificuldades gastrintestinais ou outro transtorno alimentar, tal como bulimia nervosa. A condição parece rara e é mais comumente diagnosticada em crianças, porém pode aparecer, em idade tardia, em indivíduos mentalmente retardados. O alimento regurgitado pode ser expelido ou remastigado e deglutido. Se a regurgitação é grave e calorias insuficientes são ingeridas, pode ocorrer má nutrição. Os índices de mortalidade podem aproximar-se de 25%. A remissão espontânea é comum. A etiologia é desconhecida.

TRANSTORNO DA ALIMENTAÇÃO DA INFÂNCIA

O transtorno da alimentação é caracterizado pela falência continuada para comer alimento suficiente, levando à perda de peso ou falência para o ganho de peso e durando, no mínimo, 1 mês. A condição não pode ser devida a uma condição médica geral. Condições associadas como aquelas que resultam de má nutrição com comprometimento do sono, irritabilidade e retardos do desenvolvimento podem ocorrer. A etiologia não é clara, porém o comprometimento das interações cuidador-criança pode desempenhar um papel.

PONTOS-CHAVE

1. Existem três tipos de transtornos alimentares e da alimentação da infância e do início da infância: transtorno pica, transtorno de ruminação e transtorno alimentar.
2. O transtorno pica é caracterizado pelo desenvolvimento de alimentação inapropriada de substâncias não nutritivas, como poeira.
3. O transtorno de ruminação é caracterizado pela regurgitação repetida de alimento ingerido na ausência de patologia médica gastrintestinal ou outra que se desenvolve após 1 mês de alimentação normal.
4. O transtorno de alimentação na infância ou no início da infância é caracterizado por, no mínimo, 1 mês de falência, para comer o suficiente para manter ou ganhar peso na ausência de outras causas médicas.

TRANSTORNOS DE ELIMINAÇÃO

ENCOPRESE

Os critérios diagnósticos para a encoprese requerem episódios repetidos (no mínimo 1 vez por mês, por no mínimo 3 meses) de defecação em locais inapropriados em indivíduos, no mínimo, de 4 anos de idade ou possuindo um nível de desenvolvimento equivalente. A defecação inapropriada não pode ser causada por uma outra condição médica ou droga, com a exceção da constipação. Cerca de 1% das crianças de 5 anos exibem encoprese. Quando presente, a encoprese é classificada conforme haja ou não constipação com incontinência por excesso.

ENURESE

Os critérios diagnósticos para a enurese requerem episódios repetidos (2 vezes por semana, no mínimo por 3 meses consecutivos, ou a presença de sofrimento significativo) de urinar nas roupas ou na cama da criança de, no mínimo, 5 anos de idade ou havendo um nível de desenvolvimento equivalente. O urinar inapropriado não pode ser devido a uma condição médica geral ou uso de substância. A enurese é classificada de acordo com a hora do dia de ocorrência como apenas noturna, apenas diurna ou noturna e diurna. Cerca de 7% dos meninos de 5 anos possuem enurese. A prevalência é em torno de 3% em meninas de 5 anos.

PONTOS-CHAVE

1. Existem 2 tipos de transtornos de eliminação: encoprese e enurese.
2. A encoprese é caracterizada por episódios repetidos de defecação inapropriada, como nas roupas, no assoalho etc.
3. A encoprese é classificada de acordo com a presença ou ausência de constipação com incontinência por excesso.
4. A enurese é caracterizada por episódios repetidos de urinar inapropriadamente, por exemplo, nas roupas ou na cama.
5. A enurese é classificada de acordo com a hora do dia das ocorrências como apenas noturna, apenas diurna ou tanto noturna como diurna.

Bibliografia

Bridge Denckla M. ADHD: topic update. *Brain Dev.* 2003 Sep;25(6):383-389.

Khouzam HR, El-Gabalawi F, Pirwani N, et al. Asperger's disorder: a review of its diagnosis and treatment. *Compr Psychiatry.* 2004 May-Jun;45(3):184-191

McClellan JM, Werry JS. Evidence-based treatments in child and adolescent psychiatry: an inventory. *J Am Acad Child Adolesc Psychiatry.* 2003 Dec;42(12):1388-1400.

Neul JL, Zoghbi HY. Rett's syndrome: a prototypical neurodevelopmental disorder. *Neuroscientist.* 2004 Apr;10(2):118-128.

CAPÍTULO

8 Transtornos Cognitivos

Os transtornos cognitivos são *delirium*, demência e transtornos amnésicos. A Tabela 8-1 lista a classificação dos transtornos cognitivos do *Diagnostic and Statistical Manual of Mental Disorders*, 4ª edição.

DELIRIUM

Delirium é um estado reversível de disfunção cortical global caracterizado por alterações na **atenção** e **cognição** e produzido por um precipitante definível. O *delirium* é categorizado por sua etiologia (Tabela 8-1) como devido a condições médicas gerais, como a relacionada com substância ou como de origem multifatorial.

ETIOLOGIA

O *delirium* é uma síndrome com muitas causas. O neurotransmissor mais comumente implicado no *delirium* é a acetilcolina. O excesso de acetilcolina no sistema nervoso central (SNC) acredita-se ser a causa do *delirium*. Entretanto, alterações de outros neurotransmissores, como o ácido γ-aminobutírico (GABA) e a dopamina, também estão implicados. Mais freqüentemente, o *delirium* é o resultado de uma condição médica geral; a intoxicação de substância e a abstinência também são causas comuns. Lesões estruturais do SNC também podem levar ao *delirium*. A Tabela 8-2 lista causas médicas gerais comuns e relacionadas com a substância do *delirium*. O *delirium* é, com freqüência, multifatorial e pode ser produzido por uma combinação de doenças menores e desarranjos metabólicos menores (p. ex., anemia leve, hiponatremia leve, hipoxia leve e infecção do trato urinário, especialmente em uma pessoa idosa). Causas médicas comuns de *delirium* incluem anormalidades metabólicas como hiponatremia, hipoxia, hipercapnia, hipoglicemia e hipercalcemia. Doenças infecciosas, especialmente infecções do trato urinário, pneumonia e meningite, estão freqüentemente implicadas. As causas comuns do *delirium* induzido por substância são a abstinência de álcool ou de benzodiazepina e a toxicidade de droga anticolinérgica, embora um grande número das medicações comumente utilizadas, tanto prescritas como disponíveis sem receita, possam produzir delírio. Outras condições predispondo ao *delirium* incluem idade avançada, fraturas e demência preexistente. O dano ao cérebro de qualquer tipo, seja associado à demência observável, trauma prévio ou alterações isquêmicas, é um fator de risco para o desenvolvimento do *delirium*.

EPIDEMIOLOGIA

A prevalência exata do *delirium* na população geral é desconhecida. O *delirium* ocorre em 10% a 15% dos pacientes médicos, em geral com mais de 65 anos, e é freqüentemente visto pós-cirurgicamente e nas unidades de cuidado intensivo. O *delirium* é igualmente comum em homens e mulheres.

MANIFESTAÇÕES CLÍNICAS

História e Exame do Estado Mental

A história é crítica no diagnóstico do *delirium*, particularmente com relação ao tempo de curso do desenvolvimento do delírio e a existência prévia de demência ou outra doença psiquiátrica. Aspectos-chave do *delirium* são os seguintes:

1. Perturbação da consciência, especialmente atenção e nível de prontidão.
2. Alterações na cognição, especialmente memória, orientação, linguagem e percepção.
3. Desenvolvimento ao longo de um período de horas a dias.
4. Presença de precipitantes médicos ou relacionados com substâncias químicas.

TABELA 8-1

Transtornos Cognitivos

Delirium	Demência	T. Amnéstico
Medico geral	Tipo Alzheimer	Médico geral
Relacionado com substância	Origem vascular	Relacionado com substância
	Relacionada com HIV	
Multifatorial	Relacionada com trauma de cabeça	
	Relacionada com Parkinson	
	Relacionada com Huntington	
	Relacionada com Pick	
	Relacionada com Creutzfeldt-Jakob	
	Origem médica geral	
	Relacionada com substância	
	Multifatorial	

TABELA 8-2

Causas Comuns de *Delirium*

Médica Geral	Relacionada com Substância Química
Infecciosa	Intoxicação
Infecções do trato urinário	Álcool
Meningite	Alucinógenos
Pneumonia	Opiáceos
Sepse	Maconha
Metabólica	Estimulantes
Hiponatremia	Sedativos
Encefalopatia hepática	Abstinência
Hipoxia	Álcool
Hipercarbia	Benzodiazepínicos
Hipoglicemia	Barbitúricos
Desequilíbrio de fluido	Induzida por medicação
Uremia	Anestésicos
Hipercalcemia	Anticolinérgicos
Pós-cirúrgica	Meperidina
Hiper/hipotireoidismo	Antibióticos
Ictal/pós-ictal	Toxinas
Trauma de cabeça	Monóxido de carbono
Miscelânea	Organofosfatos
Síndrome de embolia de gordura	
Deficiência de tiamina	
Anemia	

Além disso, perturbações do ciclo sono-vigília e agitação psicomotora podem ocorrer. O *delirium* é, com freqüência, difícil de distinguir da demência, em parte porque a demência é um fator de risco para o *delirium* (e assim eles freqüentemente ocorrem em paralelo) e em parte porque existe uma grande quantidade de sintomas que se sobrepõem, conforme delineado na Tabela 8-3. Fatores-chave na diferenciação são o tempo de curso do desenvolvimento de modificação do estado mental (especialmente se o paciente não possuía demência prévia) e a presença de um precipitante provável para a alteração do estado mental. Indivíduos com *delirium* também podem exibir períodos de lucidez completos entremeados com período de confusão, enquanto na demência os déficits geralmente são mais estáveis. Em ambas as condições, pode haver piora noturna dos sintomas, com agitação aumentada e confusão ("crepúsculo").

A evidência disponível sugere que existem subtipos de *delirium* identificáveis via observação clínica da atividade psicomotora. Estes podem ser caracterizados como *deliria* hipoativo, hiperativo e misto. Pesquisa adicional é necessária para validar estes subtipos e desenvolver estratégias de tratamento específicas dos subtipos. Entretanto, uma avaliação para possível *delirium* em um paciente quieto ou hipoativo pode ser crítica no tratamento médico geral de tal paciente.

O diagnóstico de *delirium* é complicado por não existirem testes definitivos para o transtorno. O trabalho para o *delirium* inclui uma história criteriosa, um exame do estado mental, um exame físico e testes de laboratório dirigido na identificação de causas médicas gerais e relacionado com substância. Estes devem incluir análise da urina, painel químico completo, contagem de sangue completa e saturação de oxigênio. O trabalho adicional pode envolver radiografias de tórax, avaliação do gás do sangue arterial (GSA), neuroimagem ou eletroencefalograma (EEG). O EEG pode revelar lentidão difusa não-específica. A presença de um *delirium* está associada a um índice de mortalidade em 1 ano de 40% a 50%.

Diagnóstico Diferencial

O *delirium* deve ser diferenciado da demência (embora ambos possam estar presentes ao mesmo tempo), da desorganização psicótica ou maníaca e do estado complexo de epilepsia parcial.

TABELA 8-3

***Delirium versus* Demência**

	Delírium	**Demência**
Começo	Horas a dias	Semanas a anos
Curso/duração	Flutua dentro de um dia; pode levar horas a semanas[a]	Estável dentro de um dia; pode ser permanente, reversível, ou progressivo por semanas a anos
Atenção	Comprometida	Pode estar comprometida
Cognição	Comprometimento da memória, orientação, linguagem	Comprometimento da memória, orientação, linguagem, função executiva
Percepção	Alucinações, delírios, más interpretações	Alucinações, delírios
Sono/vigília	Transtornado, pode haver reversão completa dia/noite	Transtornado, pode não haver padrão
Humor/emoção	Afeto lábil	Afeto lábil, perturbações do humor
"Crepúsculo"	Freqüente	Freqüente
Precipitante identificado	Provável precipitante está presente	Precipitante identificável não requerido

[a]DSM-IV não especifica um limite para a duração para o delírio; a experiência clínica sugere a resolução dentro de dias a semanas, na maior parte dos casos.

MANEJO

O tratamento do *delirium* envolve manter o paciente seguro de dano enquanto se cuida do transtorno. No caso do *delirium* devido a uma doença médica geral, a doença subjacente precisa ser tratada; no *delirium* relacionado com substância, o tratamento envolve a remoção da droga ofensiva (sejam drogas de abuso ou medicações) ou a substituição apropriada e a diminuição de uma droga de reação cruzada para minimizar a abstinência. O *delirium* nos indivíduos mais idosos é, freqüentemente, multifatorial e requer a correção de uma multiplicidade de condições médicas.

Além de dirigir-se a causa do *delirium* como a pedra fundamental do tratamento, o haloperidol oral, intramuscular ou intravenoso é de grande utilização no tratamento da agitação associada ao *delirium*. Medicações antipsicóticas atípicas também são utilizadas. Entretanto, não existem tratamentos aprovados para o *delirium* pela Administração de Alimentos e Drogas dos EUA *(U.S. Food and Drug Administration – FDA)*. Enquanto o *delirium* de abstinência do álcool ou de benzodiazepínicos é tratado, em parte, com benzodiazepínicos, estes podem piorar ou precipitar o *delirium* emergindo de outras causas. Prover o paciente com um quarto claramente iluminado com pistas de orientação como nomes, relógios e calendários também é útil.

PONTOS-CHAVE

1. O *delirium* é um transtorno da atenção e da cognição.
2. O *delirium* é, provavelmente, devido a alterações em múltiplos neurotransmissores.
3. Existem subtipos hipoativo, hiperativo e misto.
4. O *delirium* tem um começo abrupto e um curso variável.
5. O *delirium* tem um precipitante identificável.
6. O índice de mortalidade de 1 ano é maior do que 40%.

DEMÊNCIA

A demência é caracterizada pela presença de **comprometimento da memória** na presença de outros **déficits cognitivos**. É também categorizada de acordo com sua etiologia (Tabela 8-1). Ela pode emergir como um resultado de uma doença específica, por exemplo, doença de Alzheimer ou infecção pelo vírus da imunodeficiência humana (HIV); uma condição médica geral; ou uma condição relacionada à substância; ou pode haver múltiplas etiologias. A causa definitiva pode não ser determinada até a necropsia.

ETIOLOGIA

Geralmente a etiologia da demência é a perda neuronal no cérebro que pode ser pela degeneração neuronal ou morte da célula secundária ao trauma, infarto, hipoxia, infecção ou hidrocéfalo. A Tabela 8-1 lista as doenças distintas principais conhecidas como produtoras de demência. Além disso, existe um grande número de causas médicas gerais, relacionadas com substância ou multifatoriais de demência.

EPIDEMIOLOGIA

A prevalência de demência de todos os tipos é de cerca de 2% a 4% após os 65 anos, aumentando com a idade para uma prevalência de cerca de 20% após os 85 anos. Fatores epidemiológicos específicos relacionados às causas de doença específica de demência estão listados na Tabela 8-4.

MANIFESTAÇÕES CLÍNICAS

História e Exame do Estado Mental

A demência é diagnosticada na presença de múltiplos defeitos cognitivos não bem explicados por um outro diagnóstico. A presença de perda da memória é requerida; além disso, um ou mais defeitos cognitivos nas categorias de afasia, apraxia agnosia e perturbação na função executiva precisam estar presentes. A Tabela 8-3 compara as características da demência com aquelas do *delirium*. A demência geralmente se desenvolve insidiosamente ao longo de um curso de semanas a anos (embora ela possa ser abrupta após trauma da cabeça ou agressão vascular). Indivíduos com demência geralmente possuem uma apresentação estável após breves períodos de tempo, embora eles possam, também, possuir piora noturna dos sintomas ("crepúsculo"). O comprometimento da memória é, com freqüência, maior para a memória de

TABELA 8-4

Doenças Específicas Associadas à Demência

Doença	Descrição
Alzheimer	A causa mais comum de demência, contribuindo para mais do que 50% de todos os casos. Os fatores de risco são familiares, síndrome de Down, trauma prévio da cabeça, idade aumentada. Clinicamente, é um diagnóstico de exclusão. A patologia pós-morte revela atrofia cortical, nós neurofibrilares, placas amilóides, degeneração granulovacuolar, perda dos núcleos colinérgicos basais do cérebro anterior. O curso é progressivo, a morte ocorre 8 a 10 anos após o começo
Vascular	A segunda causa mais comum de demência. Os fatores de risco são doença cardiovascular e cerebrovascular. A neuroimagem revela múltiplas áreas de dano neuronal. O exame neurológico revela achados focais O curso pode ser de começo rápido ou progressivo mais lentamente. Os déficits não são reversíveis, porém o progresso pode ser cessado com o tratamento apropriado da doença vascular
HIV	Limitado aos casos causados por ação direta do HIV no cérebro; doenças associadas, como meningite, linfoma, toxoplasmose produzindo demência, são categorizadas sob demência devido às condições médicas gerais. Afeta, primariamente, a substância branca e o córtex
Trauma de cabeça	A mais comum entre os homens jovens. A extensão da demência é determinada pelo grau de dano do cérebro. Os déficits são estáveis, a menos que exista trauma repetido da cabeça
Parkinson	Ocorre em 20% a 60% dos indivíduos com doença de Parkinson. O achado patológico mais provável na necropsia é a doença do corpo de Lewy. A bradifrenia (lentidão do raciocínio) é freqüente. Alguns indivíduos também possuem patologia na autópsia consistente com demência de Alzheimer
Huntington	Os fatores de risco são familiares, autossômicos dominantes no cromossomo 4. O começo comumente é por volta de 35 anos. A labilidade emocional é proeminente. A atrofia caudada está presente na necropsia
Pick	Começo na idade de 50 a 60 anos. Atrofia frontal e temporal estão proeminentes na neuroimagem A demência responde pobremente à medicina psicotrópica
Creutzfeldt-Jakob	Familiar em 10% dos casos. Começo na idade de 40 a 60 anos. Acredita-se que o príon seja o agente de transmissão. Tríade clínica de demência, mioclônus e EEG anormal. Rapidamente progressiva A encefalopatia espongiforme está presente na necropsia

curto prazo. A lembrança de nomes é freqüentemente comprometida, assim como o reconhecimento de objetos familiares. As funções executivas de organização e planejamento podem estar perdidas. Paranóia, alucinações e delírios são com freqüência presentes. Eventualmente, os indivíduos com demência podem se tornar mudos, incontinentes e restritos ao leito.

Diagnóstico Diferencial

A demência deve ser diferenciada do *delirium*. Além disso, a demência deve ser diferenciada daqueles transtornos do desenvolvimento (como retardo mental) com comprometimento da cognição. Indivíduos com depressão maior e psicose podem parecer sofrer de demência; eles merecem um diagnóstico de demência apenas se seus déficits cognitivos não puderem ser totalmente atribuídos à doença psiquiátrica primária.

Um componente crítico do diagnóstico diferencial na demência é distinguir a pseudodemência associada à depressão. Embora existam muitos critérios precisos para separação dos 2 transtornos, a testagem neuropsicológica pode ser necessária para fazer um diagnóstico exato. Na pseudodemência, os sintomas de humor estão proeminentes e os pacientes podem se queixar extensivamente de comprometimento da memória. Eles, caracteristicamente, dizem "Eu não sei" respondendo a questões do exame do estado mental, porém podem responder corretamente, se pressionados. A memória está intacta com repetição na pseudodemência, porém não na demência.

MANEJO

As formas de demência de causas reversíveis, ou tratáveis, devem ser manejadas, primeiro, tratando-se a causa subjacente da demência; pode ser requerida a reabilitação para déficits residuais. As causas reversíveis (ou parcialmente reversíveis) de demência incluem hidrocéfalo de pressão normal; neurossífilis; infecção por HIV; e deficiências de tiamina, folato, vitamina B_{12} e niacina. Demências vasculares podem não ser reversíveis, porém seu progresso pode cessar em alguns casos. Demências não-reversíveis são geralmente manejadas colocando o paciente em um ambiente seguro por medicações dirigidas a sintomas associados. Existem 4 medicações inibidoras da acetilcolinesterase (tacrina, rivastigmina, donepezil e galantamina) atualmente aprovadas para o tratamento da demência de Alzheimer. A tacrina possui o índice mais elevado de hepatotoxicidade. Os inibidores da acetilcolinesterase melhoram a função cognitiva e a função global. Antipsicóticos de alta potência (em baixas doses) são utilizados quando a agitação, a paranóia e as alucinações estão presentes. Medicações antipsicóticas atípicas são, com freqüência, utilizadas também, porém parecem aumentar o risco de acidente vascular e outras formas de mortalidade nos indivíduos mais idosos. Benzodiazepínicos de baixa dose e trazodona são, com freqüência, utilizados para a ansiedade, a agitação ou a insônia. Entretanto, tanto os benzodiazepínicos como a trazodona podem aumentar o risco de quedas e devem ser utilizados economicamente.

PONTOS-CHAVE

1. A demência é um transtorno do comprometimento da memória emparelhada. com outros déficits cognitivos.
2. A demência possui um começo gradual e curso progressivo.
3. A demência pode ser causada por uma variedade de doenças.
4. A demência predispõe ao *delirium*.

TRANSTORNOS AMNÉSICOS

Transtornos amnésicos são perturbações isoladas da memória sem comprometimento de outras funções cognitivas. Eles podem ser causados por condição médica geral ou podem ser relacionados com substâncias químicas.

ETIOLOGIA

Transtornos amnésticos são causados por condições médicas gerais ou utilização de substâncias químicas. As condições médicas gerais incluem traumatismo craniano, hipoxia, encefalite por herpes simples e infarto da artéria cerebral posterior. Os transtornos amnésticos com freqüência estão associados a dano dos corpos mamilares, fórnice e hipocampo. O dano bilateral a estas estruturas produz os déficits mais graves. Os transtornos amnésticos devido às causas relacionadas com substâncias químicas podem ser os resultado do abuso da substância, da utilização de medicações prescritas ou sem receita ou exposição acidental a toxinas. O abuso do álcool é a causa principal do transtorno relacionado com substâncias químicas. A utilização persistente do álcool pode levar à deficiência da tiamina e induzir a síndrome de Wernicke-Korsakoff. Se tratados apropriadamente, os sintomas agudos de ataxia, movimentações anormais dos olhos e confusão podem se resolver, levando ao transtorno amnésico residual denominado psicose de Korsakoff (transtorno persistente induzido pelo álcool).

EPIDEMIOLOGIA

Indivíduos afetados por uma condição médica geral ou alcoolismo estão em risco para os transtornos amnésicos.

MANIFESTAÇÕES CLÍNICAS

História e Exame do Estado Mental

Os transtornos amnéstidos apresentam-se como **déficits na memória**, sejam na incapacidade para lembrar informação previamente aprendida ou na incapacidade para reter nova informação. O déficit cognitivo precisa estar limitado à memória isolada; se déficits cognitivos adicionais estão presentes, um diagnóstico de demência ou *delirium* deve ser considerado. Além do déficit na memória, precisa existir uma causa identificável para o transtorno amnéstico (*i.e.,* a presença de uma condição médica geral ou utilização de substância).

Diagnóstico Diferencial

O *delirium* e a demência são as principais considerações diagnósticas diferenciais. Os transtornos amnésicos são distinguidos dos transtornos dissociativos com base na etiologia. Por definição, transtornos amnésicos são devido à condição médica geral ou uso de substância química.

MANEJO

A condição médica geral é tratada, se possível, para prevenir dano neurológico adicional; no caso de um transtorno amnésico relacionado com substância, evitar a reexposição à substância responsável pelo transtorno amnésico é fundamental. A farmacoterapia pode ser direcionada ao tratamento da ansiedade associada ou dificuldades do humor. Os pacientes devem ser colocados em um ambiente estruturado, seguro, com pistas de memória freqüentes.

PONTOS-CHAVE

1. Os transtornos amnésicos são transtornos na memória isolada.
2. Os transtornos são causados por precipitantes identificáveis.
3. Os transtornos amnésicos são reversíveis em alguns casos.

Bibliografia

Cummings JL. Alzheimer's disease. *N Engl J Med.* 2004 Jul 1;351(1):56-67.

de Rooij SE, Schuurmans MJ, van der Mast RC, et al. Clinical subtypes of delirium and their relevance for daily clinical practice: a systematic review. *Int J Geriatr Psychiatry.* 2005 Jul;20(7):609-615.

Pandharipande P, Jackson J, Ely EW Delirium: acute cognitive dysfunction in the critically ill. *Curr Opin Crit Care*. 2005 Aug; 11(4):360-368.

Pietrzik C, Behl C. Concepts for the treatment of Alzheimer's disease: molecular mechanisms and clinical application. *Int J Exp Pathol.* 2005 Jun;86(3):173-185.

CAPÍTULO

9 Transtornos Diversos

Estes transtornos diversos não se referem a qualquer classificação oficial do *Diagnostic and Statistical Manual of Mental Disorders,* 4ª edição (DSM-IV), porém, em vez disso, referem-se a diagnósticos psiquiátricos não cobertos em outra parte deste livro. Geralmente, estes diagnósticos são menos comuns, menos compreendidos ou, menos freqüentemente, o foco da prática psiquiátrica do que os transtornos previamente cobertos. Embora muitos destes transtornos não sejam incomuns, eles raramente vêem para uma atenção psiquiátrica por uma variedade de razões (p. ex., eles podem ser tratados por outros especialistas médicos, os pacientes podem não fazer menção a eles, ou eles podem não ser detectados adequadamente). A Tabela 9-1 lista as categorias de transtornos discutidos neste capítulo.

TRANSTORNOS DISSOCIATIVOS

Os transtornos dissociativos são caracterizados por perturbações na integração das funções mentais. Estas perturbações são manifestadas por perda da memória para informação pessoal ou identidade, divisão da consciência e personalidade em partes separadas e percepção alterada do ambiente ou do senso da realidade. A Tabela 9-2 lista os transtornos dissociativos definidos pelo DSM-IV.

AMNÉSIA DISSOCIATIVA

Na amnésia dissociativa, um indivíduo desenvolve uma incapacidade temporária de recordar informação pessoal importante. A amnésia é mais extensiva do que um simples esquecimento e não é causada por outra condição médica ou psiquiátrica (p. ex., TCE). A incapacidade para recordar a informação pode tomar diversas formas. Na **amnésia localizada**, a informação é perdida para um período de tempo específico (p. ex., um período associado ao trauma). Na **amnésia seletiva**, alguma informação durante um determinado período de tempo é retida, porém certas informações são perdidas. Na **amnésia generalizada**, a informação pessoal é perdida por toda a duração da vida. Na **amnésia contínua**, existe uma incapacidade para recordar a informação de um único ponto no tempo até o presente. Na **amnésia sistematizada**, categorias particulares de informação são perdidas para a restauração.

A amnésia dissociativa é mais comum nas pessoas expostas a trauma, por exemplo, aquelas expostas à guerra ou a desastre natural.

FUGA DISSOCIATIVA

A fuga dissociativa é um transtorno amnéstico caracterizado por uma evasão súbita e inexplicada do indivíduo para longe de casa, associada à amnésia de sua identidade. Nesta condição, os pacientes não parecem mentalmente doentes ou, por outro lado, comprometidos em qualquer outra função mental, incluindo a memória. De fato, os pacientes são totalmente capazes de negociar as complexidades da viagem e interações com os demais. Em casos raros, um indivíduo irá estabelecer uma identidade completamente nova em uma nova casa. A fuga dissociativa é tipicamente precipitada por um trauma grave ou estressor e eventualmente remite sem tratamento.

TRANSTORNO DE IDENTIDADE DISSOCIATIVO

O transtorno dissociativo de identidade (anteriormente denominado transtorno de personalidade múltipla) é um diagnóstico controverso em psiquiatria. O diagnóstico de transtorno de identidade dissociativo requer a presença de 2 ou mais personalidades separadas (modificadas) que recorrentemente tomam o controle do comportamento de um indivíduo. Os indivíduos com este transtorno, com freqüência, têm amnésia para informação pessoal importante (também conhecida como "tempo perdido"). As várias personalidades (o número médio pelas pesquisas disponíveis é de 7 per-

TABELA 9-1

Transtornos Diversos
Transtornos dissociativos
Transtornos somatoformes
Transtornos de ajustamento
Transtornos de identidade sexual e de gênero
Transtornos do sono
Transtornos de dissimulação/fingir-se de doente

sonalidades distintas) podem estar inconscientes da existência de cada uma das outras e, assim, podem ficar totalmente confusos de como chegaram a determinados lugares ou porque elas não podem recordar de eventos pessoais. Em outras vezes, uma ou mais personalidades podem ter consciência das outras, uma condição conhecida como co-consciência. Algumas personalidades podem exibir sintomas de conversão ou comportamento de automutilação. As modificadas podem ser de várias idades e gêneros e comportamentos diferentes.

O transtorno de identidade dissociativo é mais comum em mulheres e possui um curso crônico. Indivíduos com transtorno de identidade dissociativo são altamente sugestionáveis e facilmente hipnotizados. A maior parte relata uma história de abuso físico ou sexual grave na infância. Relatos de cultos satânicos ou de abuso são também comuns. Em muitos casos, estes relatos de abuso não podem ser verificados, levando muitos clínicos a acreditar que os indivíduos com transtorno de identidade dissociativo podem sofrer de memórias de eventos que, na verdade, não ocorreram. Sejam estas memórias verdadeiras ou falsas, elas causam um grande sofrimento.

TABELA 9-2

Transtornos Dissociativos	
Amnésia dissociativa	Incapacidade temporária para recordar informação pessoal importante; mais séria do que o simples esquecimento
Fuga dissociativa	Amnésia para a identidade de alguém associada a uma viagem súbita inexplicada para longe de casa
Transtorno dissociativo de identidade	Presença de 2 ou mais personalidades separadas que recorrentemente assumem o controle do comportamento de uma pessoa
Transtorno de despersonalização	Senso de estar afastado ou de estar fora do próprio corpo

A não concordância sobre a natureza real do transtorno de identidade dissociativo tem levado a opiniões de tratamento divergentes. Alguns clínicos acreditam que ignorar as personalidades diferentes irá fazê-las desaparecer, baseado na noção de que a fácil sugestibilidade destes pacientes irá levar ao reforço dos modificados se eles forem discutidos. Outros acreditam que a psicoterapia a longo prazo, explorando as várias personalidades e a integração delas em uma única pessoa, é o tratamento de escolha.

Além de tudo, as evidências atualmente disponíveis e cientificamente verificáveis não sustentam o diagnóstico de transtorno de identidade dissociativo como um único diagnóstico; além disso, existe pouco suporte para a associação entre o trauma e os sintomas desta condição.

TRANSTORNO DE DESPERSONALIZAÇÃO

O transtorno de despersonalização é caracterizado por "experiências persistentes ou recorrentes de sentir-se separado de si ou de ser um observador externo dos processos mentais ou do próprio corpo" (DSM-IV). Indivíduos com este transtorno podem se queixar de um senso de afastamento, de sentirem-se mecânicos ou automatizados e de ausência de afeto ou sensação. Indivíduos com transtorno de despersonalização são facilmente hipnotizados e predispostos a dissociar.

TRANSTORNOS SOMATOFORMES

Transtornos somatoformes são caracterizados pela presença de sinais ou sintomas físicos sem causa médica. Além disso, eles *não* são voluntariamente produzidos pelo indivíduo. Nominalmente, em contradição ao transtorno factício e à simulação de incapacitação, os sintomas dos transtornos somatoformes são presumidos como sendo **subconscientes** na sua origem. Os transtornos somatoformes estão listados e definidos na Tabela 9-3.

TRANSTORNO DE SOMATIZAÇÃO

O transtorno de somatização é diagnosticado quando um indivíduo possui múltiplas queixas médicas que não são o resultado de doenças médicas. Os critérios específicos do DSM-IV são estreitos e específicos, requerendo:

- Dor em 4 locais diferentes do corpo ou envolvendo 4 funções diferentes do corpo.
- 2 sintomas gastrintestinais (outro além de dor).
- 1 sintoma sexual (outro além de dor).
- 1 sintoma pseudoneurológico (outro além de dor).

TABELA 9-3

Transtornos Somatoformes	
Transtorno de somatização	Queixas médicas crônicas múltiplas que incluem dor, perturbação gastrintestinal, sintomas sexuais e sintomas pseudoneurológicos que não causados por uma doença médica
Transtorno somatoforme não diferenciado	Uma forma menos grave de trasntorno de somatização; envolve menos queixas e curso mais breve
Transtorno de conversão	Queixas envolvendo a função sensorial (como dormência) ou motora voluntária (como paralisia) que não são devidas à disfunção neurológica
Transtorno de dor	Dor é a queixa maior; se causas médicas estão presentes, fatores psicológicos possuem um papel maior na mediação da expressão e impacto da dor
Hipocondríase	Preocupação com ter uma doença séria baseado em uma má interpretação da função e sensação corporal
Transtorno dismórfico do corpo	Preocupação excessiva com um defeito percebido na aparência

Adaptado do DSM–IV.

Além disso, alguns sintomas precisam ter começado antes dos 30 anos e persistido por diversos anos. Indivíduos com transtorno de somatização freqüentemente possuem uma história de tratamentos médicos e cirúrgicos complexos que podem, atualmente, levar a complicações iatrogênicas do tratamento. Pacientes com transtorno somatoforme freqüentemente possuem múltiplos médicos, fazem visitas freqüentes a consultórios e hospitais, e podem solicitar benefício previdenciário pela convicção que estão grave e cronicamente medicamente doentes.

O transtorno é mais comum em mulheres (aproximadamente 80% dos casos) e sua incidência é aumentada nos parentes de 1º grau daqueles com transtorno de somatização. Estudos familiares e genéticos também têm mostrado que parentes masculinos de indivíduos com transtorno de somatização possuem uma incidência aumentada de transtorno de personalidade anti-social (TPA) e abuso de substância. Estudos de adoção sugerem influências genéticas neste transtorno.

Várias teorias foram propostas para explicar este transtorno. A teoria psicoanalítica inicial focava nos instintos reprimidos como causadores; teóricos mais recentes propõem que os sintomas de somatização podem representar uma forma de comunicação interpessoal não-verbal. Achados biológicos têm revelado função cortical anormal em alguns indivíduos com este transtorno. Acima de tudo, o transtorno parece ser mais bem explicado utilizando uma abordagem integrada biopsicossocial baseada nas interpretações cognitivas e teoria de aprendizagem.

A terapia cognitivo-comportamental é o tratamento mais efetivo para o transtorno de somatização. Medicações antidepressivas também são úteis nos pacientes com ou sem sintomas depressivos co-mórbidos. Estratégias adicionais para o tratamento da somatização incluem visitas estruturadas regulares a um único médico com o objetivo de evitar investigações diagnósticas excessivas ou invasivas e visitas do paciente a outros médicos ou departamentos de emergência.

TRANSTORNOS DE AJUSTAMENTO

De acordo com o DSM–IV, os transtornos de ajustamento são sintomas (alterações no estado emocional ou comportamentos) que emergem em resposta a um estressor psicossocial identificado, fora de proporção ao que se espera na experiência humana usual. O transtorno de ajustamento não deve ser diagnosticado se os sintomas ocorreram em resposta a um estressor psicossocial tão grave que o indivíduo atenda a critérios para um outro eixo de transtorno I (p. ex., depressão maior). Sintomas em resposta a perda ou luto não atendem os critérios para o diagnóstico de transtorno de ajustamento. Os transtornos de ajustamento devem ocorrer dentro de 3 meses do estressor identificado e geralmente se resolvem dentro de 6 meses, a menos que o estressor torne-se crônico.

TRANSTORNOS DE IDENTIDADE SEXUAL E DE GÊNERO

O DSM–IV classifica estes transtornos em disfunções sexuais, parafilia e transtornos de identidade de gênero.

DISFUNÇÕES SEXUAIS

Disfunções sexuais são os transtornos sexuais associados a alterações no ciclo de resposta sexual (Tabela 9-4) ou à dor associada à atividade sexual. As disfunções sexuais específicas estão definidas na Tabela 9-5.

TABELA 9-4

Ciclo de Resposta Sexual

Desejo	Estágio inicial de resposta sexual; consiste de fantasias sexuais e de urgência para ter sexo
Excitação	Consiste do despertar fisiológico e sensação de prazer sexual
Orgasmo	Sensação sexual de pico; geralmente associada à ejaculacão nos homens
Resolução	Relaxamento fisiológico associado ao senso de bem-estar; nos homens existe, geralmente, um período refratário para excitação e orgasmo adicionais

PARAFILIAS

Parafilia inclui transtornos sexuais relacionados à atividade sexual culturalmente incomum (Tabela 9-6). Um critério-chave para o diagnóstico de uma parafilia (como em todos os transtornos psiquiátricos) é que o transtorno precisa fazer um indivíduo experimentar sofrimento significativo ou comprometimento no funcionamento social ou ocupacional. Em outras palavras, um indivíduo com práticas sexuais incomuns que não apresenta sofrimento ou incapacitação significativos não deve ser diagnosticado como uma doença psiquiátrica.

TRANSTORNO DE IDENTIDADE DE GÊNERO

O transtorno de identidade de gênero permanece um diagnóstico controverso na psiquiatria. Indivíduos com este transtorno experimentam sofrimento e comprometimento interpessoal como um resultado de seu desejo de ser um membro do sexo oposto. Os critérios para o diagnóstico requerem uma identificação de gênero cruzada global e desconforto persistente com o próprio sexo. Além disso, o diagnóstico deve ser feito apenas naqueles indivíduos que não possuem uma condição intersexual (p. ex., genitália ambígua). Crianças com este transtorno podem se envolver em brincadeiras atípicas para o gênero; adultos podem assumir papéis sociais, vestuário e comportamento associado ao sexo oposto. Além disso, os pacientes com transtorno de identidade de gênero podem procurar cirurgia de mudança de sexo e suplementos hormonais. Indivíduos com transtorno de identidade de gênero parecem possuir a mesma amplitude de orientações sexuais que as pessoas sem este transtorno.

TABELA 9-5

Perturbações Sexuais Específicas

Transtornos do desejo sexual	Transtorno do desejo sexual hipoativo	Fantasia sexual e desejo para o sexo muito baixo ou ausente
	Transtorno de aversão sexual	Aversão ao contato sexual genital com outra pessoa
Transtornos do despertar sexual	Transtorno do despertar sexual das mulheres	Lubrificação vaginal inadequada e ingurgitamento inadequado da genitália externa
Transtornos orgásmicos	Transtorno erétil masculino	Incapacidade para alcançar ou manter uma ereção
	Transtorno orgásmico feminino	Orgasmo está ausente ou retardado; a fase de excitamento sexual é normal
	Transtorno orgásmico masculino	Orgasmo está ausente ou retardado; a fase de excitamento sexual é normal
	Ejaculação prematura	Orgasmo e ejaculação ocorrem precocemente e com estimulação mínima
Transtornos de dor sexual	Dispareunia	Dor genital em associação ao ato sexual
	Vaginismo	Contração involuntária da musculatura vaginal externa como um resultado da tentativa de penetração
Perturbação sexual devido a uma condição médica geral		
Perturbação sexual induzida por substância química		

TABELA 9-6

Parafilias

Exibicionismo	A excitação sexual é derivada da exposição dos genitais para um estranho
Fetichismo	Objetos inanimados são o foco de intenso despertar sexual na fantasia ou comportamento
Frotteurismo	A excitação sexual é derivada de esfregar a genitália em alguém ou por tocar sexualmente um estranho sem consentimento
Pedofilia	A excitação sexual é derivada da fantasia ou do comportamento envolvendo sexo com crianças pré-púberes
Masoquismo sexual	A excitação sexual é derivada de fantasia ou comportamento envolvendo receber humilhação, cativeiro ou dor
Sadismo sexual	A excitação sexual é derivada de fantasia ou do comportamento envolvendo infligir sofrimento/humilhação a um outro
Fetichismo transvéstico	A excitação sexual (nos homens heterossexuais) é derivada da fantasia ou do comportamento envolvendo estar usando roupas de mulher
Voyeurismo	A excitação sexual é derivada da fantasia ou do comportamento envolvendo a observação de indivíduos inocentes se despindo, nus, ou fazendo sexo

TRANSTORNOS DO SONO

Transtornos do sono são doenças relacionadas com alterações no ciclo sono-vigília (Tabela 9-7) e, com freqüência, possuem efeitos no humor, desempenho cognitivo, somático e geral. A Tabela 9-8 delineia a classificação dos transtornos do sono do DSM–IV. Transtornos do sono são categorizados em transtornos do sono primários e secundários. Transtornos primários são aqueles que ocorrem como um resultado direto de perturbações no ciclo sono-vigília. Eles são divididos em 2 categorias: dissonias e parassonias. Transtornos secundários do sono são uma conseqüência de outros transtornos mentais (p. ex., depressão) devido às condições médicas gerais (p. ex., dor somática) ou utilização de substância (p. ex., cafeína).

TABELA 9-7

Estágios do Sono

Sem movimento ocular rápido (NREM)	Estágio 0	Desperto
	Estágio 1	Sono muito leve[a], transição da vigília para o sono. Sonolento
	Estágio 2	Profundidade média do sono, ocupa cerca da metade da noite nos adultos
		Serve como um estágio de transição entre o movimento rápido dos olhos (REM) e o sono delta. O EEG demonstra fusos de sono e complexos k
		Ondas lentas de sono, composta dos estágios 3 e 4, ocupam de 10%–30% do sono total
	Delta	
	Estágio 3	Consiste de uma quantidade moderada de atividade de onda delta; sono mais profundo do que no estágio 2
	Estágio 4	Atividade de onda delta aumentada acima do estágio 3. Estágio muito profundo de sono
REM		Sono com sonhos. O EEG é ativo, imitando aquela da fase de vigília. A profundidade do sono é maior do que no estágio 2, porém, provavelmente, menor do que no delta

[a]Profundidade do sono como utilizada aqui não é um termo preciso, porém geralmente se refere à facilidade do despertar (*i. e.*, o quanto seria difícil para acordar um indivíduo de um estágio particular). Entretanto, a facilidade para o despertar se dá, em parte, ao tipo de estímulo utilizado (p. ex., ruído *versus* toque).

TABELA 9-8

Perturbações do Sono

Transtornos Primários do Sono	Transtornos Secundários do Sono
Dissonias	
Insônia primária	Transtorno do sono relacionado com outro transtorno mental
Hipersonia primária	Transtorno do sono devido a uma condição médica geral
Narcolepsia	Transtorno do sono induzido por substância química
Transtorno do sono relacionado com respiração	
Transtorno do sono do ritmo circadiano	
Parassonias	
Transtorno de pesadelo	
Transtorno de terror do sono	
Transtorno de sonambulismo	

DISSONIAS

Dissonias são 5 transtornos primários do sono consistindo de perturbações na iniciação ou manutenção do mesmo, sentir-se descansado ou revigorado após o sono ou dormir excessivamente. A Tabela 9-9 define as características-chave da DSM–IV de cada transtorno.

Insônia Crônica

Dos transtornos do sono, nenhum é mais prevalente na psiquiatria do que a insônia, seja de origem primária ou associada a outras condições como ansiedade, depressão ou utilização se substância psicoativa. A insônia crônica não é uma categoria oficial do DSM–IV, porém é uma categoria clínica que emerge tanto da insônia primária como da secundária e da mistura das duas. A insônia pode, geralmente, ser considerada crônica se ela tem mais de 6 meses de duração. Em uma estimativa, 15% das pessoas possuem insônia crônica. Fatores aumentando o risco para a insônia crônica incluem idade avançada, doença psiquiátrica, doença médica, estresse social (trabalho, relacionamentos etc.) e gênero feminino. O tratamento da insônia crônica permanece um desafio maior. A terapia cognitivo-comportamental e a terapia de relaxamento podem ser úteis. Efeitos modestos têm sido observados para agentes do sono em várias classes. Os antidepressivos também podem ter algum efeito, porém também podem causar insônia. Existe um risco de dependência de benzodiazepínicos a partir da utilização crônica dos benzodiazepínicos. A melhora da higiene do sono, na forma de ciclos regulares de sono-vigília, evitar a cafeína e exercício regular também podem provar ser benéficos.

TABELA 9-9

Transtornos Primários do Sono

Dissonias	Insônia primária	Dificuldade de conciliar o sono ou de permanecer dormindo, ou dormir, mas sentindo-se como se não estivesse descansado durante o sono
	Hipersonia primária	Sonolência excessiva, seja dormir muito em um único ambiente ou a sonolência persistente ao longo do dia não aliviada por um cochilo
	Narcolepsia	Ataques de sono durante o período do dia associado com intrusões de REM ou cataplexia (perda bilateral súbita reversível do tônus dos músculos esqueléticos). O cochilo ao longo do dia alivia a sonolência
	Transtorno do sono relacionado com a respiração	Respiração anormal durante o sono leva à interrupção do sono e sonolência ao longo do dia
	Transtorno do sono do ritmo circadiano	Perturbação do sono devida a uma falta de combinação entre o ritmo circadiano intrínseco da pessoa e as demandas externas sono-vigília
Parassonias	Transtorno de pesadelo	Episódios repetidos de sonhos assustadores que acordam uma pessoa do sono, geralmente ocorrem durante o sono *REM*
	Transtorno de terror noturno	Episódios repetidos de aparente terror durante o sono; os indivíduos podem sentar, gritar ou chorar e parecer extremamente assustados. Eles geralmente não acordam durante o ataque. Ocorre durante o sono *delta*
	Transtorno de sonambulismo	Sonambulismo recorrente, com freqüência associado a outra atividade motora complexa

PARASSONIAS

Parassonias são uma tríade de transtornos do sono associada a eventos comportamentais complexos que ocorrem durante o sono ou que acordam a pessoa durante o mesmo. Os transtornos estão definidos na Tabela 9-9.

TRANSTORNO FACTÍCIO

Um transtorno factício é aquele no qual um indivíduo, voluntariamente, produz sinais ou sintomas de uma doença médica ou psiquiátrica para assumir um papel de doente e suas gratificações associadas. Este deve ser diferenciado de **transtornos somatoformes** (os quais não são voluntários) e a **simulação**, que é simplesmente mentir sobre sinais ou sintomas para obter ganhos diferentes daqueles obtidos ao assumir o papel de doente (p. ex., para evitar o serviço militar ou para ganhos monetários).

PONTOS-CHAVE

1. Os transtornos somatoformes incluem transtorno de somatização, transtorno somatoforme não diferenciado, transtorno de conversão, transtorno de dor, hipocondríase e transtorno dismórfico do corpo.
2. Os sintomas dos transtornos de somatização são subconscientes na origem.
3. O tratamento dos transtornos de somatização inclui terapia cognitivo-comportamental, antidepressivos e tratamento estruturado com um único médico.
4. Parafilias são comportamentos ou interesses sexuais que são considerados culturalmente incomuns.
5. Os transtornos primários do sono incluem as dissonias e parassonias.
6. As perturbações sexuais são categorizadas de acordo com a fase do ciclo de resposta sexual durante o qual elas ocorrem ou para a presença de dor.
7. O transtorno factício é caracterizado pela produção voluntária de sintomas de doença de forma a assumir o papel de doente.

Bibliografia

Buscemi N, Vandermeer B, Friesen C, et al. Manifestations and management of chronic insomnia in adults. *Evid Rep Technol Assess (Summ).* 2005 Jun;(125):1-10.

Mai F. Somatization disorder: a practical review. *Can J Psychiatry.* 2004 Oct;49(10):652-662.

Piper A, Merskey H. The persistence of folly: a critical examination of dissociative identity disorder. Part I. The excesses of an improbable concept. *Can J Psychiatry.* 2004 Sep;49(9):592-600.

CAPÍTULO

10 Condições Clínicas Especiais

TENTATIVAS DE SUICÍDIO

EPIDEMIOLOGIA

O suicídio é a 8ª principal causa de morte nos Estados Unidos, onde aproximadamente 75 pessoas cometem suicídio a cada dia (25.000 por ano). Muito mais pessoas tentam o suicídio. O índice de suicídio geral tem permanecido estável nos Estados Unidos durante os últimos 15 anos. Embora este índice em adolescentes entre 15 a 19 anos seja baixo comparado com a população adulta geral, o índice de suicídio de adolescentes tem aumentado dramaticamente nos últimos 50 anos.

FATORES DE RISCO

Os estudos têm demonstrado que a grande maioria das pessoas que comete suicídio possui uma doença mental (com mais freqüência um transtorno de humor ou alcoolismo crônico). Os parentes de 1º grau de pessoas que cometeram suicídio estão, por sua vez, em risco muito maior de cometer suicídio. Jovens *gays* e lésbicas apresentam um índice de 2 a 3vezes maior de tentativa de suicídio comparados a adolescentes heterossexuais. O risco de suicídio aumenta com a idade. Nos homens, o pico de suicídios é após 45 anos; nas mulheres, a maior parte dos suicídios ocorre após os 55 anos. Indivíduos idosos contribuem para 25% dos suicídios, embora eles representem apenas 10% da população. Em geral, os homens são mais bem-sucedidos em completar o suicídio, talvez porque utilizem métodos mais letais (armas de fogo, enforcamento, pular de altura); mulheres tendem mais à *overdose* ou tentativa de afogamento. Pessoas casadas possuem um risco de suicídio menor do que as solteiras. O suicídio é mais comum entre classes sociais altas, brancos e certos grupos profissionais (médicos, dentistas, músicos, oficiais de justiça, advogados e agentes de seguro). Fatores de risco biológicos incluem baixos níveis de ácido 5-hidroxiindolacético no fluido cefalorraquidiano dos pacientes que cometeram suicídio por meios violentos. Entre os fatores de risco psicológicos, a desesperança tem sido mostrada como um dos indicadores mais confiável do risco de suicídio a longo prazo.

Evidência recente sugere que o risco de suicídio pode aumentar em crianças e adolescentes que iniciaram tratamento com medicação antidepressiva (para depressão ou outras condições psiquiátricas). Os detalhes da associação entre o tratamento com medicação antidepressiva e suicídio de crianças e adolescentes são desconhecidos. A informação da prescrição de medicação antidepressiva nos Estados Unidos contém, agora, uma tarja preta advertindo para proporcionar precaução para avaliar, cuidadosamente, os riscos e benefícios do tratamento antidepressivo nas crianças e adolescentes. Proporciona, também, advertência aos pacientes e suas famílias, alertando que o pensamento suicida pode aumentar com o tratamento de medicação antidepressiva, especialmente durante os primeiros meses de tratamento. Em razão dos antidepressivos também poderem, transitoriamente, aumentar o suicídio em adultos, os pacientes devem também ser avisados com relação a esta possibilidade. Períodos de iniciação, estreitamento ou ajuste de dosagem de uma medicação antidepressiva pode aumentar o risco de piorar a depressão ou do suicídio – estes períodos justificam um exame extra detalhado pelos pacientes, famílias e cuidadores.

MANIFESTAÇÕES CLÍNICAS

História e Exame do Estado Mental

Com mais freqüência, uma tentativa de suicídio é auto-evidente na apresentação, seja por causa do paciente ou da família indicar que tal evento tenha ocorrido, ou porque existe uma condição médica aguda ou emergência cirúrgica (*i. e., overdose* ou laceração do punho). É importante sempre obter detalhes adicionais do paciente e de qualquer testemunha para proporcionar uma história completa dos antecedentes e do ato do suicídio. Ocasionalmente, um paciente irá se apresentar a um médico de uma forma mais sutil, com queixas não específicas. Os pacientes também podem negar firmemente a tentativa de suicídio, mesmo quando afirmativas prévias de pessoas íntimas ou cuidadores indicam clara idéia ou planejamento suicida. A investigação cuidadosa pode revelar que o paciente ingeriu uma *overdose* de uma medicação com letalidade retardada (tal como acetaminofen).

Pacientes que tentaram o suicídio merecem uma avaliação psiquiátrica completa. A história psiquiátrica e o exame do estado mental devem, explicitamente, dirigir-se aos sintomas depressivos, como idéias, intenções e planos suicidas. Os detalhes da tentativa de suicídio são críticos para a compreensão do risco de um futuro suicídio. Pacientes que cuidadosamente planejam a tentativa, utilizam meios particularmente violentos e isolam-se de forma a não serem encontrados vivos estão em risco particularmente alto de completar o futuro suicídio.

Diagnóstico Diferencial

Pacientes que tentam o suicídio mais comumente sofrem de depressão, esquizofrenia, alcoolismo ou transtornos de personalidade (ou co-morbidade das acima). Entretanto, pacientes que não atendem aos critérios para estes transtornos podem tentar ou cometer suicídio, especialmente se eles possuem qualquer dos fatores de risco (p. ex., desesperança).

MANEJO

A idéia suicida deve ser sempre levada seriamente. Pacientes suicidas com freqüência são cheios de ambivalência sobre viver ou morrer, e a intervenção e o tratamento efetivo podem salvar uma vida. Pacientes mais ativamente suicidas requerem hospitalização em uma unidade fechada para a sua própria segurança. Itens potencialmente letais devem ser mantidos em segurança pela equipe de enfermagem e o paciente deve ser observado cuidadosamente para o risco de fuga. O tratamento de um transtorno subjacente ou sofrimento deriva-se do diagnóstico exato – antidepressivos – ou terapia eletroconvulsiva (TEC) para a depressão; antipsicóticos e/ou estabilizadores do humor para o transtorno bipolar, depressão psicótica ou esquizofrenia.

Pacientes em baixo risco de suicídio podem, com freqüência, ser tratados como pacientes ambulatoriais se um seguimento estreito está disponível, membros da família são sustentadores, e existir uma aliança de tratamento. Encontros freqüentes com os proporcionadores de tratamento, eliminação dos meios de suicídio (armas de fogo, prescrição de pílulas potencialmente tóxicas) e inscrevendo cônjuges, parceiros ou outros membros da família são elementos essenciais do tratamento do paciente ambulatorial.

Surpreendentemente, existe pouca evidência empírica sólida para guiar a intervenção clínica dirigida na prevenção do suicídio. Enquanto parece claro que tratando uma condição psiquiátrica subjacente o risco de suicídio associado àquela condição poderá ser reduzido, dados claros não estão ainda disponíveis com relação à eficácia particular de uma determinada medicação ou classe em relação a isto. Intervenções psicossociais dirigidas na prevenção do suicídio não possuem forte sustentação de pesquisa. A menos que emerjam achados adicionais baseados em evidência, o padrão de cuidado para os indivíduos suicidas permanece sendo a hospitalização ou outra alternativa de tratamento segura associada ao tratamento das condições psiquiátricas associadas.

ABUSO CONJUGAL

O abuso entre cônjuges ou parceiros pode tomar diversas formas: físico, sexual e emocional. O abuso físico ou espancamento é mais freqüentemente perpetrado por um homem sobre a parceira feminina, porém as mulheres também batem nos homens e o abuso também ocorre nas relações do mesmo sexo.

EPIDEMIOLOGIA

Estima-se que o abuso conjugal ocorra em 12 milhões de lares nos Estados Unidos. Alguns estudos estimam que quase 1/3 de todas as mulheres já foram agredidas por seus maridos, no mínimo, uma vez durante seu casamento. Muitas mulheres espancadas são eventualmente assassinadas por seus cônjuges ou namorados. De acordo com o Departamento de Justiça dos Estados Unidos, 37% das mulheres tratadas nas salas de emergência por lesões violentas foram feridas por um parceiro atual ou anterior. Das mulheres assassinadas por um parceiro íntimo, 44% visitaram uma sala de emergência nos 2 anos anteriores de suas mortes.

FATORES DE RISCO

Existe uma forte associação entre o abuso de álcool e a violência doméstica. Mais do que 50% dos agressores, e muitos dos abusados, possuem uma história de álcool ou abuso de outra droga. Enquanto crianças, a maior parte dos agressores viveu em lares violentos, onde eles testemunharam ou foram eles próprios vítimas de agressão. As vítimas de abuso, com mais freqüência, também são o produto de lares violentos. Mulheres grávidas estão em risco elevado de abuso conjugal, com freqüência direcionada aos seus abdomes.

MANIFESTAÇÕES CLÍNICAS

História e Exame do Estado Físico e Mental

Muitas vítimas de abuso são relutantes em relatar episódios abusivos porque têm medo de retaliação, por acreditarem que elas são merecedoras do abuso ou não acreditarem que o auxílio será efetivo. Vítimas de abuso são, com freqüência, maltratadas de tal forma, impedindo que elas escapem da relação abusiva. Elas são intimidadas, humilhadas, coagidas e isoladas pelo agressor. Tentativas de abandonar uma relação abusiva podem ser frustradas pelas preocupações financeiras, o bem-estar das crianças, medo de ficar sozinha ou pela ameaça de agressões posteriores.

Os pacientes podem apresentar-se na companhia do agressor para o tratamento de lacerações "acidentais", contusões, fraturas ou trauma mais grave. A menos que o paciente seja questionado educadamente na ausência do agressor, será improvável que ele (ou ela) revele a causa verdadeira das lesões.

O exame físico deve incluir exame da pele para contusões (especialmente da face e mamas) e um exame genital. O exame do estado mental deve levar em consideração a honestidade das reações do paciente e do parceiro ao "acidente".

MANEJO

O objetivo do tratamento é o fim da violência (*i. e.*, ambos os parceiros precisam aderir ao tratamento) ou capacitar a vítima para abandonar a relação. Qualquer opção é difícil de alcançar. Agências sociais precisam ser listadas para ajudar na proteção e custódia da criança, se a última opção for a escolhida.

Pacientes que recusam ajuda devem ser informados de que serviços de emergência estão disponíveis e sobre como acessá-los. Infelizmente, as mulheres estão em maior risco para lesões sérias ou homicídio quando tentam abandonar a relação abusiva.

ABUSO DE IDOSO

Aproximadamente 10% dos idosos acima de 65 anos são abusados. As vítimas geralmente vivem com seus agressores, que são, com freqüência, seus filhos. Maus tratos incluem abuso e negligência e tomam formas física, psicológica, financeira e material. O agressor pode reter suprimento, vestuário, ou outras necessidades, ou agredir, molestar sexualmente ou, emocionalmente, abusar da vítima.

Como ocorre com o abuso conjugal, a pessoa idosa é, com freqüência, relutante para revelar o abuso. Os médicos devem estar alerta para os sinais de abuso. O tratamento envolve serviços médicos e psiquiátricos apropriados e serviços social e legal. Alguns estados determinam o relato de abuso do idoso como obrigatório.

LUTO

O luto ocorre após a morte de alguém querido. Os critérios do DSM–IV limitam o luto normal a um período de 2 meses após a perda. Os sintomas de luto, como humor triste, sono inquieto, perda do apetite e ruminação sobre a perda de alguém querido mimetizam, em algum grau, aqueles da depressão maior. Entretanto, quando os sintomas de depressão maior predominam, ou quando os sintomas seguintes ocorrem, um diagnóstico de depressão maior deve ser considerado. Os sintomas que sugerem depressão maior incluem:

1. Culpa aumentada (não associada a comportamento ou ações relacionadas com a morte de alguém querido).
2. Pensamento suicida ou idéias de morte (outras além do sentimento de que alguém tem o desejo de unir-se na morte a alguém querido).
3. Sentimento excessivo de desvalorização.
4. Retardo psicomotor.
5. Comprometimento grave na habilidade para a função.
6. Alucinações auditivas ou visuais (outras além de ouvir a voz ou a imagem do morto, o que é considerado um componente normal do luto).

O tratamento para o luto não complicado é diverso e não existe evidência suficiente disponível para sugerir que uma forma de intervenção terapêutica é confiavelmente superior com relação à outra. Nos indivíduos em luto com depressão, a medicação antidepressiva está indicada.

PONTOS-CHAVE

1. O suicídio é uma complicação fatal de muitos transtornos psiquiátricos.
2. A desesperança é um fator de risco para a tentativa de suicídio.
3. Os antidepressivos podem, transitoriamente, aumentar o risco de suicídio.
4. Cerca de 1/3 das mulheres sofrem de abuso conjugal.
5. Cerca de 10% dos indivíduos acima de 65 anos sofrem de abuso do idoso.
6. O luto normal dura até 2 meses.
7. Medicações antidepressivas estão indicadas para o tratamento da depressão nos indivíduos de luto.

Bibliografia

Forte AL, Hill M, Pazder R, et al. Bereavement care interventions: a systematic review. *BMC Palliat Care.* 2004 Jul 26;3(1):3.

Hawton K, James A. Suicide and deliberate self harm in young people. *Br Med J.* 2005 Apr 16;330(7496):891-894. Review.

Licinio J, Wong ML. Depression, antidepressants and suicidality: a critical appraisal. *Nat Rev Drug Discov.* 2005 Feb;4(2):165-171. Review.

Soomro GM. Deliberate self harm (and attempted suicide). *Clin Evid.* 2005 Jun;(13):1200-1211.

CAPÍTULO

11 Antipsicóticos

Medicações antipsicóticas são utilizadas comumente na prática médica e psiquiátrica. Como classe, os antipsicóticos têm em comum o bloqueio de receptores de dopamina e o potencial para sérios efeitos colaterais se utilizados inapropriadamente ou sem monitorização cuidadosa. Os antipsicóticos típicos e atípicos mais comumente prescritos estão listados nas Tabelas 11-1 e 11-2. Suas potências relativas, seus perfis de efeitos colaterais relativos e principais reações adversas também estão descritos. Os **antipsicóticos típicos** (também denominados neurolépticos, por sua tendência para causar transtornos de movimento) geralmente são igualmente eficazes, embora difiram nos perfis de efeitos colaterais e potências. Os **antipsicóticos atípicos** (p. ex., risperidona e clozapina) possuem poucos efeitos colaterais extrapiramidais nas doses terapêuticas comparadas aos antipsicóticos típicos. A clozapina (e talvez outros antipsicóticos atípicos) é mais eficaz do que os antipsicóticos típicos para o tratamento de transtornos psicóticos refratários.

INDICAÇÕES

Os antipsicóticos em geral são eficazes no tratamento de sintomas psicóticos positivos (p. ex., alucinações, comportamento bizarro, delírios), não importando a categoria diagnóstica (Tabela 11-3). Por exemplo, alucinações na esquizofrenia, na doença de Alzheimer, ou secundária à toxicidade ou lesão cerebral, todas respondem às medicações antipsicóticas. Acredita-se que os antipsicóticos típicos sejam menos eficazes do que os antipsicóticos atípicos no tratamento dos sintomas psicóticos negativos (p. ex., desmotivação, acinesia, embotamento afetivo, isolamento social). Além do seu papel no tratamento de sintomas psicóticos, os antipsicóticos são utilizados para tratar o transtorno bipolar (para a mania aguda e manutenção de transtorno bipolar), algumas formas de descontrole comportamental não-psicótico (p. ex., síndromes cerebrais orgânicas, doença de Alzheimer, retardo mental), *delirium*, síndrome de Tourette, sintomas de transtorno de estresse pós-traumático e sintomas psicóticos transitórios quando aparecem nos pacientes com transtorno de personalidade.

MECANISMO DE AÇÃO

A teoria mais proeminente no mecanismo de ação dos antipsicóticos é a **hipótese da dopamina** da esquizofrenia. Esta hipótese propõe que a hiperatividade dopaminérgica leva à psicose (Fig. 11-1). A evidência que sustenta um papel para os estados hiperdopaminérgicos na esquizofrenia (e, presumivelmente, outras condições psicóticas) se baseia no seguinte: a potência de antipsicóticos tradicionais se correlaciona altamente com sua potência no bloqueio de receptores de dopamina; indivíduos com esquizofrenia possuem um número aumentado de receptores de dopamina no cérebro, e drogas agonistas da dopamina (p. ex., anfetamina) podem induzir ou exacerbar a psicose existente.

O mecanismo de ação dos antipsicóticos é, com freqüência, mais amplo do que o simples bloqueio da dopamina, o que contribui para os numerosos efeitos colaterais e o achado que sua ação no cérebro não está bem correlacionada com as regiões que se acredita darem origem a sintomas psicóticos. Além disso, novas medicações antipsicóticas atípicas possuem atividade proeminente nos receptores de serotonina (5-hidroxitriptamina-2 [5ht2]). Não está claro se esta atividade na serotonina influi na eficácia antipsicótica, porém essa atividade pode afetar no humor e nos sintomas de ansiedade nos pacientes com transtornos psicóticos e ajudar a prevenir efeitos colaterais extrapiramidais.

Antipsicóticos Típicos (Antagonistas da Dopamina)

A potência antipsicótica de antipsicóticos típicos (e risperidona) se correlaciona com sua afinidade para o receptor D2. A Figura 11-2 é um diagrama esquemático das vias do cérebro propostas afetadas pelos antipsicóticos típicos. Axônios

TABELA 11-1
Antipsicóticos Típicos

Drogas	Variação da Dosagem Terapêutica[a]	Potência[b]	Sedativa	Hipotensiva	Anticolinérgica	SEP (EPS)
Antipsicóticos típicos (antagonistas da dopamina)						
Tioridazina (Melleril®)[c]	150-800 mg	100	Alta	Alta	Alta	Baixa
Clorpromazina (Amplictil)	200-800 mg	100	Alta	Alta	Média	Baixa
Mesoridazina (Serentil®)[c]	100-400 mg	50	Média	Média	Média	Média
Molindona (Moban®)	15-225 mg	10	Média	Baixa	Média	Alta
Perfenazina (Trilafon®)	8-32 mg	10	Baixa	Baixa	Baixa	Média
Loxapina (Loxitane®, Daxolin®)	60-100 mg	10	Média	Média	Média	Alta
Trifluoperazina (Stelazine®)	5-20 mg	5	Média	Baixa	Baixa	Alta
Tiotixene (Navane®)	5-30 mg	5	Baixa	Baixa	Baixa	Alta
Haloperidol (Haldol®)	5-30 mg	2	Baixa	Baixa	Baixa	Alta
Flufenazina (Prolixin®)	2-60 mg	2	Média	Baixa	Baixa	Alta
Pimozida (Orap®)	15-225 mg	1	Baixa	Baixa	Baixa	Alta

[a]As doses iniciais recomendadas são menores do que a dosagem terapêutica. As dosagens geralmente são mais baixas para pacientes geriátricos e para aqueles que estão tomando medicações de interação ou possuem outros problemas médicos. Adaptado de Meltzer HY, Fatemi SH, Treatment of schizophrenia. In Schatzberg AF, Nemeroff CB, eds. *Textbook of psychopharmacology,* 2nd ed. Washington, DC: American Psychiatric Press, 1998.
[b]A potência é indicada como doses relativas equivalentes a miligramas (*i. e.,* 100 mg de tioridazina é equivalente a 2 mg de haloperidol) e não deve ser confundida com a eficácia. Todos os antipsicóticos típicos são acreditados como sendo igualmente eficazes.
[c]Devido a eventos cardíacos fatais, aprovada agora apenas para a esquizofrenia refratária.
Baseada em Rosenbaun JF *et al. Handbook of psychiatric drug therapy.* 5th ed. Philadelphia: Lippincott Williams & Wilkins, 2005.

contendo dopamina emergem dos núcleos do tronco cerebral (área tegmental ventral e substância negra), projetam-se para os gânglios basais, córtex frontal e áreas límbicas. Antipsicóticos típicos e risperidona bloqueiam fortemente os receptores de D2. O bloqueio da dopamina nas áreas cortical e límbica resulta na redução nos sintomas psicóticos, enquanto o bloqueio da dopamina nos gânglios basais produz efeitos colaterais extrapiramidais. Embora os antipsicóticos, especialmente medicações de baixa potência, possam ter um efeito sedativo inicial, sua ação antipsicótica não é imediata e leva diversos dias a diversas semanas para o pico.

TABELA 11-2
Antipsicóticos Atípicos

Droga	Variação da Dosagem Terapêutica Diária
Aripiprazola (Abilify®)	10-30 mg
Clozapina (Leponex®)	100-600 mg
Risperidona (Risperdal®)	4-6 mg
Olanzapina (Zyprexa®)	10-20 mg
Quetiapina (Seroquel®)	400-800 mg
Ziprasidona (Geodon®)	80-160 mg

Antipsicóticos Atípicos (Antagonistas Serotonina/Dopamina)

No momento, nos Estados Unidos, 5 antipsicóticos atípicos estão sendo comercializados; outros estarão, provavelmente, disponíveis em breve. Os antipsicóticos são classificados como atípicos quando produzem menos efeitos colaterais relacionados ao movimento do que os antipsicóticos típicos. Além do bloqueio do receptor da dopamina, os antipsicóticos atípicos bloqueiam os receptores da serotonina subtipo $5HT_2$. A Figura 11-3 descreve as similaridades e diferenças dos sistemas de serotonina e dopamina. O bloqueio do receptor de serotonina proporciona alguma proteção contra os efeitos colaterais extrapiramidais e pode transmitir a eficácia antipsicótica. A risperidona é similar aos neurolépticos típicos pelo fato de ser um bloqueador muito potente do receptor D_2. O mecanismo de ação de outros antipsicóticos atípicos é mais complexo do que o simples bloqueio do receptor D_2.

TABELA 11-3

Indicações para Drogas Antipsicóticas

	Eficaz	Possivelmente Eficaz
Utilização a curto prazo (< 3 meses)	Exacerbações da esquizofrenia Mania aguda Depressão com aspectos (combinada com antidepressivo) Outras psicoses agudas (p. ex., psicoses esquizofreniformes) *Delirium* e psicoses orgânicas Psicoses induzidas por droga devido a alucinógenos e psicoestimulantes (sem fenciclidina) Utilizações não psiquiátricas: náusea e vômito; transtornos do movimento	Breve utilização para episódios de descontrole grave ou psicose aparente em alguns transtornos de personalidade
Utilização a longo prazo (> 3 meses)	Esquizofrenia Síndrome de Tourette Transtorno bipolar resistente ao tratamento Doença de Huntington e outros transtornos do movimento Psicoses crônicas relacionadas a transtornos neurológicos	Transtornos delirantes Psicoses da infância Transtorno de estresse pós-traumático pesadelos e *flashbacks*

Modificado e reproduzido de Rosenbaun JF *et al. Diagnostic and statistical manual of mental disorders.* 5th ed. Philadelphia; Lippincott Williams & Wilkins, 2005.

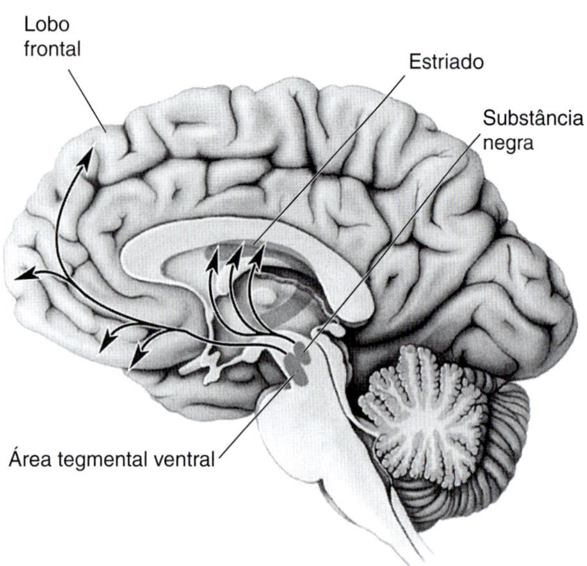

Figura 11-1 Sistemas modulatórios dopaminérgicos difusos do cérebro. O sistema da dopamina mesocorticolímbico emerge na área tegmental ventral e tem sido implicado na causa da esquizofrenia. Um segundo sistema dopaminérgico emerge da substância negra e está envolvido no controle do movimento voluntário pelo estriado.

De Bear MF, Connors BW, Parasido, MA. *Neuroscience - exploring the brain.* 2nd ed. Philadelphia: Lippincott Williams & Wilkins, 2001.

ESCOLHA DA MEDICAÇÃO

Em razão de todos os antipsicóticos serem considerados eficazes, a escolha da medicação deve ser baseada na resposta prévia do paciente ou membro da família, o perfil de efeito colateral (tolerância do paciente), e forma disponível (*i. e.,* elixir, ou IM, ou disponibilidade de depósito IM). No momento, a **clozapina** é a única medicação que mostra claramente ser superior nos pacientes nos quais os antipsicóticos típicos falharam. A flufenazina e o haloperidol estão disponíveis em preparações de depósito, as quais são dadas via intramuscular a cada 2 a 4 semanas.

A olanzapina também está aprovada para a utilização na mania bipolar aguda e para o tratamento de manutenção do transtorno bipolar nos Estados Unidos. As formas intramusculares da olanzepina e ziprasidona estão aprovadas para a agitação na esquizofrenia. Antipsicóticos atípicos aprovados para o transtorno bipolar incluem olanzapina, quetiapina, risperidona, zirpasidona e aripiprazol.

MONITORIZAÇÃO TERAPÊUTICA

Pacientes com antipsicóticos devem ser monitorizados estreitamente para reações adversas às drogas. Particularmente importantes são efeitos colaterais como acatisia

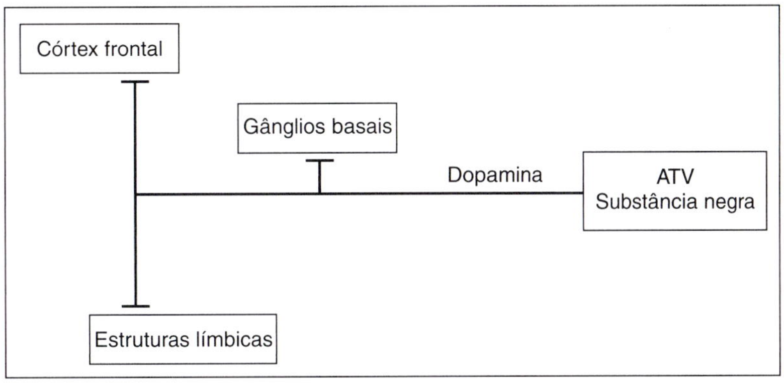

Figura 11-2 Vias afetadas pelos antipsicóticos típicos.

(inquietação), síndrome neuroléptica maligna (SNM) e sintomas extrapiramidais (SEP). Pacientes tomando antipsicóticos que baixam o limiar de convulsões devem ser cuidadosamente monitorizados para a atividade convulsiva. Indivíduos tomando clozapina precisam ter contagem freqüente das células brancas do sangue para monitorizar o desenvolvimento de agranulocitose. A clozapina precisa ser descontinuada imediatamente nos pacientes demonstrando esta reação potencialmente fatal.

Os níveis de sangue geralmente têm sido de pouca utilização na monitorização da eficácia dos antipsicóticos, porém podem ser úteis na avaliação da aderência. Os níveis de haloperidol possuem alguma utilidade nos pacientes que têm efeitos colaterais nas baixas doses ou que falham em responder a altas doses. Os níveis de clozapina também são freqüentemente utilizados para determinar a aderência e correlacionar a eficácia com os níveis. A não aderência é, com freqüência, a causa da aparente falência terapêutica.

A duração da terapia depende da natureza e gravidade da doença do paciente. Muitos transtornos, como esquizofrenia, requerem a manutenção da terapia antipsicótica. Em razão das sérias seqüelas associadas à utilização a longo prazo de antipsicótico, a terapia de manutenção deve ser utilizada apenas após uma análise cuidadosa de risco–benefício com o paciente e a família envolvidos.

EFEITOS COLATERAIS E REAÇÕES ADVERSAS À DROGA

Efeitos colaterais dos antipsicóticos são uma consideração maior na prescrição médica. Pacientes que não podem tolerar os efeitos colaterais das medicações são não aderentes e sofrem grandes índices de recaída e recorrência. Certos efeitos colaterais, como sedação, pode ser útil para um paciente com insônia ou agitação grave, porém também podem limitar o funcionamento. Uma comparação dos perfis de efeitos colaterais para os antipsicóticos comumente utilizados está proporcionada na Tabela 11-1. Os efeitos colaterais comuns estão descritos abaixo. A discussão adicional dos efeitos colaterais neurológicos é encontrada no Capítulo 16.

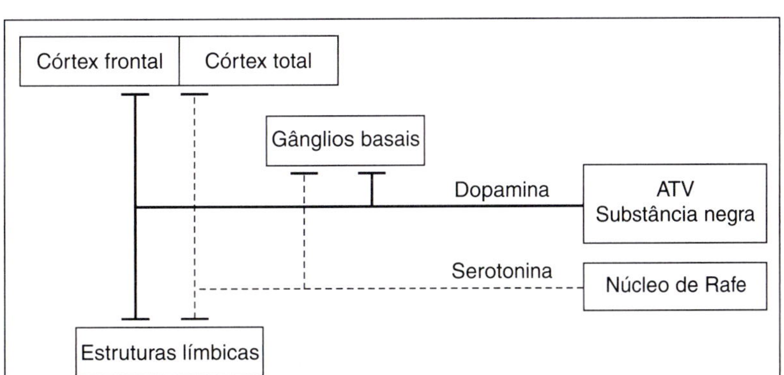

Figura 11-3 Vias afetadas pelos antipsicóticos atípicos.

Efeitos Colaterais Anticolinérgicos

Antipsicóticos de baixa potência possuem os maiores efeitos colaterais anticolinérgicos como boca seca, constipação, retenção urinária e visão turva. As propriedades anticolinérgicas, entretanto, contrabalançam os SEP. Em alguns casos o delírio anticolinérgico pode ocorrer, especialmente em indivíduos idosos, com síndromes cerebrais orgânicas ou em pacientes com outros agentes anticolinérgicos.

Limiar de Convulsão Reduzido

Antipsicóticos típicos de baixa potência e a clozapina estão associados à redução do limiar de convulsão. As convulsões resultantes da terapia antipsicótica são tratadas por mudança das medicações, redução da dose ou acrescentando uma medicação anticonvulsiva.

Hipotensão

A hipotensão ortostática é particularmente comum com agentes de baixa potência e risperidona. O efeito hipotensivo dos antipsicóticos geralmente é devido ao bloqueio do receptor alfa.

Agranulocitose

A agranulocitose tem sido associada, mais comumente, à clozapina. Em razão da natureza potencialmente fatal deste efeito adverso, a distribuição da clozapina é regulada e requer uma contagem de sangue completa semanal com diferencial para monitorizar a neutropenia.

Efeitos Colaterais Cardíacos

A ziprasidona, antipsicóticos de baixa potência (particularmente tioridazina e mesoridazina) e a risperidona podem causar prolongamento QT (com risco de *torsade de pointes*). Modificações eletrocardiográficas não específicas também ocorrem com certas medicações antipsicóticas (particularmente com clozapina e olanzapina). A clozapina pode causar uma miocardite, o que é raro, porém é mais comum ocorrer precocemente no tratamento.

Efeitos Metabólicos

Embora o pacientes com transtornos psicóticos sejam conhecidos por possuírem índices elevados de obesidade e diabetes melito independente da medicação, os estudos têm indicado que as medicações antipsicóticas atípicas (particularmente a olanzapina e a clozapina) estão associadas a índices elevados de ganho de peso, dislipidemia, e podem estar associadas ao começo do diabetes adulto. Todos os pacientes tomando estas medicações devem ter os índices metabólicos regulares checados, incluindo os níveis de lipídios, açúcar no sangue em jejum e índice de massa corporal.

Transtornos do Movimento

Transtornos do movimento como distonia, SEP, acatisia, SNM e discinesia tardia podem ocorrer e são discutidos mais adiante, no Capítulo 16.

Outros Efeitos Colaterais

Pigmentação da pele e ocular são efeitos colaterais comuns dos neurolépticos, assim como a fotossensibilidade aumentada. A tioridazina pode causar retinopatia pigmentar em altas doses. Níveis de prolactina aumentados (e seqüelas) também podem ocorrer. A quetiapina pode aumentar o risco de desenvolvimento de cataratas.

PONTOS-CHAVE

1. Os antipsicóticos são utilizados para tratar os sintomas psicóticos de uma ampla variedade de transtornos.
2. Estas drogas são provavelmente igualmente eficazes, porém diferem na potência (com a exceção da clozapina).
3. Os antipsicóticos podem ter sérios efeitos colaterais.

Bibliografia

Laruelle M, Frankle WG, Narendran R, et al. Mechanism of action of antipsychotic drugs: from dopamine D(2) receptor antagonism to glutamate NMDA facilitation. Clin Ther 2005;27 (Suppl A). S16-24. Review.

Lieberman JA, Stroup TS, McEvoy JP, et al, and Clinical Antipsychotic Trials of Intervention Effectiveness (CATIE) Investigators. Effectiveness of antipsychotic drugs in patients with chronic schizophrenia. *N Engl J Med.* 2005 Sep 22;353(12):1209-1223.

Poulin MJ, Cortese L, Williams R, et al. Atypical antipsychotics in psychiatric practice: practical implications for clinical monitoring. *Can J Psychiatry.* 2005 Aug;50(9):555-562.

CAPÍTULO 12

Antidepressivos, Terapia Eletroconvulsiva e Fototerapia

Antidepressivos são comumente utilizados na prática médica e psiquiátrica. Como classe, os antidepressivos possuem, em comum, a capacidade para tratar a doença depressiva maior. A maior parte dos antidepressivos também é eficaz no tratamento do transtorno do pânico e outros transtornos da ansiedade. Alguns antidepressivos tratam eficazmente o transtorno obsessivo-compulsivo (TOC) e uma variedade de outras condições (ver as indicações abaixo).

Os antidepressivos mais comumente prescritos estão listados na Tabela 12-1. Os antidepressivos são subdivididos em grupos baseados na estrutura ou atividade funcional proeminente: inibidores seletivos da recaptação de serotonina (ISRSs), antidepressivos tricíclicos (ADT), inibidores da monoaminoxidase (IMAOs), e outros compostos antidepressivos com uma variedade de mecanismos de ação.

Acredita-se que os antidepressivos tipicamente atuem nos sistemas de serotonina, norepinefrina ou ambos (Fig. 12-1). A escolha das medicações geralmente depende do diagnóstico, da história da resposta (no paciente ou parente) e do perfil de efeitos colaterais da medicação. Os efeitos antidepressivos não são vistos geralmente até 2 a 4 semanas de tratamento. Os efeitos colaterais precisam ser cuidadosamente monitorizados, especialmente para os ADT e os IMAOs.

INDICAÇÕES

A Tabela 12-2 lista as indicações para os antidepressivos. A principal indicação para as medicações antidepressivas é o transtorno depressivo maior, como definido pelo *Diagnostic and Statistical Manual of Mental Disorders,* 4ª edição (DSM-IV). Os antidepressivos são utilizados no tratamento de todos os subtipos de depressão, incluindo a fase depressiva do transtorno bipolar, depressão psicótica (em combinação com uma medicação antipsicótica), depressão atípica, e depressão sazonal (Capítulo 2). Os antidepressivos também são indicados para a prevenção dos episódios depressivos recorrentes.

As medicações antidepressivas podem ser efetivas no tratamento dos pacientes com transtorno distímico, especialmente quando existem claros sinais neurovegetativos ou uma história de resposta aos antidepressivos.

O transtorno do pânico com ou sem agorafobia tem mostrado responder para os ISRSs, IMAOs, ADTs e benzodiazepínicos de alta potência (alprazolam e clonazepam). O TOC tem demonstrado responder à clorimipramina, tricíclico seletivo para a serotonina (Anafranil®) e para os ISRSs em altas doses (p. ex., fluoxetina de 60 a 80 mg por dia). As obsessões tendem a ser mais responsivas à farmacoterapia do que as compulsões. Os sintomas de TOC respondem mais lentamente do que os sintomas de depressão maior. Ensaios de 12 semanas ou mais são necessários antes que uma medicação possa ser excluída como ineficaz para um paciente com TOC.

O comportamento de compulsão e eliminação da bulimia tem se mostrado responsivo aos ISRSs, ADTs e IMAOs em diversos ensaios abertos e controlados. Em razão dos ISRSs possuírem o perfil de efeito colateral mais benigno destas medicações, eles são com freqüência o tratamento psicofarmacológico de primeira linha.

MECANISMOS DE AÇÃO

Acredita-se que os antidepressivos exercem seus efeitos em subgrupos particulares de sinapses neuronais através do cérebro. Sua principal interação é com os sistemas neurotransmissores de monoamina (dopamina, norepinefrina e serotonina). A dopamina, a norepinefrina e a serotonina são liberadas através do cérebro pelos neurônios que se originam no tronco cerebral ventral, *locus coeruleus* e núcleos da rafe, respectivamente (Figs. 12-1 e 12-2). Estes neurotrans-

TABELA 12-1

Antidepressivos comumente Prescritos

Droga (Nome Comercial)	Dosagem Diária Usual[a]	Dosagem Diária Extrema[a]
Inibidores seletivos da recaptação de serotonina (ISRSs)		
Fluoxetina (Prozac®)	20 mg	80 mg
Sertralina (Zoloft®)	50-150 mg	300 mg
Paroxetina (Paxil®)	20 mg	50 mg
Fluvoxamina (Luvox®)	50-150 mg	300 mg
Citalopram (Celexa®)	20-40 mg	60 mg
Escitalopram (Lexapro®)	10 mg	30 mg
Inibidores da recaptação da serotonina-norepinefrina (IRSNs)		
Venlafaxina (Effexor®)	75-150 mg	450 mg
Duloxetina (Cymbalta®)	40-60 mg	120 mg
Receptores agonistas e antagonistas da serotonina		
Trazodona (Desyrel®)	200-400 mg	600 mg
Nefazodona	200-450 mg	600 mg
Inibidores da recaptação da serotonina-norepinefrina (IRSNs)		
Bupropiona (Wellbutrin®)	200-300 mg	450 mg
ATCs		
Nortriptilina (Pamelor®)	75-100 mg	150 mg
Imipramina (Tofranil®)	150-200 mg	300 mg
Desipramina (Norpramin®)	150-200 mg	300 mg
Clomipramina (Anafranil®)	150-200	250 mg
IMAOs		
Tranilcipromina (Parnate®)	30-50 mg	90 mg
Fenelzina (Nardil®)	45-60 mg	90 mg
Isocarboxazida (Marplan®)	30-50 mg	90 mg
Outros antidepressivos		
Mirtazapina (Remeron®)	15-45 mg	60 mg

[a]Pacientes geriátricos geralmente requerem doses baixas.
Modificado e reproduzido de Rosenbaum JF, *et al. Handbook of psychiatric drug therapy.* 5th ed. Philadelphia: Lippincott Williams & Wilkins, 2005.

missores interagem com numerosos subtipos de receptores no cérebro que estão associados à regulação de funções do estado global, incluindo apetite, estados de humor, prontidão, vigília, atenção e processamento sensorial.

Os ISRSs atuam ligando-se às proteínas de recaptação da serotonina pré-sinápticas, inibindo, portanto, a recaptação e aumentando os níveis da serotonina na fenda sináptica. Os ADTs atuam bloqueando a recaptação pré-sináptica tanto da serotonina como da norepinefrina. Os IMAOs atuam inibindo a enzima pré-sináptica monoaminoxidase, que cataboliza a norepinefrina, a dopamina e a serotonina, aumentando, portanto, os níveis destes neurotransmissores pré-sinapticamente (Fig. 12-3).

Estes mecanismos de ação imediatos não são suficientes para explicar os efeitos antidepressivos retardados (geralmente de 2 a 4 semanas). Outros mecanismos desconhecidos precisam desempenhar um papel no tratamento psicofarmacológico bem-sucedido da depressão.

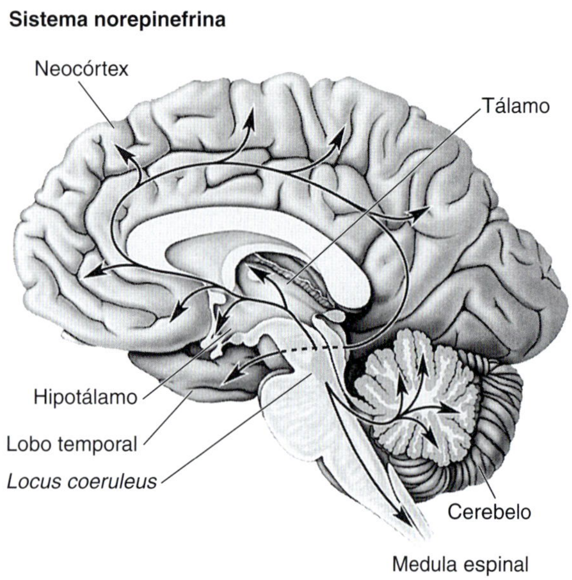

Figura 12-1 Sistema modulatório noradrenérgico difuso emergindo do *locus coeruleus*. O pequeno grupo de neurônios do *locus coeruleus* projeta axônios que inervam vastas áreas do sistema nervoso central, incluindo a medula espinal, cerebelo, tálamo e córtex cerebral.

De Bear MF, Connors BW, Parasido, MA. *Neuroscience - exploring the brain.* 2nd ed. Philadelphia: Lippincott Williams & Wilkins, 2001.

TABELA 12-2

Indicações para os Antidepressivos

Eficaz
Transtorno depressivo maior e outros transtornos depressivos unipolares
Depressão bipolar
Transtorno do pânico
Fobia social
Transtorno de ansiedade generalizado
Transtorno de estresse pós-traumático
Transtorno obsessivo-compulsivo (p. ex., clomipramina e ISRSs)
Depressão com características psicóticas em combinação com uma droga antipsicótica
Bulimia nervosa
Dor neuropática (drogas tricíclicas e IRSNs)
Insônia (p. ex., trazodona, amitriptilina)
Enurese (imipramina melhor estudada)
Depressão atípica (ISRSs ou inibidores da monoaminoxidase)
Transtorno de déficit de atenção com hiperatividade (p. ex., desipramina, bupropiona)
Provavelmente eficaz
Narcolepsia
Transtornos orgânicos do humor
Afeto pseudobulbar (riso e choro patológico)
Possivelmente eficaz
Transtornos da personalidade

De Rosenbaum JF *et al. Handbook of psychiatric drug therapy.* 5th ed. Philadelphia: Lippincott Williams e Wilkins, 2005, com permissão.

ESCOLHA DA MEDICAÇÃO

Muitos livros-texto e artigos asseguram que todos os antidepressivos possuem, de modo geral, a mesma eficácia no tratamento da depressão. Dados mais recentes observando os índices de remissão da depressão sugerem que a venlafaxina e os antidepressivos tricíclicos podem ser mais efetivos do que os ISRSs no alcance da remissão da depressão. Acredita-se que os índices mais elevados de remissão estão relacionados às ações combinadas da venlafaxina e ADT nos sistemas de serotonina e noradrenérgicos. Estes efeitos podem ser alcançados, também, pelas combinações de antidepressivos como bupropiona e ISRSs. Isto complica a escolha da medicação, uma vez que antes a medicação de escolha foi baseada, principalmente, no perfil do sintoma e diagnóstico, resposta prévia do paciente, perfil do efeito colateral e tolerância do paciente. Um outro fator a considerar quando tratando a depressão é o índice de remissões com uma droga em particular. Mais pesquisas são necessárias nesta área para determinar os índices relativos de remissão da depressão, particularmente nos subgrupos de pacientes com depressão. Os ISRSs, a bupropiona, a duloxetina, a venlafaxina e a mirtazapina são os antidepressivos mais bem tolerados e geralmente são acreditados como agentes de primeira linha para a depressão maior. Comparadas com os ADTs e os IMAOs, estas medicações possuem efeitos sedativos, anticolinérgicos e hipotensivos ortostáticos muito baixos. Estes agentes devem ser considerados para a utilização, especialmente, nos pacientes com doença da condução cardíaca, constipação, glaucoma ou hipertrofia prostática.

Entre os ADTs, a nortriptilina e a desipramina possuem os mínimos efeitos sedativos, anticolinérgicos e hipotensivos ortostáticos. Elas podem ser utilizadas como agentes de primeira linha nas pessoas mais jovens e saudáveis, especialmente se o custo é uma consideração (antidepressivos tricíclicos e outros disponíveis de forma genérica podem ser muito menos dispendiosos do que medicações mais novas não genéricas).

Por causa das restrições de dieta necessárias e do risco de hipotensão postural, os IMAOs (fenelzina e tranilcipromina) devem ser utilizados mais seletivamente. Eles podem ser bastante efetivos, entretanto, e são utilizados nos pacientes para os

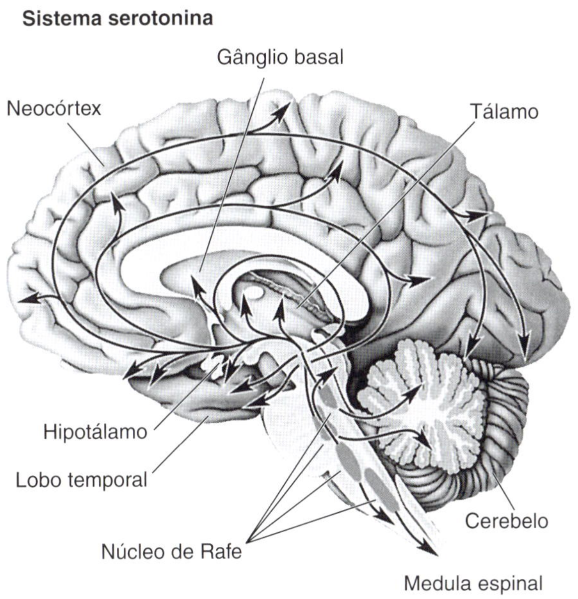

Figura 12-2 Sistemas modulatórios serotonérgicos difusos emergindo dos núcleos da rafe. Os núcleos da rafe, que estão agrupados ao longo da linha média do tronco cerebral, se projetam, extensivamente, para todos os níveis do sistema nervoso central.

De Bear MF, Connors BW, Parasido, MA. *Neuroscience - exploring the brain.* 2nd ed. Philadelphia: Lippincott Williams & Wilkins, 2001.

quais os ISRSs e tricíclicos tenham falhado, nos pacientes com transtorno convulsivo concomitante (IMAOs e ISRSs não baixam o limiar de convulsão) ou naqueles com depressões atípicas ou fobia social (IMAOs e ISRSs são mais efetivos). Altas doses de ISRSs e clorimipramina (a despeito de seus elevados efeitos sedativos, anticolinérgicos e hipotensivos ortostáticos) são os tratamentos de escolha para o TOC.

MONITORIZAÇÃO TERAPÊUTICA

Aproximadamente 50% dos pacientes que alcançam os critérios DSM-IV para a depressão maior irão se recuperar com uma única tentativa adequada (no mínimo 6 semanas em uma dosagem terapêutica) de um antidepressivo. As razões mais comuns para as tentativas falhas são dose e duração inadequada. Entretanto, a dosagem e a duração da tentativa são, com freqüência, limitadas pelos efeitos colaterais (ou não adesão ao tratamento).

Pacientes com antidepressivos devem ser monitorizados cuidadosamente para efeitos colaterais ou reações adversas à droga (listadas a seguir). Geralmente a terapia antidepressiva de um primeiro episódio de depressão unipolar deve continuar por 6 meses. Pacientes com depressão crônica ou recorrente requerem tratamento de manutenção mais prolongado ou, talvez, para toda a vida. Aumentar a dose, complementar com lítio ou T3 (Cytomel®), ou um psicoestimulante (p.ex., metilfenidato), trocar antidepressivos, ou adicionar um segundo antidepressivo, pode ser útil no tratamento da depressão refratária. Pacientes na maior parte dos ADTs requerem medidas do nível sérico para determinar a dosagem apropriada.

Todos os pacientes, especialmente crianças e adolescentes, devem ser cuidadosamente monitorizados para o aumento de pensamentos suicidas associado ao tratamento com medicação antidepressiva. Enquanto os antidepressivos podem reduzir o índice de suicídio geral tratando a depressão subjacente, eles também podem aumentar transitoriamente o índice de suicídio durante os períodos de iniciação ou cessação do tratamento, assim como durante os ajustamentos da dosagem.

EFEITOS COLATERAIS E REAÇÕES ADVERSAS À DROGA

INIBIDORES SELETIVOS DE RECAPTAÇÃO DA SEROTONINA

Embora os ISRSs específicos possuam perfis de efeitos colaterais ligeiramente diferentes, como um grupo, seus principais efeitos colaterais são náusea, dor de cabeça, inquietação neuromuscular (lembrando a acatisia), insônia ou sedação e anorgasmia/ejaculação retardada. Os ISRSs combinados com os IMAOs são perigosos: podem resultar em uma síndrome de serotonina fatal.

ANTIDEPRESSIVOS TRICÍCLICOS

Os ADTs, em muitos pacientes, são muito bem tolerados; porém, por causa de seus efeitos colaterais, os ADTs são menos bem tolerados de forma geral dos que os ISRSs, bupropiona ou venlafaxina. Os efeitos colaterais principais associados aos ADTs são a hipotensão ortostática, os efeitos anticolinérgicos, a toxicidade cardíaca e disfunção sexual. Os ADTs específicos possuem graus relativos de cada um destes efeitos.

A hipotensão ortostática é o efeito colateral sério mais comum dos ADTs. Isto é particularmente preocupante nos pacientes idosos, que podem ser mais propensos para as quedas. A toxicidade anticolinérgica pode ser leve, incluindo boca seca, constipação, visão próxima borrada e hesitação urinária ou mais grave, com agitação, inquietação motora, alucinações, delírio e convulsões.

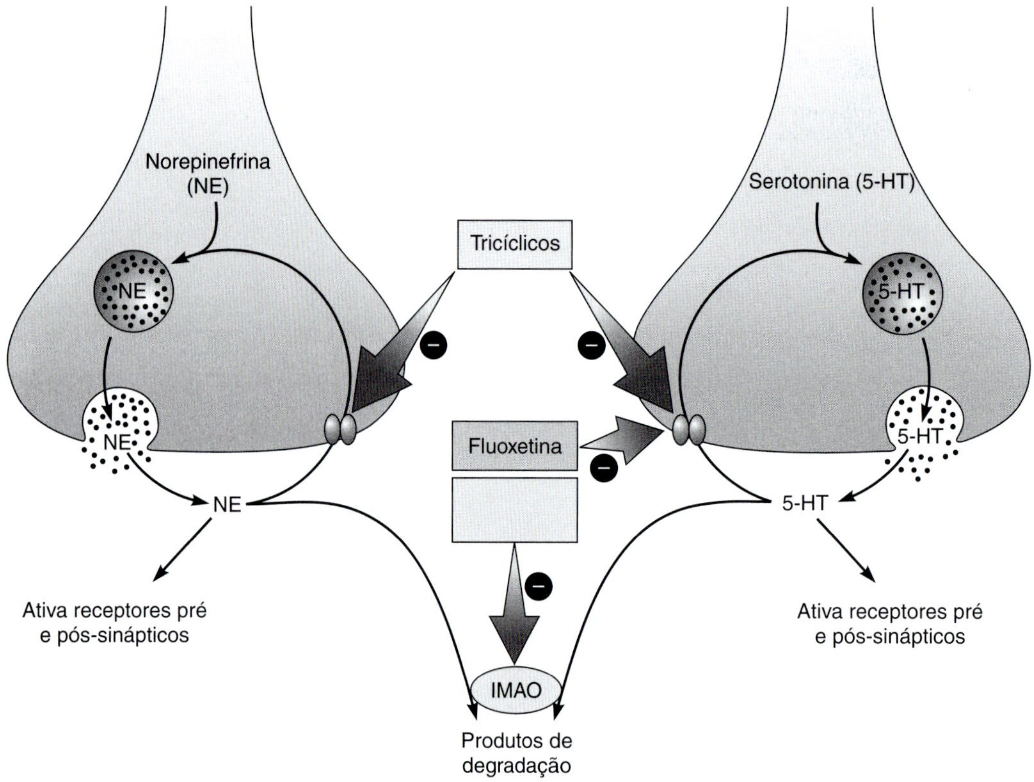

Figura 12-3 Drogas antidepressivas e os ciclos de vida biomecânicos da norepinefrina e serotonina.
De Bear MF, Connors BW, Parasido, MA. *Neuroscience – exploring the brain.* 2nd ed. Philadelphia: Lippincott Williams e Wilkins, 2001.

A toxicidade cardíaca pode limitar a utilização dos ADTs em alguns pacientes. Os ADTs possuem efeitos semelhantes à quinidina no coração, potencialmente causando taquicardia sinusal; taquiarritmias supraventriculares; taquicardia ventricular; fibrilação ventricular; prolongamento dos intervalos PR, QRS e QT; bloqueio do ramo do fuso; bloqueio do coração de primeiro, segundo e terceiro graus; ou alterações das ondas ST e T. As complicações maiores dos ADTs são raras nos pacientes com corações normais. Os ADTs devem ser evitados nos pacientes com doença do sistema de condução.

A disfunção sexual inclui a impotência nos homens e a diminuição da prontidão sexual nas mulheres.

INIBIDORES DA MONOAMINOXIDASE

Pacientes que tomam IMAOs estão em risco para crises hiperadrenérgicas decorrentes da ingestão de aminas simpaticomiméticas (como a tiramina) que falham em desintoxicar por causa da inibição do sistema monoaminoxidase gastrintestinal. A dieta imprópria pode levar a graves crises hipertensivas (crises de tiramina) com potencial infarto do miocárdio ou acidente vascular. Alimentos que precisam ser evitados incluem carnes ou peixes curados, cerveja, vinho tinto, todos os queijos, exceto o *cottage* e queijos cremosos, e frutas maduras demais. Muitos remédios para dor e resfriado sem receita também precisam ser evitados. O tratamento das crises hipertensivas, se graves, pode requerer atenção médica de emergência, incluindo fentolamina IV (como um alfa bloqueador) ou infusão de nitroprussiato IV contínua.

Os IMAOs causam uma hipotensão ortostática relacionada à dose: tranilcipromina pode causar insônia e agitação; fenelzina pode causar sonolência diurna.

OUTROS ANTIDEPRESSIVOS

A venlafaxina (Effexor®, Effexor® XR) e a duloxetina (Cymbalta®) são inibidores da recaptação da serotonina e noradrenérgicos (IRSNs) com um perfil de efeito colateral melhor do que os ADTs ou IMAOs. Os IRSNs e ADTs podem ter uma remissão maior do que os IRSNs, porém estudos adicionais são necessários para verificar a superioridade dos antidepressivos de amplo espectro. A nefazodona e a trazodona (Desyrel®) são antidepressivos moduladores da serotonina. A trazodona é raramente prescrita como um antidepressivo único, porém com freqüência é prescrita como um adjunto para um ISRS para o sono por causa de suas fortes propriedades sedativas (em altas doses serve como um antidepressivo). Além da sedação, a trazodona pode, em raras ocasiões, induzir o priapismo (ereção peniana dolorosa, prolongada) que pode causar dano permanente. Os pacientes precisam ser instruídos para buscar tratamento de emergência caso tal ereção ocorra. A nefazodona é similar à trazodona, porém é menos sedativa em doses terapêuticas. Ela parece ter um índice baixo de disfunção sexual, porém tem sido associada a anormalidades hepáticas sérias.

A bupropiona (Wellbutrin®, Wellbutrin® SR, Zyban®) parece trabalhar para inibir a reabsorção da dopamina e norepinefrina. A bupropiona possui uma incidência baixa de efeitos colaterais sexuais. Além disso, para sua eficácia no tratamento da depressão maior, a bupropiona mostrou-se eficaz na cessação do fumo (comercializado como Zyban®) e transtorno do déficit da atenção. A bupropiona possui um risco mais alto de convulsões maior do que a média comparada com outros antidepressivos. O risco de convulsões é maior acima de uma dose diária de 450 mg ou após uma única dose maior do que 150 mg de bupropiona de liberação imediata.

A mirtazapina (Remeron®) é classificada como um modulador da norepinefrina e da serotonina. É bastante sedativa em alguns indivíduos e possui uma incidência baixa de disfunção sexual.

FOTOTERAPIA

A fototerapia consiste da administração controlada de luz brilhante para tratar doenças psiquiátricas específicas. A fototerapia é administrada utilizando-se cabines de luz brilhante especialmente desenhadas, mostrando-se efetiva no tratamento do subtipo sazonal da depressão maior (também conhecido como transtorno afetivo sazonal) e também na depressão não-sazonal. A fototerapia também é utilizada no tratamento da síndrome da fase do sono retardado e na fadiga e irritação. No tratamento do transtorno afetivo sazonal, a terapia de luz brilhante matinal é superior à noturna na maior parte dos indivíduos. A intensidade da luz de 2.500 a 10.000 lux é mais efetiva. A terapia de luz pode induzir mania nos indivíduos suscetíveis.

TERAPIA ELETROCONVULSIVA

A terapia eletroconvulsiva (ECT), anteriormente conhecida como terapia de choque elétrico, é um dos tratamentos mais antigos e mais efetivos para a depressão maior. A ECT também tem alguma eficácia na mania refratária e nas psicoses com componentes de humor proeminentes ou catatonia. A ECT parece trabalhar via indução de atividade convulsiva generalizada no cérebro. As manifestações periféricas da atividade convulsiva são bloqueadas pela utilização de paralíticos, a memória para o evento é bloqueada pela utilização de anestésicos e pela atividade convulsiva. A ECT moderna produz perda da memória de curto prazo e confusão. A ECT bilateral é mais efetiva do que a ECT unilateral, porém produz mais efeitos colaterais cognitivos.

ESTIMULAÇÃO DO NERVO VAGO

A terapia de estimulação do nervo vago (ENV) é aprovada para a depressão maior refratária ao tratamento. Enquanto o mecanismo preciso de ação da estimulação do nervo vago influenciando na depressão é desconhecido, presume-se que a condução retrógrada dos impulsos decorrentes da estimulação periférica do nervo influencie na função do sistema nervoso central. Achados iniciais sugerem que a ENV pode influenciar o hipocampo, assim como os transmissores de norepinefrina amplamente distribuídos e o ácido γ-aminobutírico (GABA).

PONTOS-CHAVE

1. Antidepressivos possuem múltiplas indicações, incluindo várias formas de depressão, ansiedade, transtornos de ansiedade, bulimia e TOC, entre outras.
2. Antidepressivos atuam, principalmente, nos sistemas receptores serotonérgicos e noradrenérgicos.
3. Alguns antidepressivos têm sido mostrados eficazes para transtornos particulares; para a depressão maior, todos os antidepressivos aprovados reduzem os sintomas em um grau significativo, ADTs e IRSNs podem, mais freqüentemente, induzir a remissão. Antidepressivos para a depressão são, com freqüência, escolhidos com base no perfil de efeito colateral e na constelação de sintomas.
4. Alguns antidepressivos, particularmente ADTs, requerem monitoramento dos níveis séricos.
5. Os efeitos dos antidepressivos podem ser potencializados pela adição de lítio, hormônio da tireóide ou psicoestimulantes.
6. Antidepressivos possuem efeitos colaterais que variam de acordo com a classe.
7. ENV é utilizada para a depressão refratária ao tratamento.

Bibliografia

George MS, Rush AJ, Marangell LB, et al. A one-year , comparison of vagus nerve stimulation with treatment as usual for treatment-resistant depression. *Biol Psychiatry*. 2005 Sep 1;58(5):364-373.

Golden RN, Gaynes BN, Ekstrom RD, et al. The efficacy of light therapy in the treatment of mood disorders: a review and meta-analysis of the evidence. *Am J Psychiatry*. 2005 Apr;162(4):656-662.

Groves DA, Brown VJ. Vagal nerve stimulation: a review of its applications and potential mechanisms that mediate its clinical effects. *Neurosci Biobehav Rev.* 2005 May;29(3):493-500. Review.

Wagner KD. Pharmacotherapy for major depression in children and adolescents. *Prog Neuropsychopharmacol Biol Psychiatry.* 2005 Jun;29(5):819-826. Review.

CAPÍTULO

13 Estabilizadores do Humor

Os estabilizadores do humor mais comumente utilizados são o lítio, o valproato, a carbamazepina e a lamotrigina. A Tabela 13-1 lista os estabilizadores do humor e sua dosagem e níveis terapêuticos. Outras medicações, como os bloqueadores dos canais de cálcio e benzodiazepínicos, podem ter alguma utilidade no transtorno bipolar refratário.

INDICAÇÕES

Os estabilizadores do humor estão indicados agudamente (em conjunção com os antipsicóticos) para o tratamento da mania. São indicados para a profilaxia de manutenção a longo prazo contra a depressão e a mania nos indivíduos bipolares. Medicações anticonvulsivantes (valproato, lamotrigina e carbamazepina) também podem ser úteis nos indivíduos experimentando instabilidade do humor relacionada a convulsões. Os estabilizadores do humor também são utilizados para o tratamento do comportamento impulsivo nos indivíduos sem transtorno bipolar.

A escolha do estabilizador do humor é baseada na doença psiquiátrica particular do paciente (*i. e.,* subtipo do transtorno bipolar) e em outros fatores clínicos, como efeitos colaterais, rotas metabólicas, tolerância do paciente e uma história de correspondência à droga do paciente ou parente de 1º grau. A Tabela 13-2 lista os principais transtornos do humor e suas indicações mais comuns. Alguns dos mais sérios e dos mais comuns efeitos colaterais dos estabilizadores do humor estão listados na Tabela 13-3.

O mecanismo de ação dos estabilizadores do humor na doença bipolar não é claro. A gama de neurotransmissores afetados por estas medicações e seus modos muito diferentes de ação sugerem que a mania pode ser controlada pela alteração da função de diversos sistemas diferentes de neurotransmissores. Reciprocamente, eles podem partilhar um mecanismo comum de ação que ainda está para ser elucidado.

LÍTIO

MECANISMO DE AÇÃO

O mecanismo de ação do lítio no tratamento da mania não está bem determinado. O lítio altera, no mínimo, dois segundos sistemas mensageiros intracelulares – o da adenil ciclase, o sistema do monofosfato cíclico de adenosina (AMPc) e os sistemas de proteína G – associada ao fosfoinositol – e, como um íon, pode diretamente alterar a função do canal iônico. Em razão de a norepinefrina e de a serotonina no sistema nervoso central (SNC) utilizarem receptores associados à proteína G como um de seus mecanismos de ação, sua função é alterada pelo lítio. O lítio também altera o metabolismo do GABA (ácido γ-aminobutírico).

ESCOLHA DA MEDICAÇÃO

O lítio está indicado como o tratamento de primeira linha para regular o transtorno bipolar cíclico em indivíduos com função renal normal. Ele também é utilizado para potencializar outros depressivos na depressão unipolar. É excretado pelos rins e pode facilmente alcançar níveis tóxicos nas pessoas com a função renal alterada (p. ex., especialmente indivíduos idosos). Ele é menos eficaz no tratamento da variante cíclica rápida do transtorno bipolar. Quando utilizado no tratamento dos transtornos do humor, o lítio é a única intervenção conhecida para reduzir o suicídio.

MONITORIZAÇÃO TERAPÊUTICA

Os níveis do lítio devem ser monitorizados regularmente até que um regime de dosagem estável tenha sido obtido. A monitorização adicional é necessária em pacientes pouco confiáveis ou com função renal alterada. Além disso, os

TABELA 13-1

Estabilizadores Comuns do Humor[a]

Drogas	Dosagem Inicial	Dosagem Terapêutica	Concentração Sérica Terapêutica
Carbonato de lítio	300 mg 2 vezes ao dia – 3 vezes ao dia	900-1.500 mg/dia	0,6-1,1 mEq/l
Ácido valpróico	250 mg 2 vezes ao dia – 3 vezes ao dia	1.000-2.500 mg/dia	50-125 mg/l
Lamotrigina	25-50 mg na hora de dormir	300-500 mg/dia	–
Carbamazepina	100 mg 2 vezes ao dia – 3 vezes ao dia	600-1.200 mg/dia	4-12 mg/l
Oxcarbazepina	150 mg 2 vezes ao dia	600-1.200 mg/dia	–
Garbapentina	300 mg a cada dia	900-1.800 mg/dia	–

[a]As dosagens geralmente são mais baixas para os pacientes geriátricos, pacientes tomando medicações que inibem o metabolismo de droga, ou pacientes com outros problemas médicos.

pacientes devem ser avisados acerca da toxicidade e regularmente avaliados para os efeitos colaterais. O hormônio estimulador da tireóide e a creatinina também devem ser monitorizados em intervalos regulares para checar a tireóide e a função renal, respectivamente.

EFEITOS COLATERAIS

O lítio possui diversos efeitos colaterais menores, porém problemáticos, incluindo tremor, poliúria, desconforto gastrintestinal, pequenos problemas de memória, exacerbação da acne e ganho de peso. Aproximadamente 5% dos pacientes com terapia de lítio a longo prazo desenvolvem hipotireoidismo, porque o lítio interfere com a produção do hormônio da tireóide. Em níveis tóxicos, provoca ataxia, tremor grosseiro, confusão, coma, bloqueio sinusal e morte. O lítio possui uma janela terapêutica estreita e os pacientes podem se intoxicar nas doses prescritas, especialmente se sofrerem uma mudança abrupta na função renal.

TABELA 13-2

Indicações Psiquiátricas para os Estabilizadores do Humor

Droga	Utilizações
Lítio	Mania aguda Manutenção a longo prazo no transtorno bipolar Aumento de medicações antidepressivas Descontrole dos impulsos
Valproato	Mania aguda Transtorno bipolar de ciclo rápido Aspectos mistos do transtorno bipolar Descontrole dos impulsos
Carbamazepina	Mania aguda Transtorno bipolar de ciclo rápido Aspectos mistos do transtorno bipolar Descontrole dos impulsos
Lamotrigina	Manutenção a longo prazo no transtorno bipolar Aspectos mistos do transtorno bipolar

VALPROATO

MECANISMO DE AÇÃO

Acredita-se que o mecanismo de ação do valproato é devido, em parte, ao aumento da função do GABA no SNC. O valproato aumenta a síntese do GABA, diminui a sua degradação e realça a sua eficácia pós-sináptica.

ESCOLHA DA MEDICAÇÃO

O valproato é indicado para o tratamento da mania aguda e é amplamente utilizado na fase de manutenção do transtorno bipolar I (Tabela 13-2). Ele é mais eficaz do que o lítio para as variantes de ciclo rápido e mista do transtorno bipolar. Pode não proporcionar profilaxia contra a depressão no transtorno bipolar nem potencializar os antidepressivos. É utilizado no tratamento do descontrole dos impulsos.

TABELA 13-3

Drogas Utilizadas como Estabilizadores do Humor

Droga	Perfil do Efeito Colateral	
Lítio	Níveis terapêuticos	
	SNC:	sedação, embotamento cognitivo, tremor fino
	Endócrino:	TSH anormal, hipotireoidismo clínico
	Cardíaco:	alteração da onda T, arritmia sinusal
	Renal:	poliúria
	Dermatológico:	acne, psoríase
	Gastrintestinal:	náusea, vômito, diarréia
	Hematológico:	leucocitose benigna
	Outros:	ganho de peso, retenção de líquido
	Níveis tóxicos:	
	SNC:	ataxia, tremor grosseiro, confusão, convulsão, coma, morte
	Cardíaco:	bloqueio sinusal
Valproato	Níveis terapêuticos	
	SNC:	sonolência, ataxia, tremor
	Endócrino:	irregularidades menstruais, anormalidades tireóideas
	Dermatológico:	alopecia, erupção
	Hepático:	transaminite leve
	Gastrintestinal:	náusea, vômito, indigestão
	Hematológico:	trombocitopenia, disfunção de plaqueta
	Outro:	edema
	Níveis tóxicos	
	SNC:	ataxia, confusão, coma, morte
	Cardíaco:	parada cardíaca
	Idiossincrásico	
	Hepático:	hepatotoxicidade fatal
	Gastrintestinal:	pancreatite
	Hematológico:	agranulocitose
Carbamazepina	Níveis terapêuticos	
	SNC:	ataxia, sedação, vertigem, diplopia
	Dermatológico:	erupção
	Cardíaco:	condução atrioventricular diminuída
	Hematológico:	leucopenia benigna
	Gastrintestinal:	náusea
	Níveis tóxicos	
	SNC:	sonolência, instabilidade autonômica, coma, morte
	Cardíaco:	bloqueio atrioventricular
	Respiratório:	depressão respiratória
	Idiossincrásico	
	Hematológico:	agranulocitose, pancitopenia, anemia aplásica

(Continua)

TABELA 13-3

Drogas Utilizadas como Estabilizadores do Humor (*Cont.*)

Droga	Perfil do Efeito Colateral	
Lamotrigina	Níveis terapêuticos	
	SNC:	vertigem, ansiedade, insônia, sonolência, anormalidade da coordenação, dor de cabeça
	Endócrino:	dismenorréia
	Cardíaco:	dor no tórax
	Dermatológico:	erupção, erupção séria potencialmente fatal
	Gastrintestinal:	náusea, vômito, dispepsia
	Outros:	diminuição do peso, infecção, rinite
	Níveis tóxicos	
	SNC:	ataxia, nistagmo, convulsões, coma, morte
	Cardíaco:	condução intraventricular retardada

MONITORIZAÇÃO TERAPÊUTICA

Os níveis de valproato devem ser regularmente monitorizados até que o nível do sangue estável e o regime de dosagem tenham sido obtidos. Testes de função hepática devem ser checados na linha de base e freqüentemente durante os primeiros 6 meses, especialmente porque a reação idiossincrásica de hepatotoxicidade é mais freqüente neste planejamento.

EFEITOS COLATERAIS

Nos níveis terapêuticos, o valproato produz uma variedade de efeitos colaterais, incluindo sedação, tremor leve, ataxia leve e sofrimento gastrintestinal. Trombocitopenia e função plaquetária comprometida também podem ocorrer. Nos níveis tóxicos, confusão, coma, parada cardíaca e morte podem ocorrer. O uso do valproato carreia com ele o risco de efeitos colaterais particularizados, porém sérios. Estes incluem hepatotoxicidade fatal, pancreatite fulminante e agranulocitose.

LAMOTRIGINA

MECANISMO DE AÇÃO

O mecanismo de ação da lamotrigina no transtorno bipolar é desconhecido. A lamotrigina é aprovada pela *Food and Drugs Administration* (FDA) para a utilização na fase de manutenção do transtorno bipolar I (a lamotrigina não é aprovada para o tratamento agudo da mania). A lamotrigina *in vitro* tem sido mostrada para inibir os canais de sódio sensitivos à voltagem. Acredita-se que este efeito estabilize as membranas neuronais e module a liberação neurotransmissora pré-sináptica excitatória.

ESCOLHA DA MEDICAÇÃO

Embora os estudos ainda estejam em andamento com relação à utilização da lamotrigina no transtorno bipolar, ela parece ser mais eficaz no tratamento ou na prevenção da fase depressiva do transtorno bipolar I do que na fase maníaca.

As dosagens geralmente são alteradas para os indivíduos idosos, com comprometimento renal ou de outro órgão, ou quando combinadas a agentes interativos.

MONITORIZAÇÃO TERAPÊUTICA

O desenvolvimento de reações alérgicas sérias à lamotrigina parece estar relacionado ao agravamento de dose rápida ou interações de droga. Uma análise clinicamente útil para os níveis séricos da lamotrigina não está disponível. Geralmente esta medicação deve apenas ser prescrita por um psiquiatra qualificado, neurologista ou outro médico que esteja ciente das interações complexas da droga que existem, particularmente entre o ácido valpróico e a lamotrigina.

EFEITOS COLATERAIS

A lamotrigina pode, comumente, causar ataxia, visão turva, diplopia, vertigem, náusea e vômito. Erupções alérgicas graves, potencialmente fatais, têm sido relatadas com a utilização da lamotrigina. A reação alérgica pode começar como uma simples erupção e levar à síndrome de Stevens-Johnson. O índice de erupções sérias ameaçando a vida é maior no grupo de idade pediátrica.

CARBAMAZEPINA

MECANISMO DE AÇÃO

O mecanismo de ação da carbamazepina na doença bipolar é desconhecido. A carbamazepina bloqueia os canais de sódio nos neurônios que tenham produzido potencial de ação, bloqueando o disparo repetitivo do neurônio. Além disso, a carbamazepina diminui a quantidade de transmissores liberados nos terminais pré-sinápticos. A carbamazepina também parece alterar indiretamente os receptores centrais do GABA.

ESCOLHA DA MEDICAÇÃO

A carbamazepina é geralmente considerada como sendo uma droga fora de rótulo (não aprovada pelo FDA) de segunda linha (após o lítio e o valproato) para o tratamento da mania (Tabela 13-2). Ela é utilizada na mania aguda, profilaxia contra a mania no transtorno bipolar, e pode ser mais eficaz do que o lítio na mania cíclica rápida e mista. A eficácia da carbamazepina na profilaxia e o tratamento da depressão não são claros. Também pode ser utilizada no tratamento do descontrole dos impulsos.

EFEITOS COLATERAIS

A carbamazepina, em níveis terapêuticos, produz efeitos colaterais no SNC similares ao do lítio e do valproato. Náusea, erupção e leucopenia leve também são comuns. Em níveis tóxicos, instabilidade autonômica, bloqueio atrioventricular, depressão respiratória e coma podem ocorrer. A carbamazepina possui efeitos colaterais idiossincrásicos de agranulomatose, pancitopenia e anemia aplásica.

MONITORIZAÇÃO TERAPÊUTICA

Os níveis da cabamazepina devem ser monitorizados regularmente até que um regime de dosagem estável tenha sido obtido. Os pacientes devem ser cuidadosamente monitorizados para erupção, sinais de toxicidade ou evidência de supressão grave da medula óssea.

OXCARBAZEPINA

A oxcarbazepina é um anticonvulsivante recentemente introduzido, estruturalmente similar à carbamazepina, porém possui poucos efeitos colaterais e interações com outras drogas. A eficácia da oxcarbazepina no tratamento de vários estágios do transtorno bipolar não tem sido bem provada. Entretanto, uns poucos estudos pequenos, controlados, sugerem que a oxcarbazepina é eficaz na mania aguda. Outros estudos sugerem que a droga também pode ser eficaz na manutenção da fase do transtorno bipolar.

GABAPENTINA

A gabapentina é um anticonvulsivante que pode ser uma medicação adjuvante útil para a ansiedade no transtorno bipolar, porém não parece ter eficácia como um estabilizador do humor como monoterapia ou quando utilizada com um outro estabilizador do humor como terapia adjunta. Ela pode ter eficácia como um adjunto para agentes mais tradicionais como lítio ou ácido valpróico, ou quando utilizada para sintomas-alvo específicos, como a ansiedade.

MEDICAÇÕES ANTIPSICÓTICAS UTILIZADAS PARA TRATAR A MANIA

Diversas medicações antipsicóticas atípicas (Capítulo 11) também estão aprovadas para a utilização no transtorno bipolar. Os antipsicóticos atípicos aprovados para o componente do humor do transtorno bipolar incluem olanzapina, quetiapina, risperidona, ziprasidona e aripiprazol. Antipsicóticos típicos e atípicos também têm eficácia contra os sintomas psicóticos do transtorno bipolar I ou depressão unipolar psicótica.

PONTOS-CHAVE

1. Os estabilizadores do humor são indicados para o tratamento do transtorno bipolar.
2. Eles trabalham por mecanismos desconhecidos, provavelmente variados.
3. A eficácia varia de acordo com o subtipo da doença bipolar.
4. Os estabilizadores do humor possuem sérias toxicidades, de forma que os pacientes requerem monitorização regular.

Bibliografia

Cipriani A, Pre H, Hawton K, et al. Lithium in the prevention of suicidal behavior and all-cause mortality in patients with mood disorders: a systematic review of randomized trials. *Am J Psychiatry.* 2005 Oct;162(10):1805-1819.

Hirschfeld RM, Kasper S. A review of the evidence for carbamazepine and oxcarbazepine in the treatment of bipolar disorder. *Int J Neuropsychopharmacol.* 2004 Dec;7(4):507-522. Review.

Yatham LN. Newer anticonvulsants in the treatment of bipolar disorder. *J Clin Psychiatry.* 2004;65 (Suppl 10):28-35. Review.

CAPÍTULO

14 Ansiolíticos

As medicações discutidas neste capítulo têm a ansiólise em comum. Embora as benzodiazepinas possuam uma ampla variedade de aplicações clínicas (p. ex., como pré-anestésicos, no tratamento do estado epiléptico, como relaxantes musculares e no tratamento da insônia) e outras medicações (p. ex., antidepressivos) sejam de utilidade no tratamento de algumas formas de ansiedade, as benzodiazepinas são especialmente eficazes para o alívio rápido de um espectro amplo de sintomas de ansiedade. A buspirona é uma medicação nova que, no momento, é utilizada primariamente no tratamento do transtorno de ansiedade generalizado e não parece ser eficaz no tratamento de outros tipos de ansiedade (p. ex., pânico).

BENZODIAZEPINAS

INDICAÇÕES

As benzodiazepinas estão entre as drogas mais amplamente utilizadas em toda a medicina. Na Psiquiatria, elas são utilizadas como o tratamento primário de um transtorno ou como tratamento adjunto para outros agentes farmacológicos. As benzodiazepinas são utilizadas para tratar uma variedade de transtornos de ansiedade: transtorno do pânico, transtorno de ansiedade generalizado (TAG), ansiedade associada a eventos estressantes da vida (como nos transtornos ansiosos de ajustamento) e a ansiedade que complica a depressão (Capítulo 3). Além disso, as benzodiazepinas são utilizadas para o tratamento a curto prazo da insônia, para o tratamento da abstinência de álcool, para a agitação da mania, demência e transtornos psicóticos e no tratamento da catatonia (Tabela 14-1).

MECANISMO DE AÇÃO

As benzodiazepinas parecem ter função de ansiolíticos via sua ação agonista nos receptores GABA (ácido γ-aminobutírico) do sistema nervoso central (SNC). O complexo receptor $GABA_A$ regula um canal de íon cloreto, os receptores $GABA_A$ parecem trabalhar por sistemas de segundos mensageiros) (Figs. 14-1 e 14-2). O GABA é um neurotransmissor inibitório de ampla distribuição com uma estrutura receptora complicada, possuindo múltiplos locais de ligação para o GABA, benzodiazepinas e barbitúricos. O modo mais provável de ação das benzodiazepinas no tratamento da doença psiquiátrica é através da sua potencialização da função do GABA no sistema límbico. Em razão de as benzodiazepinas serem agonistas diretas em um canal iônico de resposta rápida, seu mecanismo de ação é virtualmente instantâneo com sua chegada no SNC (em contraste à buspirona, ver adiante).

A evidência emergente nos transtornos de ansiedade sugere que a função do GABA alterada está associada à ansiedade. Por exemplo, existe evidência de um número reduzido de receptores GABA no SNC de pacientes com transtornos de ansiedade. Além desta densidade reduzida dos receptores GABA na ansiedade, os receptores GABA remanescentes podem mostrar responsividade diminuída ou alterada às benzodiazepinas. Também pode haver reduções na concentração do GABA no córtex deste grupo. Entretanto, o GABA claramente não é o único neurotransmissor implicado na suscetibilidade para os transtornos de ansiedade. As medicações que alteram funções de monoaminas, como os inibidores da recaptação da serotonina e da norepinefrina, assim como a buspirona (discutida adiante), também são altamente eficazes no tratamento de alguns transtornos da ansiedade.

ESCOLHA DA MEDICAÇÃO

A seleção de uma benzodiazepina deve ser baseada na compreensão da sua potência, início de ação, rota de metabolismo, meia-vida eficaz e eficácia provada clinicamente. Embora todas as benzodiazepinas pareçam funcionar por mecanismos comuns, a combinação particular dos fatores acima

TABELA 14-1

Utilizações Psiquiátricas para as Benzodiazepinas

Transtornos de ansiedade
Transtorno de ansiedade generalizado
Transtorno do pânico
Transtornos do humor
Tratamento temporário da ansiedade associada à depressão
Tratamento temporário da insônia associada à depressão
Tratamento da agitação na mania aguda
Possível efeito de estabilização do humor no transtorno bipolar
Transtornos de ajustamento
Tratamento do transtorno de ajustamento com ansiedade
Transtornos do sono
Tratamento a curto prazo da insônia
Diversos
Tratamento da acatisia induzida por neurolépticos
Agitação por psicose ou outras causas
Catatonia (especialmente lorazepam)
Abstinência de álcool

(e talvez, ainda, como variações desconhecidas na afinidade para os subtipos de receptores) produz indicações clínicas variadas para as diferentes benzodiazepinas. A Tabela 14-2 ilustra as propriedades de algumas benzodiazepinas comumente utilizadas e suas utilizações clínicas comuns.

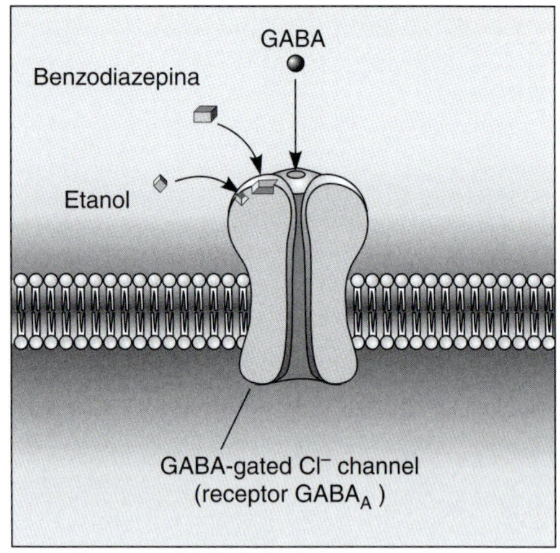

Figura 14-2 Ação de benzodiazepina. As benzodiazepinas ligam-se a um local no receptor de $GABA_A$, que o torna muito mais responsivo ao GABA, o neurotransmissor inibitório principal no prosencéfalo.

De Bear MF, Connors BW, Parasido, MA. *Neuroscience – exploring the brain.* 2nd ed. Philadelphia: Lippincott Williams & Wilkins, 2001.

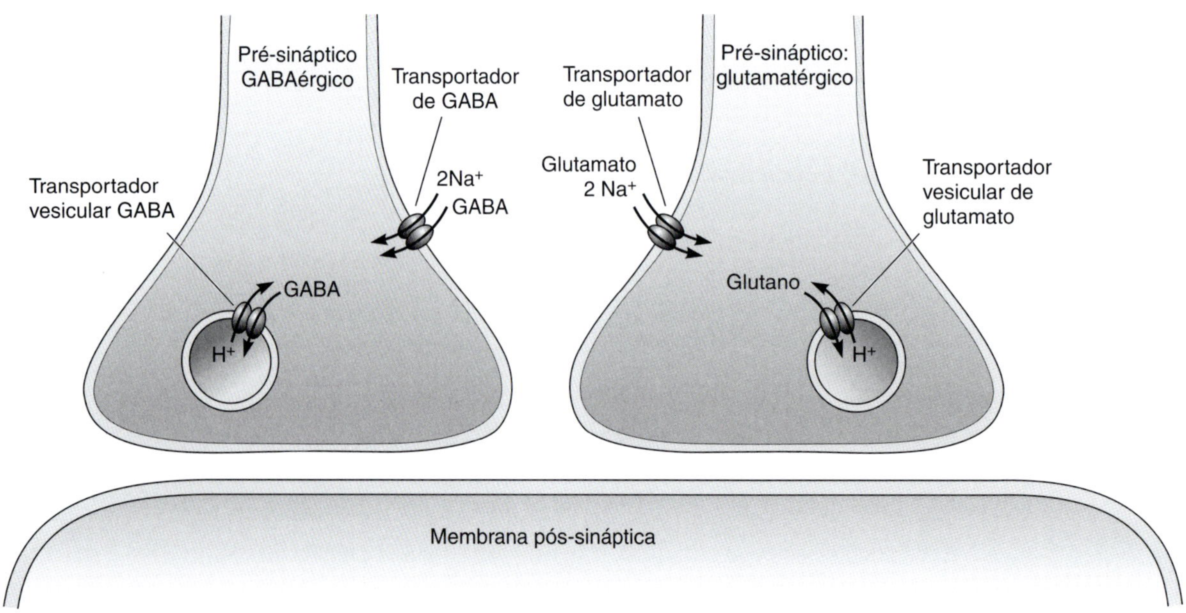

Figura 14-1 Neurotransmissores transportadores.

De Bear MF, Connors BW, Parasido, MA. *Neuroscience – exploring the brain.* 2nd ed. Philadelphia: Lippincott Williams & Wilkins, 2001.

TABELA 14-2

Benzodiazepinas freqüentemente Utilizadas

Droga	Equivalência da Dosagem Oral (mg)[a]	Dosagem Única (mg)	Dosagem Terapêutica Usual (mg/dia)	Começo	Metabolismo	Meia-Vida de Eliminação[b]	Metabolismo Ativo	Utilizações Comuns na Psiquiatria
Alprazolam (Xanax®)	2	0,25-1,0	1,0-4,0	Intermediário	Oxidação	6-20	Sim	Pânico, ansiedade
Clordiazepoxido (Librium®)	40-100	5,0-25,0	15,0-100,0	Intermediário	Oxidação	30-100	Sim	Desintoxicação do álcool
Clonazepam (Klonopin®)	1	0,5-2,0	1,0-4,0	Intermediário	Oxidação	18-50	Não	Pânico, ansiedade
Diazepam (Valium®)	20	2,0-10,0	4,0-40,0	Rápido	Oxidação	30-100	Sim	Ansiedade, insônia
Flurazepam (Dalmane®)	120	15,0-30,0	15,0-30,0	Rápido	Oxidação	50-160	Sim	Insônia
Lorazepam (Ativan®)	4	0,5-2,0	1,0-6,0	Intermediário	Conjugação	10-20	Não	Ansiedade, catatonia
Oxazepam (Serax®)	60	10,0-30,0	30,0-120,0	Lento	Conjugação	8-12	Não	Desintoxicação do álcool
Temazepam (Restoril®)	60-120	7,5-15,0	7,5-30,0	Intermediário	Conjugação	8-20	Não	Insônia
Triazolam (Halcion®)	1	0,125-0,25	0,125-0,5	Rápido	Oxidação	1,5-5	Sim	Insônia

[a]Equivalência de dose única.
[b]Em horas. A meia-vida de eliminação inclui todos os metabólitos ativos.

Potência

As benzodiazepinas de alta potência alprazolam e clonazepam são utilizadas no tratamento do transtorno do pânico.

Início da Ação

As benzodiazepinas de início rápido, como diazepam, podem produzir uma sensação "alta" e são potencialmente mais aditivas. As benzodiazepinas de começo rápido flurazepam e triazolam são comumente utilizadas para a insônia, como o diazepam.

Vias Metabólicas

Todas as benzodiazepinas listadas, com a exceção do lorazepam, oxazepam e temazepam, requerem oxidação como um passo no seu metabolismo. Em razão de as funções oxidativas do fígado serem debilitadas com a doença hepática (p. ex., cirrose) ou com um declínio geral na função hepática (p. ex., envelhecimento), as benzodiazepinas que requerem oxidação têm maior probabilidade de se acumular em níveis tóxicos nos indivíduos com função hepática debilitada.

Meia-Vida de Eliminação

A meia-vida de eliminação descreve a duração efetiva da ação das medicações metabolizadas. Para as medicações com meia-vida de eliminação longa, a toxicidade pode facilmente ocorrer com dosagens repetitivas. Além disso, testes toxicológicos podem permanecer positivos por diversos dias após a última dose de uma benzodiazepina de longa atuação. As drogas com meia-vida de eliminação maior oferecem menos probabilidade de sintomas de rebote interdoses. Por exemplo, o clonazepam é, agora, favorecido sobre o alprazolam no tratamento do pânico porque sua meia-vida de eliminação longa proporciona melhor controle interdose dos sintomas do pânico. As medicações com meia-vida de eliminação curta são úteis para as condições como insônia porque elas são menos prováveis de produzir tontura ou sedação residual nas horas do dia.

Metabólitos Ativos

As medicações com metabólitos ativos geralmente possuem uma meia-vida de eliminação. Entre as benzodiazepinas todas, exceto as 3 drogas metabolizadas por conjugação (lorazepam, oxazepam, temazepam) e o clonazepam, possuem metabólitos ativos.

MONITORIZAÇÃO TERAPÊUTICA

A dosagem da benzodiazepina geralmente é prescrita para maximizar o alívio dos sintomas e minimizar os efeitos colaterais e o potencial para o abuso. Nenhuma rotina de monitorização é requerida; embora os níveis séricos da droga possam ser obtidos, eles não são de grande utilização clínica. É necessário tomar cuidado na prescrição das benzodiazepinas por causa de sua capacidade para causar dependência fisiológica. Elas não podem ser descontinuadas abruptamente devido ao risco de uma síndrome de abstinência que pode incluir convulsões.

EFEITOS COLATERAIS E REAÇÕES ADVERSAS ÀS DROGAS

Os efeitos colaterais principais das benzodiazepinas estão relacionados ao SNC. O efeito colateral primário das benzodiazepinas é a sonolência ou uma sensação geral de fraqueza. Embora as benzodiazepinas sejam, com freqüência, utilizadas para tratar a agitação, elas podem produzir desinibição (e, portanto, agravar a agitação) em alguns pacientes (*i. e.,* indivíduos idosos). As benzodiazepinas são minimamente depressivas para o sistema respiratório nos indivíduos saudáveis, porém podem levar à retenção fatal de dióxido de carbono nos pacientes com doença pulmonar obstrutiva crônica. Nos indivíduos saudáveis, a morte após a superdosagem com as benzodiazepinas isoladas é rara, porém ela ocorre quando as benzodiazepinas são tomadas com álcool ou outras medicações depressivas do SNC.

BUSPIRONA (BUSPAR®)

INDICAÇÕES

A buspirona é utilizada primariamente para o TAG. Por causa de seu longo intervalo de tempo para o efeito terapêutico, os pacientes com sintomas de grave ansiedade podem ser incapazes de sustentar um teste clínico. A buspirona é favorecida como um tratamento nos indivíduos com história de abuso de substâncias ou de benzodiazepinas. Geralmente, a buspirona carece da confiabilidade das benzodiazepinas no alívio da ansiedade, porém pode ser efetiva em algumas pessoas.

MECANISMO DE AÇÃO

A buspirona é uma medicação nova que parece atuar como ansiolítico via ação agonista no receptor serotonérgico $5HT_{1A}$. Além disso, possui alguns efeitos antagonistas D_2, embora com significado clínico não claro. Diferente das benzodiazepinas, ela não age rapidamente; um período de diversas semanas de dosagem sustentada é requerido para obter alívio sintomático. A buspirona não tem afinidade com o receptor GABA e, portanto, não é útil no tratamento da abstinência do álcool ou de benzodiazepina. Ela não é um sedativo e não é útil no tratamento da insônia.

MONITORIZAÇÃO TERAPÊUTICA

Nenhuma rotina de monitorização dos níveis da droga é requerida com a buspirona.

EFEITOS COLATERAIS E REAÇÕES ADVERSAS À DROGA

A buspirona não tende a causar sedação nem produz uma síndrome de abstinência significativa ou dependência. Os efeitos colaterais principais são vertigem, nervosismo e náusea.

PONTOS-CHAVE

1. Os ansiolíticos incluem as benzodiazepinas e a buspirona.
2. As benzodiazepinas unem-se aos receptores do GABA, com início comparativamente rápido de ação; a buspirona liga-se aos receptores da serotonina e faz efeito apenas após semanas de utilização diária.
3. As benzodiazepinas possuem uma ampla variedade de utilizações, incluindo ansiedade, desintoxicação do álcool, agitação e insônia.
4. As benzodiazepinas produzem dependência fisiológica e podem manifestar uma síndrome de abstinência significativa.
5. A buspirona trata apenas a ansiedade generalizada, porém não causa dependência fisiológica.

Bibliografia

Gale C, Oakley-Browne M. Generalised anxiety disorder. *Clin Evid.* 2004 Dec;(12):1437-1459. Review.

O'Brien CP. Benzodiazepine use, abuse, and dependence. *J Clin Psychiatry.* 2005;66 Suppl 2:28-33. Review.

Roy-Byrne PP. The GABA-benzodiazepine receptor complex: structure, function, and role in anxiety. *J Clin Psychiatry.* 2005;66 (Suppl 2):14-20. Review.

CAPÍTULO

15 Medicações Diversas

Este capítulo inclui as medicações que são comumente utilizadas na prática psiquiátrica, mas que não caem nas categorias convencionais de drogas psicoterapêuticas. Muitas medicações utilizadas na prática médica geral possuem efeitos colaterais como sedação, estimulação ou ansiedade. Estes efeitos colaterais são, com freqüência, explorados na psiquiatria para alcançar sintomas específicos (p. ex., insônia, anergia). Outras drogas, como os psicoestimulantes, possuem indicações precisas para a utilização psiquiátrica. A Tabela 15-1 mostra as indicações comuns dos psicoestimulantes, anticolinérgicos, betabloqueadores, hormônios da tireóide e outras drogas. Muito mais medicações do que são discutidas aqui estão incluídas no armamentário psiquiátrico.

PSICOESTIMULANTES

Os psicoestimulantes são utilizados em psiquiatria para tratar transtorno do déficit de atenção, narcolepsia e algumas formas de depressão. Psicoestimulantes comumente utilizados são a dextroanfetamina* (Dexedrina®), o metilfenidato (Ritalin®), Adderall® (uma mistura de anfetaminas) e a pemolina (Cylert®). O mecanismo de ação destas medicações parece ocorrer através de suas alterações da função da monoamina no sistema nervoso central (SNC). Seu mecanismo primário de ação é através da facilitação da liberação de neurotransmissores endógenos (ao invés de atuar como um agonista direto). Os psicoestimulantes possuem as capacidades de induzir tolerância e dependência psicológica, que podem levar ao abuso. Os efeitos colaterais destas medicações são largamente provocados por suas ações simpaticomiméticas e incluem taquicardia, insônia, ansiedade, hipertensão e diaforese. A perda de peso pode ser um efeito colateral não desejado nas crianças pequenas, porém desejável para aqueles adultos com sobrepeso.

*N. do RT.: Anfetaminas não são utilizadas legalmente no Brasil.

ATOMOXETINA

A atomoxetina (Strattera®) é um inibidor seletivo da recaptação da norepinefrina aprovada em medicina para tratar o transtorno do déficit de atenção. Medicações similares estão aprovadas em outros países para o tratamento da depressão e a atomoxetina é utilizada sem receita nos Estados Unidos para o tratamento da depressão. Entretanto, a eficácia da atomoxetina na depressão é desconhecida. Como outras medicações que possuem a recaptação da monoamina como um mecanismo primário de ação (p. ex., inibidores seletivos de recaptação de serotonina, ISRSs), a atomoxetina tem sido associada a um risco aumentado de suicídio nas crianças e adolescentes e requer monitorização cuidadosa, especialmente durante o início ou diminuição da terapia.

ANTICOLINÉRGICOS

As medicações com atividade anticolinérgica são comumente utilizadas em psiquiatria para tratar ou proporcionar profilaxia para alguns tipos de transtornos do movimento induzidos por neurolépticos. Os anticolinérgicos geralmente são utilizados como agentes de primeira linha no tratamento do parkinsonismo induzido por neuroléptico e para a distonia aguda; eles também podem ter alguma utilidade no tratamento da acatisia, porém são mais bem empregados após betabloqueadores e lorazepam. Os anticolinérgicos mais comumente utilizados são a benzotropina e o triexifenidil**. Além disso, a difenidramina, um anti-histamínico

**N. do RT.: O biperideno é o mais usado no Brasil para esse fim.

TABELA 15-1
Utilizações Psiquiátricas da Miscelânea de Medicações

Medicação	Utilizações Psiquiátricas Principais
Psicoestimulantes	Tratamento do transtorno de déficit de atenção Tratamento da depressão nos indivíduos idosos ou clinicamente doentes Tratamento da narcolepsia Potencialização dos antidepressivos na depressão refratária
Anticolinérgicos	Tratamento do parkinsonismo induzido por neuroléptico Tratamento da distonia induzida por neuroléptico
Betabloqueadores	Tratamento da impulsividade Tratamento da ansiedade de desempenho Tratamento da acatisia Tratamento do tremor induzido por lítio
Dissulfiram	Prevenção da ingestão de álcool
Antagonista opióide	Tratamento do alcoolismo
Modulador de glutamato	Tratamento do alcoolismo
Agonista parcial de opióide	Tratamento da dependência opiácea
Clonidina	Tratamento da impulsividade Tratamento da síndrome de Tourette Tratamento da abstinência opiácea Tratamento do transtorno do déficit de atenção
Inibidores da acetilcolinesterase	Tratamento da perda de memória de leve a moderada na doença de Alzheimer
Antagonista NMDA	Tratamento da perda de memória de leve a moderada na doença de Alzheimer
Hormônios da tireóide	Aumento dos antidepressivos na depressão refratária

que também possui propriedades anticolinérgicas*, é freqüentemente utilizada para tratar transtornos do movimento induzidos por neurolépticos e para proporcionar sedação não específica. Estas medicações são antagonistas muscarínicos do SNC. Efeitos colaterais dos anticolinérgicos, devido à ação anticolinérgica periférica, incluem visão turva (como um resultado da ciclopegia), constipação e retenção urinária; seus efeitos colaterais principais são sedação e delírio.

*N. do RT.: A prometazina é a mais usada no Brasil nessa categoria.

A toxicidade anticolinérgica é uma causa principal de delírio, especialmente nos indivíduos com demência e encefalopatia pelo vírus da imunodeficiência humana (HIV).

BETABLOQUEADORES

Os betabloqueadores são amplamente utilizados na medicina geral. Na psiquiatria, eles possuem utilizações pouco específicas. Os betabloqueadores provavelmente alteram o comportamento e o estado de humor alterando tanto a função central como periférica das catecolaminas. Por exemplo, na ansiedade, eles podem diminuir a excitação central; perifericamente, eles podem reduzir a taquicardia, o tremor, a sudorese e a hiperventilação. Os efeitos colaterais comuns dos betabloqueadores incluem bradicardia, hipotensão, exacerbação da asma e hipoglicemia mascarada nos diabéticos. Os betabloqueadores também podem produzir síndromes semelhantes à depressão caracterizadas por fadiga e humor deprimido.

NALTREXONA

A naltrexona (ReVia®) é um antagonista opióide μ que é utilizado para prevenir a reincidência do álcool e para diminuir a gravidade de uma reincidência nos indivíduos com dependência do álcool. O tratamento com naltrexona é iniciado uma vez que um paciente tenha sido desintoxicado do álcool. Para os indivíduos co-abusando de opiáceos ou que estão recebendo opiáceos por razões médicas, o tratamento de naltrexona não deve ser iniciado até, no mínimo, 1 semana após a última exposição ao opiáceo (um antagonista opiáceo pode precipitar uma abstinência grave se fornecido a pessoas dependentes). A naltrexona reduz o desejo de álcool, reduz a probabilidade de uma reincidência do álcool e reduz a gravidade de uma reincidência quando alguma ocorre. A naltrexona, semelhante a todos os tratamentos para a dependência do álcool, funciona melhor quando combinada a intervenções psicossociais.

ACAMPROSATO

O acamprosato (Campral®) é a medicação mais recentemente aprovada utilizada no tratamento da dependência do álcool. Está indicado para a manutenção da abstinência nos sujeitos previamente dependentes de álcool que estão abstinentes no início do tratamento. Ele pode trabalhar por meio de numerosos mecanismos, inclusive como um modulador da função do glutamato. Esta medicação parece reduzir o desejo e a urgência de beber nos pacientes recentemente abstinentes do álcool e ajuda a manter a abstinência, tornando a reincidência menos grave. O acamprosato deve ser combinado a intervenções psicossociais no tratamento do alcoolismo.

DISSULFIRAM (ANTABUSE®)

O dissulfiram é utilizado para prevenir a ingestão de álcool através do medo das conseqüências de tal ingestão enquanto do uso do medicamento (Tabela 15-1). O dissulfiram bloqueia a oxidação do acetaldeído, uma etapa no metabolismo do álcool. O acúmulo de acetaldeído produz uma reação tóxica, fazendo um indivíduo que ingere álcool enquanto toma dissulfiram passar muito mal dentro de 5 a 10 minutos. Os sintomas incluem rubor, cefaléia, sudorese, boca seca, náusea, vômito e vertigem. Nas reações mais graves ocorrem dor torácica, dispnéia, hipotensão e confusão. Reações fatais, embora raras, podem ocorrer. A utilização do dissulfiram deve ser restrita a pacientes cuidadosamente selecionados que estão altamente motivados e que compreendem totalmente as conseqüências de beber álcool enquanto tomam dissulfiram. Os efeitos colaterais, na ausência da ingestão de álcool, incluem hepatite, neurite ótica e impotência.

BUPRENORFINA

A buprenorfina é utilizada para o tratamento de dependência de opiáceos. Como um agonista opiáceo parcial, a buprenorfina tem um papel na desintoxicação opiácea. Diferente do tratamento de manutenção da metadona para a dependência opiácea (que pode apenas ser utilizado nos centros de tratamento especializados de metadona), a buprenorfina oral (Subutex®), ou uma formulação contendo buprenorfina e naloxona (Suboxona®), está disponível para a utilização em pacientes de consultórios ambulatoriais baseados na prática. A forma parenteral da buprenorfina (Buprenex®) é utilizada intramuscularmente para o tratamento de sintomas da abstinência de opiáceos em algumas circunstâncias. Em razão de a buprenorfina ser um agonista opiáceo parcial, ela tem uma margem de segurança maior com relação aos efeitos colaterais, como depressão respiratória. A mistura da buprenorfina com naloxona é desenvolvida para prevenir o desvio dos tabletes de buprenorfina para injeção intravenosa recreacional. Se tomada como uma preparação oral sublingual, como prescrita, a naloxona (um antagonista opiáceo) na medicação possui absorção ruim e, portanto, não interfere com o efeito terapêutico desejado da buprenorfina. Entretanto, se a pílula oral é esmagada ou por outro lado convertida para uma forma injetável, o componente da naxolona (como um antagonista opióide μ) é eficaz, bloqueando os efeitos da buprenorfina como um agonista parcial no receptor opióide μ.

CLONIDINA

A clonidina é um agonista adrenorreceptor alfa$_2$ do SNC. O adrenorreceptor alfa$_2$ é um auto-receptor pré-sináptico que inibe a liberação da norepinefrina do SNC. A utilização primária da clonidina na medicina é como um anti-hipertensivo (Tabela 15-1). Na psiquiatria, a clonidina tem sido utilizada variadamente. Ela é eficaz na diminuição dos sintomas autonômicos associados à abstinência opiácea, no tratamento do transtorno do déficit de atenção (TDAH) e na síndrome de Tourette, e pode ser útil para a impulsividade e outras formas de descontrole do comportamento. Os efeitos colaterais incluem sedação, vertigem e hipotensão.

REALÇADORES COGNITIVOS

Donepezil (Aricept®), rivastigmina (Exelon®), galantamina (Reminyl®) e tacrina (Cognex®) são inibidores reversíveis da enzima acetilcolinesterase e são utilizados para realçar a cognição nos pacientes com demência leve a moderada do tipo Alzheimer. A rivastigmina também inibe a butirilcolinesterase, uma propriedade que pode contribuir para dar maior eficácia à rivestigmina nos estágios mais tardios da doença de Alzheimer. A galantamina também possui atividade nos receptores colinérgicos nicotínicos que pode ser clinicamente significativa. Alguns dos déficits cognitivos na

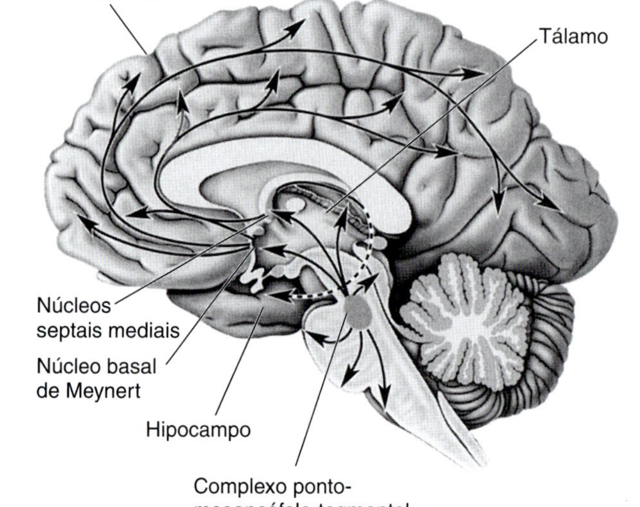

Figura 15-1 Sistema modulatório difuso colinérgico emergindo do prosencéfalo basal e do tronco cerebral.
De Bear MF, Connors BW, Parasido, Ma. *Neuroscience – exploring the brain*. 2nd ed. Philadelphia: Lippincott Williams & Wilkins, 2001.

doença de Alzheimer são provocados por perda dos neurônios colinérgicos no prosencéfalo basal que projeta para o córtex cerebral e hipocampo, o que resulta em uma deficiência da neurotransmissão colinérgica (Fig. 15-1). Pela inibição da enzima ou enzimas que hidrolisam a acetilcolina sináptica, supõe-se que estas drogas elevem as concentrações sinápticas de acetilcolina nos neurônios colinérgicos remanescentes. Inicialmente, estas drogas reduzem o comprometimento cognitivo; entretanto, este efeito diminui com a perda progressiva dos neurônios colinérgicos. Os efeitos colaterais comuns incluem desarranjo gastrintestinal e outros efeitos colinomiméticos, incluindo bradicardia e secreção gástrica aumentada. A tacrina pode causar elevações nas transaminases séricas e hepatotoxicidade grave e é, portanto, reservada para o tratamento de segunda linha.

MEMANTINA (NAMENDA®)

A memantina é um antagonista no receptor glutamatérgico excitatório *N*-metil-D-aspartato (NMDA). A memantina é aprovada para o tratamento da demência moderada a grave do tipo Alzheimer. O antagonismo do receptor NMDA pode ajudar a prevenir a excitotoxicidade mediada pelo glutamato e melhorar a função dos neurônios envolvidos em algumas formas de memória (p. ex., o hipocampo).

HORMÔNIOS DA TIREÓIDE

Os hormônios da tireóide são utilizados, primariamente, na psiquiatria para potencializar os efeitos dos antidepressivos. Eles também podem ser utilizados como adjuntos no tratamento do transtorno bipolar cíclico rápido. Embora o hipotireoidismo clínico possa mimetizar os sintomas da depressão, alguns indivíduos sem hipotireoidismo clínico podem responder ao aumento tireóideo. A base teórica para a utilização dos hormônios tireóideos repousa no achado de funcionamento alterado do eixo hipotalâmico-pituitário-suprarenal nos indivíduos deprimidos. Embora exista debate em relação à sua eficácia relativa, tanto T_3 (triiodotironina) quanto T_4 (tetraiodotironina) cruzam a barreira hematoencefálica. T_4 tem sido utilizada em conjunção com o lítio para melhorar o controle clínico do transtorno bipolar de ciclo rápido. Os efeitos colaterais em doses baixas são mínimos; quando as dosagens resultam em supersubstituição, os sintomas de hipertireoidismo emergem.

PONTOS-CHAVE

1. Múltiplas medicações são amplamente utilizadas para o tratamento de sintomas e efeitos colaterais.
2. Elas se sobrepõem com medicações utilizadas em outras práticas médicas.
3. Possuem efeitos colaterais e eficácia específica para cada medicação e seus sintomas-alvo.

Bibliografia

Boothby LA, Doering PL. Acamprosate for the treatment of alcohol dependence. *Clin Ther.* 2005 Jun;27(6):695-714.

Doody RS. Refining treatment guidelines in Alzheimer's disease. *Geriatrics.* 2005 Jun;Suppl:14-20. Review.

Fudala PJ, Woody GW. Recent advances in the treatment of opiate addiction. *Curr Psychiatry Rep.* 2004 Oct;6(5):339-346. Review.

Kaduszkiewicz H, Zimmermann T, Beck-Bornholdt HP, et al. Cholinesterase inhibitors for patients with Alzheimer's disease: systematic review of randomised clinical trials. *Br Med J.* 2005 Aug 6;331(7512):321-327. Review.

CAPÍTULO

16 Principais Reações Adversas às Drogas

Este capítulo descreve um grupo de reações adversas principais associadas à utilização de medicações psiquiátricas. As reações adversas menores e os efeitos colaterais estão delineados nos capítulos das medicações respectivas. Embora as reações adversas às drogas discutidas abaixo (com exceção da síndrome da serotonina) sejam as mais comumente produzidas pelas medicações antipsicóticas, elas podem ocorrer em resposta a outras medicações. As principais reações adversas às drogas para os antipsicóticos, seus fatores de risco, começo e tratamento são delineados na Tabela 16-1. Embora o *Diagnostic and Statistical Manual of Mental Disorders*, 4ª edição, classifique distonia, acatisia, sintomas extrapiramidais (SEP), síndrome neuroléptica maligna (SNM) e discinesia tardia como transtornos do movimento induzidos por neurolépticos, está claro que a acatisia* pode ocorrer com a utilização de medicações psiquiátricas não-neurolépticas.

DISTONIA

A distonia é um transtorno do movimento induzido por neuroléptico caracterizado por espasmos musculares. A distomia comumente envolve a musculatura da cabeça e do pescoço, porém também pode incluir as extremidades e o tronco. Os sintomas podem variar de uma sensação subjetiva leve de aumento da tensão muscular a uma síndrome potencialmente fatal de grave tetania muscular, e distonia laríngea (laringoespasmo) com comprometimento das vias aéreas. Os espasmos musculares podem levar à postura anormal da cabeça e pescoço, com espasmo do músculo da mandíbula. O espasmo da língua leva à macroglossia e disartria; a distonia faríngea pode produzir deglutição debilitada e sialorréia. A distonia do músculo ocular pode produzir crises oculogíricas.

Os fatores de risco incluem a utilização de antipsicóticos de alta potência, com os homens jovens em risco aumentado. A condição geralmente se desenvolve precocemente na farmacoterapia (dentro de dias).

O tratamento da distonia depende da gravidade dos sintomas. Na ausência de laringoespasmo ou desconforto intenso do paciente, a medicação anticolinérgica (benztropina ou difenidramina)** intramuscular (IM) pode ser utilizada. Nos casos mais graves ou se o laringoespasmo está presente, a medicação anticolinérgica intravenosa (IV) é utilizada. Alguns casos requerem intubação se o sofrimento respiratório é agudo. A descontinuidade do antipsicótico precipitante é, às vezes, necessária; em outros casos, a adição de medicações anticolinérgicas em uma base constante previne a recorrência da distonia.

ACATISIA

A acatisia, um efeito colateral comum produzido pelas medicações antipsicóticas, também é causada pelos inibidores da recaptação da serotonina. A acatisia consiste de uma sensação subjetiva de desassossego interior ou um forte desejo de movimentar o corpo. Os indivíduos com acatisia podem parecer ansiosos ou agitados. Eles podem marchar ou mover ao redor, incapazes de permanecer sentados. A acatisia pode produzir disforia grave e ansiedade nos pacientes e pode levá-los a se tornarem agressivos ou tentar o suicídio. É importante diagnosticar exatamente a acatisia porque, se errada para a agitação ou a piora da psicose, a dosagem antipsicótica pode ser aumentada, resultando na piora do efeito colateral.

Os fatores de risco para a acatisia incluem um aumento recente na dosagem da medicação ou um começo recente da utilização da medicação. A maior parte dos casos ocorre dentro do primeiro mês de terapia da droga, porém pode ocorrer em qualquer momento durante o tratamento.

*N. do RT.: E também as outras reações.

**N. do RT.: No Brasil, usa-se biperideno ou prometazina.

TABELA 16-1

Transtornos do Movimento Induzidos por Neurolépticos[a]

Transtorno	Fatores de Risco	Começo	Tratamento
Distonia	Antipsicóticos de alta potência Homens jovens	Primeiros poucos dias de terapia	Benztropina ou difenidramina IM/IV (no Brasil, biperideno ou prometazina) Laringoespasmo grave pode requerer intubação
Acatisia	Aumento/começo recente da dosagem da medicação	Primeiro mês de terapia	Propranolol, lorazepam (talvez anticolinérgicos)
SEP	Antipsicóticos de alta potência Idoso Episódio prévio de SEP	Primeiras poucas semanas de terapia	Anticolinérgicos Diminuição da dosagem antipsicótica ou mudança para antipsicótico de baixa potência
SNM	Antipsicóticos de alta dose, escalação de dose rápida, ou injeção IM de antipsicóticos Agitação, desidratação Episódio prévio de SMN	Geralmente dentro das primeiras poucas semanas; pode ocorrer em qualquer ponto na terapia antipsicótica	Descontinuar terapia antipsicótica Medidas de suporte Dantrolene, bromocriptina Pode requerer cuidado intensivo
DT	Idoso Tratamento antipsicótico a longo prazo Mulheres Afro-descendente Transtornos do humor	Geralmente após anos de tratamento	Diminuição da dosagem de antipsicótico Mudança de antipsicóticos Mudança para a clozapina

[a]A classificação do DSM–IV para estes transtornos define-os como transtornos de movimento induzidos por neuroléptico. O termo *neuroléptico* geralmente se refere aos antipsicóticos típicos (Capítulo 11). As exceções incluem risperidona, é classificada como um antipsicótico atípico, porém pode causar todos os transtornos acima; inibidores seletivos da recaptação da serotonina, que não são drogas neurolépticas, porém podem claramente produzir acatisia; e Clozapina, que não parece produzir distonia, acatisia, SEP, ou DT, porém pode causar SNM.

O tratamento consiste na redução da medicação (se possível) ou na utilização de betabloqueadores (propanolol é comumente utilizado) ou benzodiazepinas (especialmente lorazepam). Embora exista alguma controvérsia em relação à sua eficácia, os anticolinérgicos (difenidramina ou benztropina) também são freqüentemente utilizados.

SINTOMAS EXTRAPIRAMIDAIS

Os SEP, também conhecidos como parkinsonismo induzido por neurolépticos, consistem no desenvolvimento de sintomas clássicos da doença de Parkinson, porém em resposta à utilização de neuroléptico. Os sintomas mais comuns são rigidez e acinesia, que ocorrem em mais da metade de todos os pacientes que recebem terapia neuroléptica a longo prazo. Um tremor de 3 a 6 Hz pode estar presente nos músculos da cabeça e da face ou dos membros. A acinesia ou bradicinesia é manifestada pela movimentação espontânea diminuída e pode ser acompanhada por sialorréia. A rigidez consiste da rigidez clássica parkinsoniana em "cano de chumbo" (que está continuamente presente por toda a amplitude de movimento passivo de uma extremidade) ou a rigidez de roda dentada (do tipo trava e solta).

Os fatores de risco para o desenvolvimento dos SEP incluem a utilização de neurolépticos de alta potência, aumento da idade, e um episódio anterior de SEP. Os SEP geralmente se desenvolvem dentro das primeiras poucas semanas da terapia.

O tratamento consiste na redução da dosagem do antipsicótico (se possível) e na adição de medicações anticolinérgicas ao regime.

SÍNDROME NEUROLÉPTICA MALIGNA

A SNM é uma complicação idiossincrática e potencialmente ameaçadora à vida mais comumente associada à utilização de droga antipsicótica. Entretanto, a SNM pode ocorrer espontaneamente, em resposta a qualquer medicação que bloqueie os receptores da dopamina, e em resposta às reduções ou alterações nas medicações agonistas da dopamina. Os sintomas da SNM podem se desenvolver gradualmente ao longo de um período de horas a dias e podem, com freqüência, sobrepor-se com sintomas de doença clínica geral.

TABELA 16-2

Síndrome Maligna Neuroléptica

Autonômica
Taquicardia, outras arritmias cardíacas
Hipertensão
Hipotensão
Diaforese
Progressão de febre para hipertermia
Motora
Rigidez/distonia
Acinesia
Mutismo
Disfagia
Comportamental
Agitação
Incontinência
Delírio
Convulsões
Coma
Laboratoriais
Creatinocinase aumentada
Testes de função do fígado anormais
Contagem aumentada de células brancas do sangue

Os achados clínicos principais nos pacientes com SNM estão apresentados na Tabela 16-2. Muitos sintomas da SNM não são específicos e se sobrepõem a sintomas comuns para outras condições psiquiátricas e clínicas. O diagnóstico da SNM é também complicado pela natureza oscilante do quadro clínico.

A instabilidade autonômica associada às anormalidades motoras é essencial para o diagnóstico da SNM. As alterações autonômicas podem incluir alterações cardiovasculares com arritmias cardíacas e pressão sanguínea lábil. A febre de baixo grau progredindo para a hipertermia grave também pode estar presente. Os achados motores podem se sobrepor a outras anormalidades motoras na doença psiquiátrica; por exemplo, rigidez e distonia podem estar confundidas com a distonia simples ou com SEP. O mutismo pode ser um sinal de psicose grave ou catatonia isolada, embora isto ocorra com a SNM. Aspectos do comportamento, tais como agitações, também podem se sobrepor a outras síndromes psiquiátricas; entretanto, a presença de delírio ou convulsões é um anunciador de doença clínica geral mais séria (incluindo abstinência de droga) ou SNM. Achados de laboratório podem revelar uma creatinocinase aumentada secundária à mionecrose da rigidez muscular sustentada. As enzimas do fígado podem estar elevadas, porém sua relação com a SNM não é clara. A leucocitose também está presente com freqüência.

Os fatores de risco para o desenvolvimento da SNM (Tabela 16-1) incluem a utilização de antipsicóticos de alta dose, escalação de dose rápida, injeção intramuscular (IM) de antipsicóticos, desidratação, agitação ou uma história prévia de SNM. Alguns fatores podem estar relacionados à gravidade da doença (p. ex., pacientes gravemente doentes com freqüência possuem ingestão oral ruim e tornam-se desidratados, são mais prováveis de serem colocados em contenção e requerem injeção IM de um antipsicótico), ao invés de fatores causadores. Embora a SNM seja mais comum durante as primeiras poucas semanas de terapia de droga antipsicótica, ela pode ocorrer em qualquer momento durante a terapia.

O tratamento deste transtorno potencialmente fatal é largamente de sustentação. Intervenções específicas incluem descontinuidade dos antipsicóticos (uma opção que pode tomar um longo período de tempo nos indivíduos tratados com antipsicóticos de depósito); restauração da abstinência recente dos agonistas da dopamina; dantrolene (um relaxante muscular) é utilizado para tratar a rigidez e diminuir a mionecrose; e bromocriptina (um agonista da dopamina) é, às vezes, utilizada para reverter os efeitos bloqueadores da dopamina dos antipsicóticos ou outras medicações antidopaminérgicas. O manejo do sintoma incluindo cuidado intensivo com monitorização cardíaca e intubação pode ser necessário. Sintomas da SNM sobrepostos à síndrome da serotonina (Tabela 16-3). Entretanto, na SNM, a rigidez muscular e a creatinocinase aumentada estão proeminentes. Além disso, a síndrome da serotonina se desenvolve em resposta à utilização de medicações que afetam a função da serotonina (especialmente inibidores da monoaminoxidase IMAOs), enquanto a SNM se desenvolve em resposta às medicações antidopaminérgicas. Nos pacientes que estão utilizando tanto IMAOs quanto antipsicóticos (p. ex., depressão psicótica refratária), o diagnóstico diferencial pode ser bastante difícil.

DISCINESIA TARDIA

A discinesia tardia (DT) é um transtorno do movimento que se desenvolve com a utilização a longo prazo de neuroléptico; raramente, especialmente nos indivíduos idosos, o começo pode não ser retardado. A DT consiste de movimentos coreoatetóides constantes, involuntários, estereotipados, mais freqüentemente confinados à musculatura da cabeça e do pescoço. Às vezes as extremidades e a musculatura respiratória e orofaríngea também estão envolvidas.

Os fatores de risco incluem tratamento a longo prazo com neurolépticos, idade aumentada, sexo feminino e a presença de transtorno do humor. Embora a DT seja reversível em alguns casos, ela tende a ser permanente.

TABELA 16-3

Síndrome Serotonérgica

Autonômica
Taquicardia
Hipertensão
Diaforese
Progressão de febre para hipertermia
Motora
Tremedeira
Mioclônus
Tremor
Hiper-reflexia
Anormalidades oculomotoras
Comportamental
Inquietação
Agitação
Delirium
Coma

O tratamento consiste de mudança do antipsicótico, diminuição da dosagem ou troca para a clozapina. A clozapina, que parece trabalhar por um mecanismo diferente de outros antipsicóticos, pode reduzir ou eliminar os movimentos anormais da TD.

SÍNDROME SEROTONÉRGICA

A síndrome serotonérgica resulta de altas concentrações sinápticas de serotonina. Esta síndrome pode resultar de uma simples utilização das medicações ou drogas ilícitas que alteram a função serotonérgica, porém, mais comumente, ocorre quando múltiplas medicações que alteram o metabolismo da serotonina são utilizadas. Classicamente, esta síndrome é produzida quando outras medicações alterando a serotonina são utilizadas com IMAOs. Esta síndrome, que pode ser ameaçadora à vida, consiste de sintomas delineados na Tabela 16-3. Estes incluem instabilidade autonômica grave, anormalidades motoras e alterações comportamentais. O curso do transtorno pode existir em um *continuum* de sintomas muito leves a tornar-se maligno, terminando em coma e morte. Uma síndrome similar ocorre quando IMAOs são utilizados com meperidina ou dextrometorfam, e talvez outros opiáceos.

A síndrome serotonérgica possui muitas similaridades com a SNM, porém as pistas para o diagnóstico diferencial podem emergir da história de exposição à medicação e aos sintomas clínicos. A SNM ocorre após ou durante a utilização de medicação antipsicótica; enquanto a síndrome da serotonina ocorre através da utilização de IMAOs ou outros agentes serotonérgicos. A SNM tende a possuir um começo gradual, enquanto a síndrome da serotonina pode ser abrupta. A síndrome da serotonina pode se apresentar com tremedeira, hiper-reflexia e clônus. Os sintomas gastrintestinais proeminentes (p. ex., náusea e diarréia) podem sugerir a síndrome da serotonina. A rigidez muscular pode se desenvolver nos casos graves da síndrome da serotonina, mimetizando, assim, a SNM.

Os fatores de risco para a síndrome serotonérgica, outros que não aqueles combinando com IMAOs, com outras medicações alterando a serotonina, não são conhecidos.

O tratamento para a síndrome serotonérgica é largamente de sustentação e pode requerer cuidado intensivo com monitorização cardíaca e ventilação mecânica. A ciproheptadina, antagonista do receptor 2A da serotonina, mostra eficácia no tratamento desta condição. As medicações ofensivas devem ser descontinuadas.

PONTOS-CHAVE

1. As principais reações adversas a drogas ocorrem mais comumente na psiquiatria com a utilização de antipsicóticos e medicações que agem sobre a serotonina.
2. Os antipsicóticos podem causar distonia, acatisia, SEP, SNM e DT.
3. As medicações que agem sobre a serotonina podem causar acatisia e síndrome serotonérgica.
4. Todas as reações adversas a drogas acima são reversíveis, exceto para a DT , que pode ser permanente.

Bibliografia

Bhanushali MJ, Tuite PJ. The evaluation and management of patients with neuroleptic malignant syndrome. *Neurol Clin*. 2004 May;22(2):389-411. Review.

Boyer EW, Shannon M. The serotonin syndrome. *N Engl J Med*. 2005 Mar 17;352(11):1112-1120. Review

Sachdev PS. Neuroleptic-induced movement disorders: *An* overview *Psychiatr Clin North* Am. 2005 Mar;28(1): 255-274. Review.

CAPÍTULO

17 Teorias Psicológicas

Existe um grande número de teorias influenciando o pensamento psicoterapêutico contemporâneo. As psicoterapias derivadas da teoria psicanalítica, cognitiva e comportamental são as mais amplamente utilizadas. As intervenções cognitivo-comportamentais e a terapia interpessoal possuem a mais forte verificação empírica; pouca evidência empírica sustenta a eficácia das terapias analítico/dinâmicas.

TEORIA PSICANALÍTICA/PSICODINÂMICA

O principal teórico responsável por lançar a psicanálise como uma técnica e teoria psicodinâmica em geral foi Sigmund Freud. As teorias de Freud propuseram que motivações inconscientes e influências desenvolvidas precocemente eram essenciais para compreender o comportamento. As teorias originais de Freud têm se provado bastante controversas e levaram à criação de várias teorias alternativas ou derivadas.

ESCOLAS DO SÉCULO XX DE PSICOLOGIA PSICODINÂMICA

Existem 3 escolas psicodinâmicas principais no século XX: psicologia dos impulsos, psicologia do ego e a teoria das relações de objeto.

Psicologia dos Impulsos

A psicologia dos impulsos apresenta uma posição que as crianças possuem impulsos sexuais (e outros). Esta teoria propõe que os instintos sexual e agressivo estão presentes em cada indivíduo e que cada indivíduo passa, seqüencialmente, através de estágios de desenvolvimento psicossexuais (oral, anal, fálico, latência e genital). Incluído na teoria dos impulsos está a teoria dos conflitos, que se propôs a explicar como o caráter e a personalidade são influenciados pela interação dos impulsos com a consciência e a realidade.

Psicologia do Ego

Freud, eventualmente, desenvolveu uma teoria tripartida da mente na qual a estrutura psíquica seria composta por id, ego e superego. Sob esta teoria, o id é o compartimento da mente que contém os impulsos e instintos. O superego contém o senso de certo e errado, amplamente derivado dos pais e da moralidade da sociedade. O ego é responsável pela adaptação ao ambiente e para a resolução do conflito. Uma função principal do ego é a redução da ansiedade. As defesas do ego (Tabela 17-1) são propostas como mecanismos psíquicos que protegem o ego da ansiedade. Algumas defesas do ego (p. ex., sublimação) são mais funcionais para um indivíduo do que para outros (p. ex., negação).

Teoria das Relações de Objeto

A teoria das relações de objeto (*objeto* refere-se a pessoas importantes na vida de alguém) parte da teoria em que as relações para um objeto são motivadas pela primazia da relação, ao invés de o objeto como meio de satisfazer um impulso. A observação da criança levou adiante a teoria das relações objetais, enfatizando conceitos de vinculação e separação.

A escola interpessoal emergiu como uma extensão da teoria das relações dos objetos. Os teóricos interpessoais enfatizam que os conflitos intrapsíquicos são menos importantes do que a relação de alguém consigo mesmo e com os outros. Em outras palavras, às relações na vida de uma pessoa são dadas importância primária na produção da felicidade ou do sofrimento. A psicoterapia interpessoal (TIP) para a depressão e condições relacionadas têm boa validação

TABELA 17-1

Mecanismos Comuns de Defesa do Ego

Negação	Sentimentos ou idéias que causam sofrimento ao ego são bloqueados pela recusa em reconhecer a evidência de sua existência
Projeção	Sentimentos ou idéias que causam sofrimento ao ego são atribuídos a outros
Regressão	Sentimentos ou idéias que causam sofrimento para o ego são reduzidas pelo retorno comportamental para uma fase mais inicial do desenvolvimento
Repressão	Sentimentos ou idéias que causam sofrimento ao ego são relegadas para o inconsciente
Formação reativa	Sentimentos ou idéias que causam sofrimento ao ego são convertidas nos seus opostos
Deslocamento	Sentimentos ou idéias que causam sofrimento ao ego são redirecionadas para um substituto que evoca uma resposta emocional menos intensa
Racionalização	Sentimentos ou idéias que causam sofrimento ao ego são repartidas pela criação de uma explanação alternativa aceitável
Supressão	Sentimentos ou idéias que causam sofrimento ao ego não são aceitos, porém permanecem como componentes da consciência
Sublimação	Sentimentos ou idéias que causam sofrimento ao ego são convertidas para aqueles que são mais aceitáveis

Modificado de Sadock BJ, Sadock VA. *Comprehensive textbook of psychiatry.* 7th ed. Philadelphia: Lippincott Williams e Wilkins, 1999.

empírica e pode trabalhar tão bem como o tratamento de medicação, e possivelmente melhor do que a terapia cognitivo-comportamental (TCC).

TEORIA DO CICLO DE VIDA DE ERIKSON

Erik Erikson fez contribuições maiores para o conceito de desenvolvimento do ego. Erikson teorizou que o desenvolvimento do ego persiste por toda a vida de alguém, e conceitualizou que a mudança de impulso dos eventos psicossociais leva a uma crise de desenvolvimento. De acordo com o modelo de Erikson, os indivíduos passam através de uma série de estágios de ciclo de vida (Tabela 17-2). Cada estágio apresenta conflitos centrais produzidos pela interação da possibilidade de desenvolvimento com o mundo externo. O progresso individual e o desenvolvimento associado do ego ocorrem com a resolução bem-sucedida de crise de desenvolvimento inerente em cada estágio. Este modelo permite o desenvolvimento continuado do ego até a morte.

TEORIA COGNITIVA

A teoria cognitiva reconhece a importância da experiência subjetiva de si próprio, dos outros e do mundo. Ela apresenta uma posição que as crenças irracionais e os pensamentos acerca de si próprio, do mundo e do futuro de alguém podem levar à psicopatologia.

Na teoria cognitiva, os pensamentos ou as cognições em relação a uma experiência determinam as emoções que são evocadas pela experiência. Por exemplo, a percepção de perigo em uma situação naturalmente leva à ansiedade. Quando o perigo está verdadeiramente presente, a ansiedade pode ser adaptativa, levando à hipervigilância e autoproteção. Quando a situação é apenas percebida como perigosa (tal como no medo de falar em público), a ansiedade resultante pode ser psicologicamente paralisante. Uma pessoa pode ter medo de falar em público por causa de um medo irracional de que alguma coisa desastrosa irá ocorrer. O tipo principal de crença irracional é uma distorção cognitiva (Tabela 17-3).

TEORIA COMPORTAMENTAL

A teoria comportamental apresenta uma posição de que os comportamentos são moldados através de várias formas de aprendizagem, incluindo a modelagem, o condicionamento clássico e o condicionamento operante (Tabela 17-4). Um comportamentalista, forçosamente, propõe que, através do condicionamento operante, a depressão é causada pela falta de um reforço positivo (como pode ocorrer após a morte de um cônjuge), resultando em uma falta geral de interesse nos comportamentos que uma vez foram plausíveis (ou reforçados).

TEORIA COGNITIVO-COMPORTAMENTAL

As teorias cognitivo-comportamentais formam parte das bases da TCC. A TCC envolve o exame das distorções cognitivas e a utilização de técnicas comportamentais para tratar transtornos comuns como a depressão maior. A TCC possui forte validação empírica e é eficaz no tratamento da depres-

TABELA 17-2

Estágios de Ciclo da Vida de Erikson

Confiança *versus* desconfiança	Nascimento até 18 meses	A criança possui muitas necessidades, porém não tem a força para encontrar aquelas necessidades. A criança é dependente de cuidadores. Se é tomado cuidado apropriado, um senso de confiança e esperança são criados. Se inapropriado ou inadequado, desenvolve-se a desconfiança
Autonomia *versus* vergonha	18 meses até 3 anos	A criança está aprendendo acerca da utilização da linguagem e controle da função da bexiga e do intestino e a caminhar. Como um resultado, ela começa a escolha para influenciar e explorar o mundo. Se é tomado cuidado apropriado, a criança irá desenvolver um equilíbrio saudável entre exercitar sua autonomia e sentimento de vergonha sobre as conseqüências de sua autonomia
Iniciativa *versus* culpa	3-5 anos	À medida que a criança desenvolve o controle aumentado da linguagem e de caminhar, ele ou ela aumenta a iniciativa para explorar o mundo. A ação potencial carreia com ela o risco de culpa em ceder aos desejos proibidos
Dedicação *versus* inferioridade	5-13 anos	A criança começa a desenvolver um senso de si própria baseado nas coisas que ela cria. As influências do cuidador são importantes, ajudando a criança a desenvolver um senso de domínio e competência sobre a criação
Identidade *versus* confusão do papel	13-21 anos	Corresponde à adolescência. Como alguém parece para "os outros" é importante neste estágio. Existem conflitos entre a identidade de alguém e a necessidade de ganhar a aceitação
Intimidade *versus* isolamento	21-40 anos	A ansiedade e a vulnerabilidade produzidas pela intimidade são balanceadas contra a solidão produzida pelo isolamento
Produção *versus* estagnação	40-60 anos	Se bem-sucedido, o indivíduo desenvolve uma visão positiva de seu papel na vida e um senso de compromisso para a sociedade no todo. Se não bem-sucedido, os indivíduos movem-se através da vida sem preocupação para um bem-estar maior
Integridade do ego *versus* desespero	60 anos até a morte	Um indivíduo aceita seu curso de vida como apropriado e necessário. Se isto falha, o indivíduo pode regredir ou desejar reviver alguma parte da vida, levando ao desespero

Modificado de Sadock BJ, Sadock VA.*Comprehensive textbook of psychiatry.* 7th ed. Philadelphia: Lippincott Williams e Wilkins, 1999.

TABELA 17-3

Tipos de Distorções Cognitivas

Inferência arbitrária	Tirar uma conclusão específica sem evidência suficiente
Pensamento dicotômico	Uma tendência para categorizar a experiência como "tudo ou nada"
Supergeneralização	Formar e aplicar uma conclusão geral baseada em um evento isolado
Magnificação/ Minimização	Super ou subavaliação do significado de um evento particular

Modificado de Sadock BJ, Sadock VA. *Comprehensive textbook of psychiatry.* 7th ed. Philadelphia: Lippincott Williams e Wilkins, 1999.

são, fobia social, transtorno obsessivo-compulsivo, transtorno de estresse pós-traumático (TEPT) e transtorno do pânico. A TCC e a farmacoterapia, tal como medicações antidepressivas, são geralmente acreditadas como sendo sinergísticas, particularmente com relação ao tratamento da depres-

TABELA 17-4

Conceitos Importantes na Teoria Comportamental

Modelagem	Uma forma de aprendizagem baseada na observação dos outros e imitando suas ações e respostas
Condicionamento clássico	Uma forma de aprendizagem na qual um estímulo neutro é repetitivamente pareado com um estímulo natural, com o resultado que o estímulo previamente neutro isolado torna-se capaz de disparar a mesma resposta como o estímulo natural
Condicionamento operante	Uma forma de aprendizagem em que os eventos ambientais (contingências) influenciam a aquisição de novos comportamentos ou a extinção de comportamentos existentes

são. Entretanto, a TCC, como um tratamento, parece ter efeitos mais duráveis em termos de prevenção da reincidência que pode não ter sido bem demonstrada com o tratamento de medicação para a maior parte das condições.

TERAPIA DIALÉTICO-COMPORTAMENTAL

A terapia dialético-comportamental (TDC) é uma psicoterapia desenvolvida especificamente para o tratamento do transtorno de personalidade fronteiriço nas mulheres. O fundamento da TDC reside nos princípios da TCC, porém, a terapia engloba achados empíricos de múltiplas áreas da psicologia, sociologia, filosofia Zen e filosofia dialética. Sobretudo, a TDC foca-se no terapeuta e na aceitação do paciente como o fundamento para o desenvolvimento de habilidades para a mudança comportamental e emocional. A TDC possui forte sustentação empírica no tratamento do transtorno de personalidade fronteiriço e é a psicoterapia de primeira linha para o tratamento desta condição.

PONTOS-CHAVE

1. As teorias psicológicas são numerosas, porém aquelas derivadas das teorias psicanalíticas, cognitiva e comportamental são as mais amplamente utilizadas.
2. A escola psicanalítica enfatiza as motivações inconscientes e as influências precoces.
3. A escola das relações dos objetos enfatiza a importância das relações com outras pessoas.
4. A escola cognitiva enfatiza a experiência subjetiva, as crenças e os pensamentos.
5. A escola comportamental enfatiza a influência da aprendizagem.
6. A TCC e a PIT são a sustentação empírica maiores para o tratamento da depressão e da ansiedade.

Bibliografia

de Mello MF, de Jesus Mari J, Bacaltchuk J et al. A systematic review of research findings on the efficacy of interpersonal therapy for depressive disorders. *Eur Arch Psychiatry Clin Neurosci*. 2005 Apr;255(2):75-82.

Hollon SD, Stewart MO, Strunk D. Enduring effects for cognitive behavior therapy in the treatment of depression and anxiety. *Annu Rev Psychol*. 2006;57:285-315.

Robins CJ, Chapman AL. Dialectical behavior therapy: current status, recent developments, and future directions. *J Personal Disord*. 2004 Feb;18(1):73-89.

CAPÍTULO

18 Aspectos Legais

Os aspectos legais afetam a todas as áreas da medicina, incluindo a psiquiatria. As leis que governam a prática médica dirigem a responsabilidade médica, a negligência e a prática ruim, assim como a competência ou capacidade do paciente, consentimento e direito a recusar o tratamento. Decisões anteriores da justiça, ou precedentes, são utilizados como o padrão pelos quais uma determinada ação (ou omissão) é julgada*. Os médicos devem estar conscientes das leis pertinentes do estado no qual eles praticam, de forma a cumprir adequadamente com os padrões profissionais enquanto respeitam os direitos e as responsabilidades de seu papel. Reduzir os eventos adversos e as queixas legais no sistema de cuidado de saúde é conhecido como manejo de risco.

PRÁTICA INADEQUADA

A definição legal de prática inadequada requer a presença de 4 elementos: negligência, responsabilidade, causa direta e danos. A negligência pode ser pensada como uma falência para realizar alguma tarefa com relação ao paciente, pequena queda do cuidado que deveria ser proporcionado pelo praticante normal (o padrão de cuidado). A responsabilidade reflete o reconhecimento da lei da obrigação do médico para proporcionar cuidado apropriado para seus pacientes. A causa direta requer que a negligência, diretamente, tenha causado os danos alegados. Finalmente, os danos (p. ex., dano físico ou emocional) precisam, de fato, ser mostrados como tendo ocorrido. Em suma, a prática inadequada envolve a negligência de uma responsabilidade que diretamente causa danos. As queixas de prática inadequada na psiquiatria envolvem, principalmente, suicídios dos pacientes em tratamento, diagnóstico equivocado, complicações da medicação, internação indevida (hospitalização involuntária ou isolamento) e relações sexuais com pacientes.

*N. do RT.: O sistema jurídico americano é diferente do brasileiro, apoiando-se fortemente na jurisprudência.

CONSENTIMENTO INFORMADO

O consentimento informado possui 3 elementos: informação, capacidade e consentimento. Primeiro, os níveis apropriados de informação em relação ao tratamento proposto, incluindo efeitos colaterais, tratamentos alternativos e resultado sem tratamento, precisam ser proporcionados (o processo de informação ou revelação). Segundo, a paciente precisa possuir capacidade, isto é, conseguir compreender, apreciar, razão e expressar uma escolha (tomada de decisões) em relação aos riscos e benefícios do tratamento. Terceiro, o paciente precisa dar o consentimento voluntariamente (importante para o conceito de vontade é a falta de coerção sutil ou visível). Os elementos do consentimento informado e capacidade estão descritos na Figura 18-1. Situações verdadeiras de emergência são uma exceção para esta regra; os tratamentos necessários para estabilizar um paciente em uma emergência podem ser dados sem o consentimento informado. (Comumente, a palavra *capacidade* é utilizada para descrever um paciente ou capacidade voluntária de pesquisa para fazer um tratamento ou decisão de participação na pesquisa. *Competência*, geralmente, refere-se aos achados de um procedimento judicial ou outro legal em relação à capacidade da pessoa para consentir. Entretanto, os dois termos são, com freqüência, utilizados intercambiavelmente.) É importante entender que indivíduos que possuem transtornos psiquiátricos como depressão maior, demência leve ou esquizofrenia podem, ainda, reter a capacidade para consentir no tratamento ou intervenções de pesquisa. Tudo o que é requerido é que uma pessoa reúna os critérios previamente mencionados para a capacidade.

INTERNAÇÃO INVOLUNTÁRIA

Internações involuntárias são geralmente ações judicialmente sustentadas que requerem pessoas a serem hospitali-

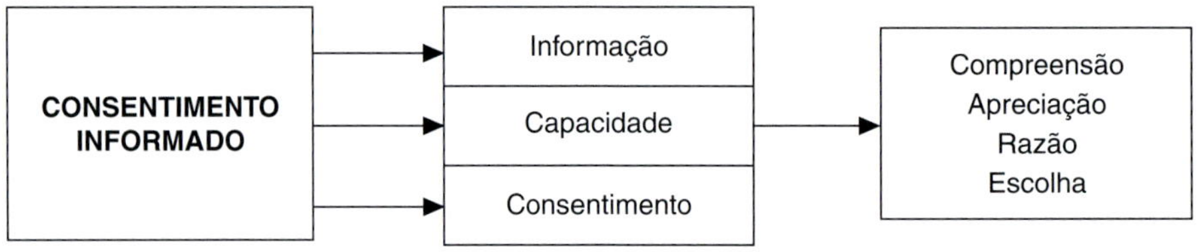

Figura 18-1 Os elementos do consentimento informado e da capacidade.

zadas ou tratadas contra sua vontade. Embora as leis variem de estado para estado, os critérios de internação geralmente requerem evidência de que o paciente é um perigo para si próprio, um perigo para os outros e/ou é incapaz de cuidar de si mesmo. Os psiquiatras, na maior parte das localidades, têm o direito de internar um paciente, temporária e involuntariamente, se quaisquer destes critérios são atendidos e um diagnóstico de um transtorno mental é estabelecido (em outras palavras, tanto um transtorno mental como um perigo precisam existir). A duração da internação temporária e os direitos do paciente variam pela jurisdição. Pacientes que foram internados possuem direito de serem tratados, e, a menos que eles tenham sido declarados incompetentes, têm o direito de recusar o tratamento.

DECISÕES DE TARASOFF – RESPONSABILIDADE PARA PREVENIR (OU PROTEGER)

Tarasoff versus a Comissão de Diretores da Universidade da Califórnia (ou simplesmente *Tarasoff*) foi um caso marcante levado 2 vezes à Corte Suprema da Califórnia em 1976. Tarasoff I sustentava que os terapeutas tinham a responsabilidade de proteger as vítimas potenciais de seus pacientes. Tarasoff II sustentava que os terapeutas tinham que tomar medidas razoáveis para proteger vítimas potenciais de seus pacientes. Na maior parte das localidades, isto significa que o terapeuta deveria intervir em razoável medida para proteger uma terceira parte se um paciente especificamente identificasse a terceira parte e um risco de dano sério parecesse iminente. Entretanto, existem muitas interpretações legais diferentes das responsabilidades dos médicos em relação ao equilíbrio entre confidencialidade e proteção de terceiros, criando grande dificuldade na prática psiquiátrica. Em razão dos requerimentos legais específicos variarem com as leis dos estados, é importante compreender os requerimentos de cada jurisdição*.

*N. do RT.: As legislações estaduais americanas são muito independentes.

REGRA DE M'NAGHTEN – DEFESA POR INSANIDADE MENTAL

Aludindo a um homem mentalmente doente (M'Naghten) que tentou assassinar o primeiro ministro da Inglaterra em 1843, esta regra forma a base da defesa da insanidade mental. De acordo com a regra de M'Naghten, uma pessoa não é tida como responsável por um ato criminoso se, no momento do ato, ela sofre de doença ou retardo mental *e* não compreende a natureza do ato *ou* não entende que este é errado. Na história mais recente, a utilização apropriada da defesa da insanidade tem sido questionada. Alguns juristas usam a designação "culpado, porém insano" para indicar culpabilidade, porém, ao mesmo tempo, reconhecndo a presença de doença mental (e, presumivelmente, a necessidade para o tratamento)**.

PONTOS-CHAVE

1. A prática inadequada consiste de negligência, responsabilidade, causa direta e danos.
2. Os elementos essenciais do consentimento informado são a informação, a capacidade e o consentimento.
3. A decisão de *Tarasoff* leva a uma expectativa de que os terapeutas e os doutores tomem ação razoável para proteger pessoas a quem seus pacientes tenham especificamente ameaçado.
4. A regra de M'Naghten é a base da defesa da insanidade.

**N. do RT.: Isso também é específico do sistema jurídico americano.

Bibliografia

Kachigian C, Felthous AR. Court responses to Tarasoff statutes. *J Am Acad Psychiatry Law.* 2004;32(3):263-273. Review.

Kim SY Evidence-based ethics for neurology and psychiatry research. *NeuroRx.* 2004 Jul;1(3):372-377. Review.

Moye J, Gurrera RJ, Karel MJ et al. Empirical advances in the assessment of the capacity to consent to medical treatment: Clinical implications and research needs. *Clin Psychol Rev.* 2005 Aug 30; [Epub ahead of print].

P Perguntas

1. Um médico é muito atencioso e compassivo com seus pacientes. Um de seus pacientes ficou com uma lesão permanente que não deveria ter ocorrido se o médico tivesse feito o diagnóstico correto. O médico terminou sua residência há mais de 20 anos e o diagnóstico só foi bem estabelecido nos últimos 5 anos. No questionamento, o médico não tem ciência do diagnóstico. Você foi convidado para revisar o caso. Quais dos seguintes elementos estão evidenciados por esta falta de familiaridade do médico com o diagnóstico?
   a. Responsabilidade
   b. Causa direta
   c. Danos
   d. Falha em alcançar o cuidado-padrão
   e. Manejo ruim do risco

2. Um homem de 20 anos de idade, com esquizofrenia, sofreu recentemente uma alteração na sua medicação antipsicótica. Seus delírios e suas alucinações estão agora bem controladas, porém ele está se queixando de alguma rigidez muscular. Quais dos seguintes agentes poderia ser uma escolha apropriada para direcionar este novo problema?
   a. Metilfenidato
   b. Benztropina
   c. Pemolina
   d. Atenolol
   e. Clonidina

3. Uma mulher de 26 anos de idade se apresenta com múltiplas queixas. Ela completou, recentemente, uma investigação para transtorno convulsivo. Nenhuma anormalidade foi detectada na avaliação neurológica. Ela tem sido acompanhada em uma clínica para o manejo de dor cervical, lombar, nos joelhos e na cabeça. Ela foi avaliada por um cirurgião ortopédico, porém, nenhuma etiologia subjacente pôde ser identificada. Ela relata que tem sido incapaz de alcançar o orgasmo por diversos anos. Também relata, mais adiante, uma longa história de dificuldade de deglutição e numerosas restrições dietéticas. Esta apresentação é mais consistente com qual das seguintes patologias?
   a. Transtorno de somatização
   b. Transtorno de conversão
   c. Transtorno da dor
   d. Hipocondríase
   e. Transtorno dismórfico do corpo

4. Um menino branco de 5 anos é encaminhado para seu consultório por apresentar problemas do sono. Os pais relatam que têm testemunhado a criança sentada no leito com uma expressão amedrontada e gemendo em voz alta. Ele parece consciente e intensamente amedrontado, porém cai de costas adormecido e não tem lembrança do evento. Esta perturbação mais provavelmente ocorre durante qual fase do sono?
   a. Estágio 0
   b. Estágio 2
   c. Delta
   d. REM
   e. Estágio 1

5. Uma mulher branca, de 45 anos, apresenta-se com uma história de 1 ano dos seguintes sintomas: suor, tremedeira, sensação de sufoco, desconforto no tórax, sensação de desfalecimento, despersonalização, medo de perder o controle e medo de morrer. Os sintomas se desenvolviam por cerca de 10 minutos em situações nas quais a paciente sentia-se em uma armadilha. A paciente mostra-se amplamente incapaz pelos sintomas. Tem sido incapacitada para levar as crianças na escola, ir ao *shopping* ou participar nos seus eventos sociais normais. Ela gostaria de evitar a utilização de qualquer tipo de medicação. Você começa ensinando exercícios de relaxamento e dessensibilização combinados com instrução dirigida a ajudar a paciente a compreender que seus ataques de pânico são o resultado de sensações corporais mal interpretadas. Qual é o nome desta técnica?
   a. Terapia de exposição
   b. Terapia psicodinâmica
   c. Terapia de *biofeedback*
   d. Terapia cognitivo-comportamental
   e. Condicionamento clássico

6. A paciente descrita anteriormente se torna impaciente com o progresso de sua psicoterapia. Ela requisita, agora, manejo psicofarmacológico. Ela tem lido acerca do transtorno e tem alguma familiaridade com seu manejo farmacológico. Fora das medicações apropriadas, você escolhe uma medicação que atua como um agonista no receptor GABA. Qual das seguintes medicações atende a estes critérios?

a. Alprazolam
b. Mirtazapina
c. Imipramina
d. Paroxetina
e. Fenelzina

7. Uma mulher branca de 22 anos de idade, com um diagnóstico prévio de bulimia nervosa, apresenta-se à sala de emergência durante seu período de exame na faculdade com um batimento cardíaco irregular. A paciente é avaliada e considerada no seu peso ideal. Ela tem sido tratada com sertralina e declara que está ingerindo conforme prescrito. No exame da paciente é observado que há um calo na 2ª articulação do dedo indicador direito. O eletrocardiograma demonstra um achatamento das ondas T com desenvolvimento de ondas U. Qual é, provavelmente, o achado mais importante?

a. Hipocalemia
b. Hipercaliemia
c. Hipercalcemia
d. Hipocalcemia
e. Ruptura esofágica

8. Alguns dos déficits cognitivos da doença de Alzheimer são por causa da perda dos neurônios colinérgicos no prosencéfalo basal que se projetam para o córtex cerebral e hipocampo. Uma das bases fundamentais da terapia atual é a diminuição da eficácia da transmissão da acetilcolina nos neurônios remanescentes. Qual é o mecanismo pelo qual o donepezil e a tacrina alcançam isto?

a. Ligando-se ao receptor pós-sináptico da acetilcolina
b. Ligando-se, irreversivelmente, à acetilcolinesterase
c. Bloqueando pré-sinapticamente a recaptação da acetilcolina
d. Inibindo reversivelmente a acetilcolinesterase
e. Atuando como um agonista pós-sináptico

9. Uma mulher de 48 anos de idade que vive em um abrigo público se apresenta ao Departamento de Emergência após ter um indício de convulsão de grande mal imediatamente após o jantar. Ela está letárgica e desorientada na chegada e gradualmente se torna mais alerta durante sua avaliação. Ela conta a você que não se lembra do que aconteceu. Um membro da equipe do abrigo conta a você que a paciente tem estado sob estresse ultimamente e tem bebido uma grande quantidade de refrigerante dietético. Seus remédios incluem clozapina 500 mg ao deitar, lítio 500 mg 3 vezes ao dia, glicopirrolato (Robinul) 2 mg ao deitar e escitalopram 20 mg por dia. Sua pressão sanguínea é elevada em 195/95. Seu índice cardíaco é de 90 e seu índice respiratório é de 15. Ela não fuma. Um painel de laboratório eletrólito básico revela um sódio sérico de 119. Sua radiografia de tórax é normal. Qual é o diagnóstico mais provável?

a. Síndrome da secreção inapropriada do hormônio antidiurético (SIADH)
b. Toxicidade à clozapina
c. Encefalopatia hipertensiva
d. Polidipsia primária
e. Síndrome da serotonina

10. Uma mulher de 24 anos de idade apresenta-se para um exame físico de rotina. Você está correndo atrasado e pede que ela espere por 40 minutos sozinha na sala de exame. Ela está olhando para baixo, fitando o chão, quando você retorna. Desculpando-se, você começa a revisar sua história médica. Ela começa a chorar e, então, repentinamente, sente-se irritada quando você pergunta se a enfermeira verificou seus sinais vitais. Ela diz "Eu estava conversando gentilmente com ela e, então, ela logo me deixou e não retornou". Você explica que existem muitos outros pacientes no seu consultório de cuidado primário hoje e que ela deve ter ido ver outros pacientes. Sentindo que ela ainda está tendo dificuldades, você pergunta a ela como está indo a sua vida. Ela conta que o namorado, com quem se relacionou por 2 meses, deixou-a abruptamente no mês passado e ela não tem sido capaz de parar de chorar. Você pergunta a ela acerca de sintomas neurovegetativos (como humor deprimido, interesses ou prazer diminuídos, alteração do apetite ou perda ou ganho de peso, perturbação do sono, agitação psicomotora ou retardada, fadiga ou baixa de energia, inutilidade ou culpa, concentração ou tomada de decisão prejudicada, pensamentos de morte ou suicídio) e ela endossa alguns sintomas, porém não o suficiente para o diagnóstico de depressão maior. Ela claramente se ilumina em resposta à sua atenção para os sentimentos dela e você começa a examiná-la. Ela possui numerosas marcas arranhadas nas coxas superiores, algumas das quais parecem antigas e algumas mais recentes. Você pergunta como ela as conseguiu e ela baixa os olhos para o chão novamente. "Eu as faço", ela declara. "Isto faz a dor suportável". Você termina seu exame e a encaminha para um colega para uma consulta psiquiátrica. A partir de suas recordações de seu treinamento psiquiátrico particular na escola médica, você suspeita que ela será diagnosticada com:

a. Transtorno de personalidade narcisista
b. Depressão maior
c. Transtorno de personalidade limítrofe
d. Transtorno de ansiedade generalizado
e. Masoquismo sexual

11. Um homem divorciado, de 45 anos é encaminhado para você oriundo do programa de assistência ao trabalhador de sua companhia porque está em experiência no emprego. Você foi convidado para avaliá-lo com relação à presença de doença mental que poderia estar afetando seu desempenho. Ele chega para a avaliação 15 minutos atrasado e olha irritado para você. Você explica a ele que sua avaliação é confidencial, porém, se existir informação que ele gostaria que dividisse com seu empregador para ajudar a promover acomodações, você poderia proporcionar tal informação. Ele começa a explicar que tem sido demitido ou abandonado diversos outros empregos no passado porque seus companheiros falharam em reconhecer seus talentos únicos. Em cada situação, ele descreve o sentimento como se ele tivesse deixado a organização melhor e que, de fato, ele deveria ser o chefe. Ele fica surpreso quando você pergunta quais as qualidades que ele possui que ele acredita que o colocaria à parte. Ele enrubesce um pouco, parecendo humilhado e, então, repreende de volta para você, "o que você sabe acerca do trabalho de liderança? Você é um médico!" Você explica que você estava curioso a respeito da natureza de seus talentos. Ele, de forma notável, se acalma e então confessa que ele realmente não possui quaisquer talentos e começa a chorar. Você ouve e fala algo mais e, então, completa sua avaliação. Ele nega sinais neurovegetativos de depressão e não exibe sinais ou sintomas maníacos. Qual é o diagnóstico mais provável?

a. Transtorno de personalidade esquizóide
b. Transtorno delirante, tipo de grandiosidade
c. Transtorno de personalidade limítrofe
d. Transtorno de personalidade narcisista
e. Transtorno de personalidade dependente

12. Você é convidado pela enfermeira de sua clínica para conduzir uma visita domiciliar de uma mulher de 47 anos reclusa, que tem sido incapaz de sair para uma avaliação nos últimos 3 anos. A filha concorda em encontrar você na casa na manhã seguinte. Ela convida-o a entrar na casa, onde você encontra a paciente com roupas caseiras sentada em uma cadeira reclinada na sala. Ela conta que não deixa a casa há 3 anos "porque é muito assustador sair daqui", gesticulando em direção à rua. Você pergunta o que mais aconteceu durante os 3 anos. Ela reconta que estava em um *shopping center,* quando subitamente teve o começo abrupto de uma onda grave de ansiedade. Demorou aproximadamente 15 minutos, porém causou nela a vontade de correr para fora do *shopping* e retornar para a segurança de seu carro. Desde então, ela tem tido tais ataques com muito mais freqüência. Ela se recusa a deixar sua casa por, no mínimo, 2 anos e meio. Ela diz que gosta de ter pessoas visitando-na, porém não pode induzir a si própria a sair novamente. Ela tem os ataques, às vezes, em casa e não tem procurado tratamento para eles. Disse que o mesmo pensamento aconteceu com sua mãe e ela gastou o resto de sua vida em casa. Pergunta se você compreende o que está acontecendo com ela e se você pode consertar isto. Você conta a ela que já viu isto antes e pode recomendar as formas corretas de tratamento. A condição primária é:

a. Depressão maior
b. Transtorno do pânico
c. Transtorno de ansiedade generalizado
d. Aracnofobia
e. Transtorno obsessivo-compulsivo

13. Um menino de 9 anos foi trazido para o departamento de emergência (DE) por seus pais, perturbados, após tentar atacar sua mãe com uma faca de cozinha. Sua mãe não foi lesionada, porém os pais chamaram a polícia, que sugeriu uma avaliação de emergência após observar o comportamento de seu filho. Ele estava verbalmente agressivo e marchando, falando alto e suando. A polícia escoltou-o para o DE. O menino foi contido e medicado agudamente no DE com uma combinação de sedativos de emergência. Os pais explicam a você que seu filho pareceu desenvolver transtorno de déficit de atenção uns poucos meses atrás e foi prescrita uma medicação contendo dextroanfetamina por seu pediatra. Isto pareceu ajudar no início, porém, então, sua personalidade tornou-se alterada. Onde antes ele era uma criança afável, brilhante, atlética, tornou-se incrivelmente desconfiado, agitado e insone. A situação piorou recentemente quando ele começou a acusar sua mãe de colocar veneno na sua comida. Ele atacou sua mãe após ela fazer uma nova comida com a qual ele não estava familiarizado. O pai do paciente possui transtorno bipolar. Seu tio materno possui esquizofrenia e sua mãe tinha transtorno de déficit de atenção/hiperatividade. Como se trata de uma criança, o próximo passo mais adequado seria hospitalizar o paciente e:

a. Iniciar terapia de citalopram
b. Iniciar terapia de lítio
c. Iniciar terapia de aripiprazol
d. Iniciar terapia de grupo
e. Descontinuar a terapia de dextroanfetamina

14. Uma menina de 8 anos se apresenta para a consulta pediátrica porque sua professora levantou preocupações acerca de sua falta de conversa na escola. Sua mãe conta a você que sua filha fala todo o tempo em casa e tem muitos interesses e atividades. Ela também descreve sua filha como tendo alcançado todos os marcos de desenvolvimento nas idades apropriadas. Entretanto, quando ela está na escola, não fala espontaneamente, falando apenas quando se dirigindo diretamente à professora. Ela está tendo dificuldade social, à medida que não tem interações sociais recíprocas com seus colegas. Quando está em casa ela brinca ativamente com suas 2 irmãs e fala normalmente. O que você contaria à mãe sobre a patologia de sua filha?

a. Depressão maior
b. Transtorno de estresse pós-traumático
c. Autismo
d. Mutismo seletivo
e. Abulia

15. Uma enfermeira de 27 anos aparece no consultório particular de um médico queixando-se de dor recorrente nas costas. No exame, é observado que a paciente possui nariz gotejando, pupilas dilatadas, piloereção, febre leve e taquicardia leve. A paciente relata que estava anteriormente utilizando oxicodona para sua dor nas costas por breves períodos, porém não tem utilizado para o alívio de qualquer dor por diversos meses. Ela afirma que estava com problemas passados "cerca de 2 vezes no ano". Você obtém um teste de laboratório adicional, faz um diagnóstico e prescreve o tratamento para esta paciente. Uma semana mais tarde, você está no atendimento médico do departamento de emergência quando a paciente é trazida em uma ambulância inconsciente, com respirações muito lentas e cianose perioral leve. O melhor tratamento de emergência para esta paciente é:

a. Flumazenil
b. Fisostigmina
c. Clonidina
d. Acamprosato
e. Naloxona
f. Alprazolam
g. Tiamina
h. Glicose

16. Um menino de 4 anos, cuja família emigrou recentemente de um outro país, é trazido por seus pais para uma consulta inicial com o pediatra. A criança não começou a escola neste país e seus pais estão alarmados com seu fracasso em alcançar o marco do desenvolvimento. Ele tem se desenvolvido fisicamente, porém tem sido lento no seu desenvolvimento das habilidades da linguagem e tem extrema dificuldade após as instruções. Você o encontra em bom aspecto físico e observa que ele faz bom contato visual com você, porém parece confuso com o que você está tentando fazer. Ele também chora e procura por sua mãe diversas vezes quando você está tentando examiná-lo. Você o encaminha para uma testagem neurofisiológica e o resultado revela um quociente de inteligência de 62. Em sua próxima consulta, você conta aos pais seu diagnóstico e prognóstico, que são:

a. Retardo mental grave, irá necessitar de cuidado institucional
b. Retardo mental leve, é educável, porém irá necessitar de suporte extra
c. Transtorno autístico, irá necessitar de educação especial
d. Síndrome de Asperger, será capaz de funcionar com suporte
e. Retardo mental moderado

17. Uma mulher de 88 anos é trazida para a sala de emergência por sua filha por causa de uma alteração no seu estado mental. Ela estava bem até que foi deixada em casa com o genro por uma semana, enquanto a filha viajava a trabalho. Você a examina e pede uma tomografia computadorizada de crânio (TC). A TC revela um hematoma subdural que parece ter menos de uma semana. Existe também edema de tecido mole sobre seu crânio e em torno da sua mandíbula. Você suspeita de abuso de idoso e pede uma série de radiografias observando outras fraturas. A série de radiografias revela fraturas graves e recentes das costelas e dos ossos longos de seu corpo. Após a consulta com um neurocirurgião acerca da necessidade de drenagem subdural, o melhor próximo passo é:

a. Chamar o escritório de manejo de risco para o hospital
b. Chamar o serviço social para uma consulta
c. Chamar o genro em casa e confrontá-lo
d. Chamar a polícia local e levar a filha presa
e. Encaminhá-la de volta ao seu médico de cuidado primário e enviá-la para sua casa

18. Uma mulher de 39 anos caminha no departamento de emergência com um nariz quebrado. Ela conta a você que caiu da cama e bateu no solo com seu rosto; ela e seu marido estão com cheiro de álcool, mas não parecem intoxicados. Você obtém uma consulta com o cirurgião e, após a paciente ser avaliada, você a verifica novamente. Antes de você entrar na sala, você ouve, por acaso, o marido falando em tom ameaçador para sua esposa. Ele diz "você mereceu isto agora, sua parasita". Quando você entra na sala, ele parece assustado e ela parece amedrontada. Você suspeita de abuso conjugal. O melhor passo seguinte seria:

a. Chamar a polícia para prender o marido
b. Colocar o marido fora da sala e confrontá-lo
c. Tentar separar o casal e falar com a mulher sozinha
d. Ligar para a casa da paciente para ver se alguém sabe o que aconteceu
e. Perguntar mais ao casal acerca de como ela caiu da cama

19. Um homem de 28 anos do hospital público local é trazido para o departamento de emergência mudo e em uma postura rígida. Ele tem temperatura central de 38,3ºC, pressão sanguínea de 200/110, índice cardíaco de 128 e é capaz de mover todas as 4 extremidades distalmente e proximalmente, e responde à dor tecidual profunda, porém pouco mais. Você obtém a liberação do sumário antigo de uma admissão cirúrgica de 2 anos atrás para apendicite. Nele você encontra a menção de que o paciente estava tomando olanzapina, haloperidol, fluoxetina, trazodona e ácido valpróico. Você pede um perfil metabólico sérico completo. Sua creatinofosfocinase (CFQ – CPK) voltou a se tornar gravemente elevada em 110.000 unidades por litro. Sua pressão sanguínea tornou-se instável e você o transfere para a unidade de cuidado intensivo. O diagnóstico mais provável é:

a. Síndrome da serotonina
b. Síndrome neuroléptica maligna
c. Distonia
d. Discinesia tardia
e. Pneumonia

20. Um homem de 22 anos se apresenta no seu consultório marchando e falando rapidamente. Sua enfermeira tenta mantê-lo calmo, inativo e tenta esperar por você, porém é incapaz. Ela pede a você que o veja imediatamente. Quando você entra na sala, ele pula e começa a vaguear a respeito de ir para a escola de medicina e tornar-se especialmente talentoso. Ele descreve não necessitar de sono prolongado, controlar a velocidade da leitura e gastar dinheiro em roupas caras para sua nova profissão. Ele pergunta a você o que ele deve vestir quando vencer o prêmio Nobel de medicina. Após reunir mais história de sua família, você decide que ele está agudamente maníaco. A medicação mais provável para ajudar esta condição é:

a. Flumazenil
b. Fluoxetina
c. Acamprosato
d. Gabapentina
e. Ácido valpróico

21. Um menino de 3 anos é avaliado na prática clínica pediátrica geral porque sua mãe acredita que ele "é muito quieto". Ela comunica especificamente que sua gravidez e seu parto não foram complicados. Poucos meses após o nascimento ela observou que sua criança parecia não responder às suas tentativas de se comunicar com ela. Ele falhou em responder quando no sorrir, quase não tem expressões faciais e não mantém contato dos olhos. Não balbuciou ou começou a caminhar como outras crianças da sua idade, porém utilizou, apenas ocasionalmente, frases sonoras estranhas de uma forma repetitiva. Além disso, ela se preocupa que ele sente por horas balançando para trás e para frente. Ele não brinca com outras crianças e mostra pouco interesse geral no seu mundo externo. O diagnóstico mais provável é:
a. Transtorno autístico
b. Esquizofrenia de começo na infância
c. Transtorno de conduta
d. Transtorno de déficit de atenção
e. Transtorno de ansiedade de separação

22. Uma mulher de 48 anos é entrevistada no departamento de emergência após sua irmã trazê-la por achar que sua irmã pudesse "fazer alguma coisa louca". A irmã relata que a paciente tem estado deprimida por um longo tempo, e que tem sido submetida a sério estresse. Ela declara que a paciente tem dito que seria melhor que ela morresse, e que a vida não merece ser vivida. A paciente relata que ela tem estado progressivamente mais deprimida desde o mês anterior. Ela reconta estressores como ter perdido seu emprego há 1 mês devido a cortes, porém ela acredita que eles a dispensaram porque ela não estava desempenhando bem seu trabalho. Além disso, 3 semanas antes ela terminou um longo relacionamento romântico de 5 anos, após uma grande distribuição de raiva e tumulto. Uma semana antes da admissão ela descobriu que seu apartamento previamente alugado, onde ela tem vivido por muitos anos, estava sendo vendido e que ela teria que se mudar. Ela ama sua vizinhança, porém não seria capaz de poder viver ali por muito tempo. Relata que tem se sentido seriamente deprimida por, no mínimo, 1 mês e tem apresentado marcados sintomas neurovegetativos de depressão. Além disso, descreve um profundo senso de anedonia e gasta seus dias deitada na cama sem comer e sem tomar banho. Relata que está sem esperança com relação ao futuro e que não acredita que irá se sentir bem novamente. Ela é vaga quando questionada diretamente a respeito da possibilidade de suicídio. Você faz o diagnóstico de depressão maior, porém está preocupado com o risco de suicídio da paciente. O fator de risco mais importante para o suicídio nesta paciente é:
a. Depressão maior
b. Sintomas neurovegetativos
c. Perda de um relacionamento romântico
d. Perda de seu emprego
e. Desesperança

23. Um homem de 24 anos com uma história de transtorno esquizoafetivo se apresenta no seu consultório com sua mãe para um exame físico de rotina. Ele conta a você que foi recentemente hospitalizado pela 4ª vez no último ano por paranóia. Seu psiquiatra iniciou com ele uma nova medicação, porém o paciente esqueceu sua 1ª consulta de acompanhamento. Seu exame físico é normal. Você o aconselha na cessação do tabagismo e pede uma contagem sanguínea completa de rotina. Então, 2 dias mais tarde, você percebe que a contagem de células brancas voltou em uma baixa de 1,9. Você pede que o paciente seja trazido no seu consultório para uma reavaliação e contata seu psiquiatra. O agente antipsicótico que o paciente provavelmente está mais tomando é:
a. Risperidona
b. Aripiprazol
c. Clozapina
d. Quetiapina
e. Tioridazina

24. Um homem de 39 anos visita um novo médico de cuidado primário para uma 1ª visita encorajado por sua mãe. Ele nega sintomas de depressão, exceto para ocasional humor baixo. Seu pai morreu quando ele tinha 14 anos e ele tem vivido com sua mãe desde aquele tempo. Trabalha como programador de computador e diz que ele tem muitos conhecidos, porém poucos amigos e nenhum relacionamento romântico. Sua mãe teve de convencê-lo a ir à consulta porque ele tem problema para decidir ver um médico. Sua mãe o acompanhou à visita e transmitiu que ela, com freqüência, decide coisas por ele porque ele "nunca é capaz de pensar por si mesmo". Ele diz: "As pessoas pensam que eu sou muito pegajoso. A verdade é que eu apenas quero que as pessoas cuidem de mim". Quando você fala com ele a sós, ele parece ter um nível intelectual normal, nenhum pensamento mágico ou estranho e um senso estável de si mesmo, porém revela um medo desesperado que sua mãe o abandone. Ele nega qualquer comportamento autodestrutivo ou impulsivo. O diagnóstico mais provável é:
a. Transtorno de personalidade limítrofe
b. Transtorno de personalidade dependente
c. Transtorno de personalidade esquizotípico
d. Transtorno de personalidade narcisista
e. Transtorno de personalidade

25. Uma mulher de 27 anos é trazida para o departamento de emergência pela polícia local porque ela tem perturbado os vizinhos. Sua família chega imediatamente mais tarde e parece muito preocupada. A polícia relata que o síndico do prédio da jovem mulher chamou porque ela estava em todas as portas de seus vizinhos e gritando nas escadas. Após examinar o apartamento da paciente, a polícia encontrou um local sujo e malcheiroso, com lixo apodrecendo e comida na cozinha. As janelas estavam seladas e cobertas com cortinas escuras e havia diversas televisões e computadores na sala de estar, todos ligados ao mesmo tempo. A família da paciente relata que durante o último ano, aproximadamente, ela vinha parecendo mais e mais estranha, dissociando a si mesma das atividades familiares, e que havia se demitido de um emprego bem pago de administrador de sistema de computador. Além disso, ela havia terminado abruptamente um relacionamento romântico de longo tempo sem razão particular. Ao exame do estado mental da jovem mulher, ela está desgrenhada e vestindo várias camadas de roupas sujas. Parece desconfiada e cautelosa. Sua fala é normal em índice, volume e produção. É conversadora e explica que tem estado se defendendo contra alienígenas que querem utilizá-la como um espécime. Ela acredita que começou a captar transmissões ocultas no seu e-mail no trabalho, revelando uma conspiração alienígena, envolvendo, talvez, a CIA. Afirma que deixou seu emprego para monitorar estas transmissões ocultas o tempo todo e que estava se escondendo no seu apartamento porque eles sabem que ela os está controlando. Terminou seu relacionamento recente porque percebeu que os alienígenas poderiam causar dano às pessoas que ela quisesse bem. Ela nega a utilização de substância ou qualquer sintoma médico. Relata, ainda, que tem se alimentado e dormido bem e que seu humor é bom. Ela nega ouvir vozes. A testagem diagnóstica, incluindo rastreamento de droga, contagem sanguínea completa, painel químico e RM do cérebro são todos normais. O diagnóstico mais provável é:

a. Esquizofrenia
b. Transtorno bipolar
c. Depressão maior
d. Abuso de álcool
e. Transtorno de personalidade paranóico

26. Um homem de 35 anos é visto em uma clínica da prisão para um exame físico de rotina. Ele conta a você que ele está na cadeia por ter assassinado 2 pessoas em uma tentativa de assalto frustrada. Quando você pergunta a ele a respeito de sua outra história criminal, ele relata numerosas prisões e algumas condenações por roubo, dirigir embriagado e estupro. Os registros penais indicam um padrão persistente de mentira e roubo enquanto encarcerado e que ele não exibe remorso quando preso pelas autoridades. Nunca foi hospitalizado psiquiatricamente e nega quaisquer episódios de humor elevado, expansivo ou flutuante. Não exibe grandiosidade, fala pressionada ou sintomas psicóticos. A história familiar é significativa para a dependência de álcool no seu pai e na sua mãe e para nenhuma história de transtorno bipolar. Ele calmamente relata que seu pai e subseqüentes pais adotivos, com freqüência, batiam nele com correias ou varas quando ele era uma criança. Ele foi deixado inconsciente em diversas ocasiões, porém não havia história de convulsões e nega pesadelos ou *flashbacks* de abuso. Apresentou idéia suicida, porém não fez tentativa de suicídio ou autodestrutiva. O diagnóstico mais provável é:

a. Transtorno de conduta
b. Transtorno de estresse pós-traumático
c. Transtorno ciclotímico
d. Transtorno bipolar
e. Transtorno de personalidade anti-social

27. Um homem de 19 anos é visto circulando em uma unidade psiquiátrica após ter sido admitido 2 noites antes. Ele foi diagnosticado com transtorno psicótico, não especificado de outra forma, e começou a utilizar 1 mg de risperidona 2 vezes por dia. A enfermeira pede a você para vê-lo primeiro porque ele tem estado "agitado a manhã toda". Quando você entra na sala, você o encontra marchando no solo. Ele conta a você que ele se sente impaciente e que se mantém em movimento para se sentir melhor. Além de marchar, ele não exibe quaisquer tremores ou outros movimentos das extremidades. Embora ele pareça agitado, seus sintomas psicóticos, os quais incluem alucinações e delírios, não parecem ter piorado desde a admissão. Os sinais vitais estão dentro dos limites normais e ele está sem febre. Uma CPK é solicitada e está normal. O diagnóstico mais provável é:

a. Distonia
b. Parkinsonismo
c. Acatisia
d. Síndrome neuroléptica maligna
e. Discinesia tardia

28. Um menino de 15 anos é trazido para seu consultório pediátrico porque seus pais estão envergonhados pelo seu comportamento. Eles relatam que ele tem estado intermitentemente latindo e uivando repetidamente durante as conversações. Este comportamento persiste em público e na escola. Além disso, ele tem tido períodos de postura corporal bizarra com movimentos sacudidos da extremidade superior e ronca como um cavalo. Seus pais acreditam que ele os está punindo por estabelecerem limites na televisão e tempo social com seus amigos. O jovem menino nega qualquer retaliação contra seus pais. Ele afirma que desenvolve um desejo poderoso de latir e de uivar, e que em outros momentos ele se movimenta descontroladamente. Está preocupado com relação a seus comportamentos e sente-se como uma "monstruosidade". A razão mais provável para o comportamento do jovem menino é:

a. Rebeldia de adolescente
b. Esquizofrenia
c. Abuso de substância
d. Transtorno de Tourette
e. Transtorno de conduta

29. Um homem de 41 anos com uma história de 21 anos de transtorno bipolar vem para o departamento de emergência com ataxia, tremor grosseiro de suas extremidades superiores, confusão e diarréia. Ele relata que tem apresentado suor em profusão porque está "calor lá fora" e que ele "não tem alívio" em casa porque a *halfway house* (casa de recuperação para drogados ou doentes mentais) não tem ar-condicionado. Suas medicações são fluoxetina 40 mg por dia,

carbonato de lítio 300 mg a cada manhã e 600 mg a cada noite, oxcarbazepina 300 mg a cada manhã e 900 mg a cada noite, olanzapina 7,5 mg a cada noite e lorazepam 1 mg por dia. Ele nega ter utilizado quaisquer drogas ilícitas. No exame, seu índice cardíaco é de 100 e regular, a pressão sanguínea é de 98/60, e o índice respiratório é de 14, a temperatura é de 37,5ºC. O diagnóstico mais provável é:
a. Toxicidade do lítio
b. Toxicidade do lorazepam
c. Toxicidade da fluoxetina
d. Toxicidade da oxcarbazepina
e. Síndrome da serotonina

30. Um estudante universitário de 18 anos é trazido para a sala de emergência pela polícia do *campus* por ter criado um transtorno no local. Ao exame, ele possui alucinações auditivas, agitação e fala rápida, incoerente. O espaço de tempo que ele possui os sintomas é desconhecido. A história de abuso de substância é desconhecida. O diagnóstico mais provável é:
a. Transtorno esquizofreniforme
b. Depressão de inverno
c. Transtorno de ansiedade generalizado
d. Depressão atípica
e. Transtorno obsessivo-compulsivo

31. Um homem de 23 anos é avaliado psiquiatricamente na unidade de cuidado intensivo cirúrgico após ter se auto-infligido um ferimento por arma de fogo no abdome. O paciente está consciente, porém sedado após a intervenção cirúrgica. Ao exame, o paciente é vago e cauteloso. Ele proporciona uma história de que não foi suicídio e que ele, acidentalmente, atirou em si próprio enquanto limpava a arma. Ele admite ter bebido umas poucas cervejas antes do incidente. Neste ponto, o próximo passo apropriado na avaliação do paciente é:
a. Aceitar a afirmação do paciente que o evento foi acidental
b. Obter uma TC de crânio
c. Obter um nível de hormônio estimulante da tireóide
d. Encaminhar o paciente para os Alcoólicos Anônimos
e. Obter história adicional do paciente e da família, amigos, ou testemunhas do evento

32. A história adicional obtida a partir de um amigo próximo revela que o paciente na questão anterior tinha estado desanimado sobre um rompimento romântico e piorando o desempenho na faculdade. O paciente não ingere álcool rotineiramente, porém tinha bebido até o ponto de intoxicação pelo menos 2 vezes na semana passada. A família do paciente relatou que ele os tem evitado ao longo dos últimos poucos dias. Baseado na história adicional, parece razoável:
a. Aceitar as afirmativas do paciente que o ferimento por arma de fogo foi acidental
b. Discutir seus achados com o paciente e explicar que você está preocupado a respeito da possibilidade de uma tentativa de suicídio
c. Discutir o abuso de álcool do paciente com o mesmo
d. Manter seus achados em segredo com relação ao paciente, de forma que não provoque raiva de seus amigos e família
e. Iniciar tratamento farmacológico com uma medicação antidepressiva

33. Você prescreve um antidepressivo inibidor seletivo da recaptação de serotonina para uma paciente sofrendo de depressão maior requerendo uma admissão psiquiátrica de internação; 2 dias mais tarde a paciente parece marcadamente ansiosa. A equipe de enfermagem está muito preocupada, sugerindo que a paciente pode necessitar de sedação adicional. Durante seu exame a paciente está agitada e marchando, balançando as pernas para cima e para baixo durante sua entrevista e é incapaz de se concentrar na conversa. Ela observa que não sabe o que está acontecendo, porém percebe que ela não consegue ficar sentada, sentindo como se precisasse mover as pernas ao redor. O diagnóstico mais provável é:
a. Síndrome neuroléptica maligna
b. Acatisia induzida por medicação
c. Transtorno de ansiedade generalizado
d. Síndrome da serotonina
e. Intoxicação por cafeína

34. Um homem de 53 anos admitido para a unidade psiquiátrica de internação para tratamento de transtorno bipolar é encontrado deitado no corredor. Ao exame, ele está consciente, porém está confuso e disártrico. A equipe relata que ele tem estado progressivamente sedado e confuso nas 24 horas anteriores. Ele afirma: "Eu sinto que os doutores estão tentando me matar". Após revisar seu gráfico, você observa que ele foi admitido 1 semana antes e reiniciou na sua usual dose de carbamazepina devido a um nível baixo. Então, 3 dias antes, ele desenvolveu uma infecção respiratória superior e foi tratado com um antibiótico. Seu último nível de carbamazepina foi de 3 dias antes. Você conduz um exame físico cuidadoso e revisa os sistemas para assegurar a si mesmo de que o paciente não sofre um episódio de síncope e não foi machucado quando caiu. O diagnóstico mais provável é:
a. Fingir-se de doente
b. Demência
c. Intoxicação medicamentosa
d. Infecção respiratória superior progressiva
e. Hidrocefalia de pressão normal

35. Um homem de 22 anos que recentemente foi demitido de seu emprego como mecânico se apresenta na sala de emergência, queixando-se de uma conspiração contra ele no seu antigo local de trabalho. Quando ele começa a explicar a situação, parece provavelmente possível a perturbação no local de trabalho. Você pensa em encaminhá-lo para um advogado quando ele informa a você que seu chefe é um imperador alienígena de Júpiter e que seus colegas de trabalho são sujeitos leais ao imperador. Quando você pede a ele para descrever mais a situação, ele coerentemente elabora uma história ricamente detalhada a respeito dos alienígenas na garagem e como eles conspiraram para eliminá-lo. Além destas crenças incomuns, ele parece normal em termos de vestimenta e postura corporal. O tipo mais provável de esquizofrenia neste paciente é:

a. Paranóide
b. Catatônico
c. Desorganizado
d. Não diferenciado
e. Residual

36. Você é solicitado para ver um homem de 27 anos que teve alta 2 dias antes de um hospital psiquiátrico. O enfermeiro relata que o paciente desenvolveu um tremor da mão, como se ele estivesse rolando uma pílula. Ele também conta que o paciente está caminhando muito rigidamente e parece estar tendo problema para iniciar os movimentos. Qual das seguintes medicações poderia ter, mais provavelmente, causado a condição acima?

a. Lorazepam
b. Benztropina
c. Quetiapina
d. Clozapina
e. Haloperidol

37. Um homem de 43 anos é admitido para o hospital por uma fratura de perna após cair de uma escada enquanto estava alcoolizado. Ele relata uma história de utilização de álcool diariamente desde 9 anos, exceto por raros episódios de sobriedade durante suas breves estadas na cadeia ou nos hospitais. Ele atualmente toma aliviadores de dor opiáceos para a dor da perna e recebe tiamina, folato e benziodiazepinas para a abstinência de álcool. O manejo apropriado neste ponto deveria incluir:

a. Continuar seu regime de tratamento atual com ajustamentos para baixo na dosagem de opiáceo e benzodiazepina à medida que a dor e a abstinência do álcool persistirem
b. Acrescentar naltrexona ao seu regime de tratamento atual para tratar a dependência do álcool
c. Parar os aliviadores de dor opiáceos porque ele pode tornar-se dependente deles
d. Parar as benzodiazepinas porque ele pode tornar-se dependente delas
e. Acrescentar uma medicação antidepressiva ao seu regime de tratamento atual

38. O paciente recupera-se muito bem de sua fratura e tem uma desintoxicação bem-sucedida do álcool. Ele não tem requerido aliviadores de dor, opiáceos ou benzodiazepinas na última semana e expressa um interesse nas opções futuras de tratamento para a dependência do álcool. A melhor recomendação de tratamento poderia incluir:

a. Alcoólicos Anônimos (AA), terapia cognitivo-comportamental (TCC) e naltrexona
b. Monoterapia de naltrexona
c. TCC
d. AA
e. Monoterapia de duloxetina
f. Monoterapia de oxazepam
g. Monoterapia de acamprosat

39. Uma mulher de 20 anos que se apresentou ao seu consultório 1 mês antes com depressão pós-parto retorna para o acompanhamento. Ela afirma que seu humor melhorou imediatamente após iniciar a fluoxetina. Sua energia melhorou muito. Ela firma que limpou sua casa várias vezes e está dormindo apenas de 2 a 3 horas a cada noite. Ela está falando rapidamente e parece distraída. O tratamento mais apropriado poderia ser:

a. Aumentar sua fluoxetina
b. Programar terapia eletroconvulsiva
c. Começar um estabilizador do humor e parar a fluoxetina
d. Começar terapia comportamental dialética
e. Começar terapia cognitivo-comportamental

40. Um paciente mentalmente retardado de 50 anos com esquizofrenia apresenta-se para a sala de emergência com obstrução da via aérea. Na apresentação, o paciente está hipóxico. O pessoal da emergência assegura que o paciente possui uma obstrução da via aérea superior e irá requerer uma traqueotomia de emergência. Quais seriam os aspectos críticos com relação ao consentimento informado com este paciente?

a. Proporcionar um nível apropriado de informação para um paciente com retardo mental e esquizofrenia
b. Estabelecer a competência em um paciente hipóxico mentalmente retardado com esquizofrenia
c. Assegurar que o consentimento é voluntário
d. O paciente deve ser comprometido
e. O consentimento informado não é necessário

41. Um homem negro de 45 anos se apresenta 3 meses após ter sofrido um infarto miocárdico no seu local de trabalho, onde atua como chefe de cozinha responsável. No último mês ele tem tido problemas de concentração e para relembrar suas receitas. Ele se queixa de interesse e prazer diminuídos no seu trabalho e passatempos. Também possui dificuldade para dormir à noite. Tem tido pouca energia a despeito da reabilitação cardíaca bem-sucedida. Perdeu 9 kg durante este tempo. Os sintomas estão ameaçando seu trabalho e seu relacionamento com sua esposa. O agente mais apropriado para o tratamento inicial desta condição poderia ser:

a. Terapia eletroconvulsiva
b. Antidepressivo tricíclico
c. Lítio
d. Inibidor da monoaminoxidase
e. Inibidor seletivo da recaptação da serotonina

42. Uma mulher de 30 anos se apresenta com a queixa principal que todo mundo sempre a deixa só. Ela foi casada e divorciada 3 vezes. Afirma que cada marido, inicialmente, parecia perfeito, porém ela subseqüentemente percebeu que eles eram um engano total. Ela relata que seus pais se divorciaram quando ela tinha 4 anos e que ela foi estuprada por seu padrasto numerosas vezes dos 6 até os 10 anos. Ela já teve mais de 60 parceiros sexuais. Relata preocupações financeiras persistentes; expressa sentimentos crônicos de vazio. Durante a entrevista, a paciente é alternadamente sedutora e irritável. Possui uma história de abuso de substância, porém nega qualquer história de abuso de substância recente. O tratamento mais apropriado para esta paciente é:

a. Começar medicação antipsicótica
b. Terapia eletroconvulsiva
c. Terapia comportamental dialética
d. Admissão de internação psiquiátrica para uma unidade de diagnóstico dual
e. Começar psicoterapia psicodinâmica a longo prazo

43. Um menino branco de 8 anos foi trazido ao seu consultório para a avaliação de dificuldades em casa e na escola. Sua mãe afirma que ele é muito difícil de tratar em casa. Na escola ele parece ter dificuldades de seguir as instruções, esquece freqüentemente seu dever de casa e com freqüência fala na sala sem ter sido solicitado. Ele teve uma testagem psicológica que demonstra um QI acima da média e nenhuma evidência de incapacidade de aprendizagem. Qual seria o meio mais apropriado para manejar este menino?

a. Venlafaxina
b. Psicoterapia psicodinâmica
c. Atomoxetina e terapia comportamental
d. Citalopram e terapia cognitiva
e. Psicoterapia de sustentação
f. Haloperidol

44. Um menino de 4 anos observa seu pai utilizando um garfo. A criança, então, eleva um garfo e o utiliza em uma forma semelhante para alimentar a si mesmo. Este é um exemplo de:

a. Projeção
b. Regressão
c. Imitação
d. Condicionamento clássico
e. Condicionamento operante

45. Você foi chamado para avaliar um paciente no departamento de emergência. O paciente tem estado altamente combativo. Ele possui uma longa história de transtorno esquizoafetivo. Tem estado presente em 3 turnos do departamento de emergência. Inicialmente, ele foi manejado com diversas doses de haloperidol intramuscular. Ele pareceu responder, porém, então, começou a demonstrar agitação que foi tratada com olanzapina oral. O paciente tornou-se crescentemente agitado e recebeu alta dose de ziprasidona intramuscular. O paciente, então, tornou-se delirante com pressão sanguínea instável e diaforese, febre, rigidez e convulsões. Qual é seu diagnóstico provável neste momento?

a. Síndrome da serotonina
b. Síndrome neuroléptica maligna
c. Distonia
d. Acatisia
e. Toxicidade relacionada ao dissulfiram

46. Uma estudante de faculdade se apresenta com sintomas de depressão. Ela afirma que estava indo muito bem até 1 semana antes. De fato, diz que não tinha necessidade de qualquer sono, sua criatividade estava em alta todo o tempo e estava inacreditavelmente produtiva no seu trabalho. Relata que estava, de maneira não característica, promíscua. Afirma que isto foi seguido por um período de irritabilidade, dificuldade de concentração e uma incapacidade persistente para dormir. Depois seguiu-se episódio depressivo atual. Qual dos seguintes agentes poderia ser o mais apropriado para sua terapia de manutenção?

a. Venlafaxina
b. Mirtapazina
c. Lítio
d. Terapia eletroconvulsiva
e. Valium (diazepam)

47. Um paciente com depressão refratária ao tratamento tem recebido terapia eletroconvulsiva (TEC). Qual das seguintes é verdadeira para este tratamento?

a. A TEC bilateral possui menos efeitos colaterais do que a unilateral
b. A TEC bilateral é mais efetiva do que a unilateral
c. A TEC está indicada apenas para a depressão refratária
d. O efeito colateral mais comum são as convulsões
e. A TEC é contra-indicada na psicose

48. Uma mulher de 85 anos sem história psiquiátrica anterior é avaliada no departamento de emergência para comportamento estranho. De acordo com a família da paciente, ela tem estado acordada por 2 a 3 dias com fala e atividade constantes. Ao exame, a paciente está agitada, marchando na sala, falando sem parar e não permitindo que você a interrompa, parecendo um pouco paranóide. A ação mais apropriada é:

a. Tratar a paciente com estabilizador do humor para transtorno bipolar
b. Tratar a paciente com reposição do hormônio tireóideo sintético
c. Tratar a paciente com uma medicação antidepressiva
d. Pedir uma avaliação médica e neurológica cuidadosa
e. Tratar a paciente com uma medicação antipsicótica para a esquizofrenia

49. Um homem branco de 72 anos se apresenta para o departamento de emergência após sua filha encontrá-lo sentado na cama com uma pistola carregada na mão. O paciente nega depressão ou pensamento suicida e afirma que estava planejando limpar a arma e que ele a mantém contra ladrões. A filha do paciente relata que ele parece estar deprimido desde que sua esposa morreu há poucos meses. Ele tem perdido uma grande quantidade de peso e não está dormindo ou se vestindo bem. O manejo inicial mais importante para este paciente poderia incluir:

a. Uma consulta nutricional
b. Hospitalização psiquiátrica
c. Encaminhar para psicoterapia ambulatorial
d. Encaminhar para psicofarmacologia ambulatorial
e. Consulta neurológica

50. Dois elementos da história do paciente anterior indicam que ele está em risco aumentado para o suicídio. O 1º é a depressão maior. O 2º é:

a. Perda de peso
b. Falta de sono
c. Desesperança
d. Idade, raça e gênero
e. Vestimenta ruim

51. Uma vez hospitalizado em um ambiente seguro, o tratamento apropriado para este paciente inclui:

a. Buspirona
b. Psicoterapia comportamental dialética
c. Propranolol
d. Mirtazapina
e. Volproato

52. O paciente é admitido ao hospital e o tratamento é iniciado com mirtazapina. Entretanto, o paciente continua a piorar e é incapaz de comer ou beber. Ele continuamente rumina a respeito de sua desesperança e desejo de morrer. Tem severo retardo psicomotor e possui pouca fala espontânea. Um próximo passo razoável no tratamento deste paciente é:

a. Diminuir a mirtazapina
b. Avaliar o paciente para terapia eletroconvulsiva
c. Terapia cognitivo-comportamental
d. Multivitaminas
e. Acrescentar gabapentina

53. Um homem de 22 anos é trazido para o departamento de emergência local pela polícia após ser preso em uma loja de comestíveis por causar um transtorno. A natureza do transtorno não é clara, porém a polícia indica que o homem estava repetidamente lhes acusando de trabalhar para a Agência de Segurança Nacional e tendo um plano para "pôr fim a ele". Após o exame, o jovem parece agitado, desgrenhado e assustado. Ele tem sido contido no leito pela segurança do hospital e está se esticando na sua contenção. Sua fala é totalmente aflita e ele está muito zangado porque você deseja medir seus sinais vitais com o equipamento na sala. Ele afirma: "Você vai pôr fim em mim." O diagnóstico mais provável neste ponto é:

a. Transtorno do pânico
b. Intoxicação por heroína
c. Transtorno de déficit de atenção/hiperatividade
d. Esquizofrenia, tipo paranóide
e. Hipotireoidismo

54. Um homem de 27 anos queixa-se de excesso de sonolência durante o dia e tendo sonhos intensos nos momentos em que ele acredita ainda estar acordado. Ele observa que, em múltiplas ocasiões, tem uma urgência irresistível para dormir e cai adormecido, mesmo enquanto dirige. Ele sente-se revigorado após uma soneca durante o dia. Ao ser questionado, relata que às vezes tem ataques de "quedas" caracterizados por fraqueza súbita no seu corpo todo. Ele permanece alerta durante os ataques de quedas, porém cai no chão. Uma intervenção de tratamento apropriada é:

a. Pressão da via aérea positiva contínua à noite para melhorar a respiração anormal durante o sono
b. Administração de zolpidem (Ambient®) na hora de dormir para melhorar o sono à noite
c. Ácido valpróico para tratar a atividade convulsiva
d. Modafinil para melhorar a vigilância durante o dia
e. Olanzapina para melhorar a vigilância durante o dia

55. Um homem de 57 anos com uma história médica passada de "problemas do fígado" é visto na consulta psiquiátrica na unidade de cuidado intensivo do hospital por causa de agitação e confusão. A história disponível indica que o paciente esteve envolvido em um acidente de veículo a motor 72 horas antes, no qual ele sofreu uma fratura tibial requerendo procedimentos cirúrgicos para reparo. O paciente não sofreu traumatismo craniano ou perda da consciência durante o acidente. Suas medicações desde a chegada no hospital têm incluído apenas antibióticos e analgésicos, opiáceos. O diagnóstico mais consistente com agitação e confusão neste paciente é:

a. Demência
b. Transtorno psicótico
c. Delírio
d. Transtorno de personalidade anti-social
e. Acatisia

56. Os resultados de laboratório do paciente anterior incluem elevações em várias enzimas do fígado com anemia moderada, leucopenia e trombocitopenia. Um tratamento potencialmente crítico ou a intervenção diagnóstica neste ponto poderia incluir:

a. Transfusão de papa de hemácias
b. Avaliação para embolismo pulmonar
c. Administração de uma medicação antidepressiva
d. Administração de tiamina intravenosa
e. Aumento na dosagem de analgésico opiáceo

57. A história adicional obtida da família do paciente anterior indica que ele bebe álcool em uma base diária. Seu consumo mínimo díario de álcool consiste em uma caixa de 12 cervejas comum, porém, com freqüência, consome mais do que o dobro dessa quantidade. Os sinais vitais do paciente revelam um índice cardíaco de 130 batimentos por minuto e

uma pressão sanguínea de 180/110 mmHg. Um tratamento crítico adicional neste ponto poderia incluir:
a. Buspirona para tratar os sintomas de abstinência
b. Propranolol para tratar a hipertensão e a taquicardia
c. Hidratação intravenosa para tratar a taquicardia
d. Uma benzodiazepina para tratar os sintomas de abstinência
e. Clonidina para tratar a hipertensão

58. O paciente anterior responde ao tratamento e sua confusão e instabilidade autonômica se resolvem. Ele é bem compensado com benzodiazepinas e não tem requerido analgésicos opiáceos nos últimos 7 dias. Expressa desejo de parar de beber álcool e requisita tratamento para dependência do álcool. Uma intervenção farmacológica apropriada poderia incluir:
a. Uma medicação antidepressiva da classe de inibidor seletivo de recaptação da serotonina
b. Uma medicação benzodiazepínica
c. Uma medicação anti-hipertensiva
d. Uma medicação analgésica opiácea
e. Naltrexona

59. Uma menina de 12 anos se apresenta com sua mãe adotiva para uma visita pediátrica de rotina. A menina parece quieta e não faz contato visual com você quando você entra na sala. Sua mãe adotiva diz que ela tem apresentado dificuldades sociais na escola. Ela tem problemas para fazer amigos e, com freqüência, tem conflitos com seus colegas de classe. Ela tem problema em fazer uma idéia geral dos problemas com os quais se depara e freqüentemente se perde em detalhes de projetos aos quais está designada. Ela se mostra inadequada nas suas interações. Sua mãe adotiva diz que ela pode ser muito articulada verbalmente e escreve extremamente bem. Você a questiona para sintomas depressivos ou psicóticos e ela nega ambos. Uma vez que você pergunta a ela a respeito de um de seus projetos, ela conta a você acerca das minúcias de construir um rádio a partir do início. Ela se engaja com você brevemente, porém ainda parece desconfortável. Nega qualquer ansiedade significativa. O diagnóstico mais provável é:
a. Síndrome de Asperger
b. Autismo
c. Transtorno de personalidade de isolamento
d. Transtorno de ansiedade não especificado de outra forma
e. Transtorno de estresse pós-traumático

60. Uma mulher de 87 anos com uma história de demência mista leve é admitida por confusão e infecção do trato urinário. Quando a enfermeira tenta colocar um cateter Foley para melhorar a drenagem da urina, a paciente torna-se agitada e recusa o cateter. A equipe médica requisita que o psiquiatra consultor avalie a capacidade da paciente para consentir nos procedimentos médicos. No exame, a paciente está alerta e orientada para pessoas, locais, datas e tempo. O consultor explica, em detalhe, a razão de o cateter estar indicado e as conseqüências médicas da falta de receber o tratamento apropriado. A paciente afirma: "Eu não preciso de um cateter". Qual elemento do Consentimento Informado esta paciente satisfez?
a. Consentimento
b. Informação
c. Lógica concreta
d. Responsabilidade
e. Capacidade

61. Você está trabalhando em uma clínica psiquiátrica ambulatorial quando sua paciente conta a você que planeja matar o patrão. A paciente chama o patrão pelo nome, e menciona que ele vive logo abaixo da rua dela. Você conta à paciente que está muito preocupado a respeito destes sentimentos homicidas e recomenda a admissão psiquiátrica de internação. Antes que você possa reagir, a paciente foge do consultório e escapa. Você percebe que precisa prevenir o patrão da paciente a respeito dos relatos da paciente. Suas ações são fundamentadas em qual dos seguintes precedentes legais?*
a. A decisão *Tarasoff*
b. A regra de M'Naghten
c. *Griswold versus Connecticut*
d. Lei Comum Sueca
e. Negligência

62. Um homem de 29 anos é abandonado por seus amigos no departamento de emergência. O paciente queixa-se de dor no tórax. No exame o paciente está nervoso, diaforético e marchando. Seus sinais vitais indicam índice cardíaco de 132, com pressão sanguínea de 175/100. O paciente está sem febre. Um eletrocardiograma revela taquicardia sinusal com depressões no segmento ST nos eletrodos anteriores. O paciente fuma 1,5 pacotes de cigarros por dia. Ele não lembra de um diagnóstico prévio de hipertensão, hipercolesterolemia ou diabetes. Ele não tem conhecimento de história prévia de "problema cardíaco". Nega a utilização de álcool ou droga. Um teste diagnóstico crítico neste ponto é:
a. Ultra-sonografia abdominal
b. Eletroencefalograma
c. Separação de droga na urina
d. Hematócrito
e. Testes de função do fígado

63. Um teste de urina obtido do paciente anterior revela cocaína e metabólitos da cocaína no espécime da urina. O paciente tem um infarto miocárdico leve sem arritmia significativa ou outras complicações. Após a confrontação, ele afirma que raramente utiliza cocaína e esta foi a 1ª vez em muitos meses. Entretanto, após a checagem do gráfico do paciente de visitas anteriores, está claro que o paciente tem feito diversas visitas ao departamento de emergência por dor no tórax com testes de urina positivos para a cocaína ao longo

*N. do RT.: Situação específica do direito americano.

dos últimos anos. Neste ponto, você certamente pode fazer o seguinte diagnóstico:

a. Abuso de múltiplas drogas
b. Transtorno de personalidade anti-social
c. Dependência de cocaína
d. Infarto miocárdico
e. Simulação

64. Um homem de 57 anos com uma história de alcoolismo crônico é colocado em um asilo por transtorno amnésico relacionado com o álcool. Esta condição está associada ao dano às seguintes regiões do cérebro:

a. Tronco cerebral e lobos frontais
b. Hipocampo, fórnice e os corpos mamilares
c. Tálamo e giro cingulado
d. Caudado e putame
e. Cerebelo

65. Uma mulher de 25 anos teve episódios de ansiedade não esperados, recorrentes, com palpitações, diaforese, dor no tórax e um medo de perder o controle. Ela evita se socializar e ir a *shopping* devido ao medo de recorrência destes episódios. Alterações no seguinte sistema neurotransmissor estão fortemente ligadas a este transtorno:

a. Glicina
b. Malatonina
c. Substância P
d. Encefalina
e. GABA

66. Um menino de 11 anos se apresenta na clínica ambulatorial com o pai para uma visita de rotina. O pai diz que a criança está se desenvolvendo bem. Ele começou a jogar futebol há 2 anos. O pai disse que ele, às vezes, é um "mau perdedor", e em outros momentos ele está satisfeito com os seus resultados; porém, às vezes acredita que é "imprestável" se não marca gol em um jogo. O pai disse que o elogia se ele ganha ou não e tenta ensiná-lo novas técnicas para melhorar quando jogam juntos nos fins de semana. O filho conta que ele sente que é um bom jogador e apenas às vezes pensa que é o pior jogador na equipe. De acordo com os estágios do ciclo de vida de Erickson, o menino está dividido com qual conflito de desenvolvimento?

a. Intimidade *versus* isolamento
b. Identidade *versus* confusão de papel
c. Iniciativa *versus* culpa
d. Dedicação *versus* inferioridade
e. Integridade do ego *versus* desespero

67. Uma mulher de 24 anos se apresenta no departamento de emergência, queixando-se que seu nariz está deformado. Ela é examinada por você, que não encontra evidência de anormalidade. Ela puxa um espelho e olha para si própria: "Veja", apontando para seu nariz, "você não vê como ele está feio?" Ela conta a você que não pode continuar caminhando em público com este nariz. Ela sente que todos observam e tem ido a um número de cirurgiões plásticos para tentar fazer uma correção. Nenhum tem sido desejoso de operar seu nariz para consertá-lo. Você pede a uma colega para examinar a paciente e ela tira a mesma conclusão como você. A paciente tem:

a. Transtorno dismórfico do corpo
b. Exibicionismo
c. Transtorno de personalidade limítrofe
d. Fobia social
e. Transtorno de estresse pós-traumático

68. Um homem de 50 anos é trazido para seu consultório por sua família. Ele afirma que está indo muito bem e que não tem problema de memória. A família, entretanto, afirma que o paciente tem se tornado apático, imprudente e negligencia seu cuidado pessoal. Ele demonstra dificuldade leve de memória. Não tem história de doença de artéria coronária ou hipertensão. Um exame atual inclui níveis de tiamina, vitamina B_{12}, folato normais. O teste de HIV foi negativo. Uma varredura por TC da cabeça com e sem contraste demonstrou atrofia frontal e temporal. Qual é seu diagnóstico?

a. Doença de Alzheimer
b. Doença de Pick
c. Coréia de Huntington
d. Demência vascular
e. Creutzfeldt-Jakob

69. Uma mulher de 46 anos se apresenta para você para uma avaliação psiquiátrica inicial. Ela tem tido problemas de longa duração com o humor e dificuldades significativas com relacionamentos interpessoais. Ela conta a você que fez psicoterapia por 5 anos com um médico de outra cidade. Ela encontrava-se com ele diversas vezes na semana e descreve conversas que teve com ele a respeito de sua infância, seus relacionamentos com seus pais e relacionamentos subseqüentes com pessoas importantes na sua vida. No final, ela sentiu que compreendeu a si mesma um pouco melhor e poderia ter relacionamentos melhores, porém seu humor tinha permanecido um problema. A paciente foi, provavelmente, submetida a que tipo de tratamento?

a. Terapia cognitivo-comportamental
b. Psicoterapia psicanalítica
c. Terapia interpessoal
d. Terapia comportamental
e. Terapia comportamental dialética

70. Um homem de 57 anos de fora da cidade o procura no ambulatório para obter substituição das prescrições porque suas prescrições originais tinham sido perdidas. Ele explica a você que ele é um alcoólatra em recuperação do alcoolismo com depressão e ansiedade. Além da paroxetina, está prescrita a ele uma medicação que seu médico domiciliar disse que iria diminuir seus desejos pelo álcool. Ele não consegue recordar o nome da medicação, porém ele bebeu uma grande quantidade de álcool uma vez desde que ele a vinha utilizando e não se sentiu doente. Ele acredita que o remédio pode ter funcionado porque ele perdeu o interesse em continuar bebendo no dia seguinte e não sofreu recaída desde então. A medicação mais provável é:

a. Dissulfiram
b. Zolpidem
c. Buspirona
d. Naltrexona
e. Metoclopramida

71. Um homem de 45 anos com cirrose hepática alcoólica é admitido para desintoxicação do álcool. A médica atendente que foi chamada instrui você para tratar o paciente com o tratamento de rotina, incluindo tiamina, folato e benzodiazepinas. Ela conta a você que, uma vez que o paciente provavelmente possui comprometimento do metabolismo hepático, você deve escolher uma benzodiazepina que é metabolizada pela conjugação e que não tenha metabólitos de longa duração. Uma escolha razoável é:

a. Oxazepam
b. Diazepam
c. Clordiazepoxido
d. Buspirona
e. Clonazepam

72. Um homem de 73 anos é admitido no hospital por pneumonia lobar e desenvolve *delirium*. Pensando a respeito do *delirium,* você lembra que a demência é um fator de risco para o desenvolvimento futuro do transtorno. Ao revisar a história deste paciente, você descobre que ele tem um histórico de 40 pacotes de cigarros por ano, hipercolesterolemia, hipertensão, diabetes melito tipo 2 e doença da artéria coronária. Este paciente possui fatores de risco conhecidos, primariamente, para qual tipo de demência?

a. Demência relacionada com a doença de Huntington
b. Demência relacionada com problemas vasculares
c. Demência relacionada com a doença de Jacob-Creutzfeldt
d. Demência relacionada com a doença de Parkinson
e. Demência relacionada com HIV

73. Um homem de 23 anos busca aconselhamento psicológico porque está preocupado por não achar-se "normal". Após conhecer um pouco a respeito do paciente, você pede a ele para contar por que precisa de ajuda. O paciente afirma que ele acredita que seu desejo de sexo é muito mais baixo do que o de seus companheiros. Ele relata que raramente tem uma fantasia sexual e quase nunca tem interesse por sexo. Este paciente possui uma perturbação em qual fase do ciclo de resposta sexual?

a. Excitação
b. Desejo
c. Resolução
d. Orgasmo
e. Platô

74. Um homem de 56 anos com um histórico de hipertensão leve e obesidade se apresenta para seu médico de cuidado primário para tratamento de sonolência diurna e fadiga. O paciente relata que tem estado progressivamente mais fatigado ao longo dos 2 a 3 últimos anos e ganhou em torno de 11 quilos porque não tem energia para se movimentar. Ele tem aumentado sua ingestão de cafeína até o ponto de se sentir tenso e nervoso, porém ainda está cansado, cai no sono muito freqüentemente durante o dia e tem dores de cabeça bastante freqüentes. Após obter uma história médica e psiquiátrica detalhada, você pergunta ao paciente a respeito de seu tempo no leito à noite. Ele afirma que dorme sozinho após sua última companheira de leito ter se queixado de que ele roncava muito alto e parecia que estava sufocando toda a noite. Após completar a entrevista, você faz o seguinte diagnóstico provisório para as queixas do paciente:

a. Hipotireoidismo
b. Hipertireoidismo
c. Hipocondríase
d. Depressão maior
e. Transtorno da respiração relacionado com o sono
f. Narcolepsia

75. Como encarregado de triagem no departamento de emergência você é solicitado para desenvolver um protocolo de admissões. Enquanto é compreendido que qualquer paciente pode necessitar de admissão, algumas condições geralmente são autolimitadas. Um paciente na abstinência de qual das seguintes medicações poderia, mais provavelmente, necessitar de admissão?

a. Cocaína *Crack*
b. Cristal de metanfetamina
c. Maconha
d. Barbitúricos
e. Nicotina

R Respostas

1. d (Capítulo 18)

Má prática requer a presença de 4 elementos: negligência, responsabilidade, causa direta e danos. A negligência inclui falhar em alcançar o cuidado-padrão.

2. b (Capítulo 15)

O paciente descrito está experimentando sintomas extrapiramidais. A 1ª linha de tratamento para os sintomas é um agente anticolinérgico. De todos os agentes listados, apenas a benztropina é, primariamente, uma medicação anticolinérgica. O metilfenidato e a pemolina são psicoestimulantes. O atenolol é um betabloqueador e pode ser utilizado para manejar a pressão sanguínea, para tratar a acatisia (um outro efeito colateral das medicações psicotrópicas) e para outras condições. A clonidina é primariamente utilizada como um anti-hipertensivo e é efetiva no tratamento da abstinência opiácea, transtorno de déficit de atenção e síndrome de Tourette.

3. a (Capítulo 9)

O transtorno de somatização é caracterizado por queixas médicas crônicas múltiplas que incluem dor, perturbações gastrintestinais, sintomas sexuais e sintomas pseudoneurológicos, causados por uma doença médica. O diagnóstico de transtorno de somatização pode ser desafiador porque ele requer a presença de (i) 4 sintomas de dor em locais diferentes ou em diferentes funções, corporalmente, (ii) 2 sintomas gastrintestinais, (iii) no mínimo 1 sintoma sexual (não dor sexual) e (iv) 1 sintoma pseudoneurológico. A história de queixas físicas precisa começar antes dos 30 anos. O transtorno de conversão envolve queixas de disfunção sensorial ou motora que não são provocados por disfunção neurológica. O transtorno de dor é suspeitado quando fatores psicológicos desempenham um papel principal na expressão de mediação e impacto da dor. A hipocondria é caracterizada por uma preocupação em ter uma doença grave baseada em uma má interpretação das funções e sensações corporais. O transtorno dismórfico do corpo é caracterizado pela preocupação excessiva com um suposto defeito na aparência.

4. c (Capítulos 7 e 9)

A criança está, provavelmente, experimentando transtorno de terror do sono que ocorre durante o sono delta. O estágio 0 é desperto. O sono de movimento não rápido do olho (NREM) inclui os estágios 1, 2, 3 e 4. O sono delta é uma subdivisão do sono NREM, compreendendo os estágios 3 e 4. Os pesadelos geralmente ocorrem durante o sono REM.

5. d (Capítulo 3)

Os sintomas descritos são consistentes com um ataque de pânico. A técnica descreveu a terapia cognitivo-comportamental. Subseqüentemente, o paciente irá aprender que as sensações são inócuas e autolimitadas, que geralmente diminuem a resposta assustada. A terapia de exposição envolve confrontar um estímulo amedrontador. O condicionamento clássico é uma forma de aprendizagem na qual um estímulo neutro é repetitivamente pareado com um estímulo natural com o resultado de que apenas o estímulo neutro passa, então, a se tornar capaz de desencadear a mesma resposta que o estímulo natural.

6. a (Capítulos 12 e 14)

O alprazolam é uma benzodiazepina e atua no receptor GABA. A mirtazapina bloqueia o receptor de recaptação alfa-2, assim como tem atividade pós-sináptica. A imipramina é um antidepressivo tricíclico e atua bloqueando a recaptação pré-sináptica da serotonina e da norepinefrina. A paroxetina é um inibidor seletivo da recaptação da serotonina. A fenelzina é um inibidor da monoaminoxidase que bloqueia as enzimas pré-sinápticas que catabolizam a norepinefrina, a dopamina e a serotonina.

7. a (Capítulo 6)

O paciente está, provavelmente, induzindo o vômito mecanicamente com seu dedo indicador direito. Isto tem resultado na hipocaliemia, que tem produzido os achados eletrocardiográficos característicos e a arritmia cardíaca. A ruptura esofágica também é uma possível complicação do vômito induzido. Os pacientes com bulimia nervosa podem manter os pesos corporais próximos do normal.

8. d (Capítulo 15)

O donepezil e a tacrina se ligam reversivelmente à enzima acetilcolinesterase. Isto reduz a atividade da enzima, que consiste em hidrolisar a acetilcolina na sinapse. Supõe-se que a redução da atividade da acetilcolinesterase eleve a concentração pré-sináptica de acetilcolina liberada pelos axônios dos neurônios colinérgicos remanescentes. Inicialmente, estas drogas reduzem o déficit cognitivo; entretanto, este efeito diminui com a perda progressiva dos neurônios colinérgicos observada nesta doença.

9. d (Capítulo 1)

O paciente se apresenta com convulsão, que é mais provavelmente causada por hiponatremia aguda. A hiponatremia poderia ter muitas causas. A síndrome da secreção inadequada do hormônio antidiurético ou SIADH que é, com freqüência, associada a carcinoma de pequenas células do pulmão, é uma causa improvável de hiponatremia em um não fumante com uma radiografia de tórax normal. A clozapina pode causar convulsões e pode ser um fator contributivo para a convulsão, porém não iria causar hiponatremia. A hipertensão pode levar à disfunção cerebral, porém, geralmente, não às convulsões. Este nível de hipertensão leve não teria efeitos neurológicos. A síndrome da serotonina pode causar confusão, porém não causa convulsões ou hiponatremia. O diagnóstico de exclusão poderia, provavelmente, ser polidipsia e é sugerido pelo pessoal da equipe relatando sua excessiva ingestão de cola.

10. c (Capítulo 4)

Esta paciente mostra muitas das características comuns do transtorno de personalidade limítrofe. Ela exibe padrões de relacionamento mal adaptados ao estresse de rotina, labilidade emocional, julga-se abandonada pela enfermeira, e comportamento autoprejudicial. Embora pacientes com este transtorno tenham altos índices de depressão, ele atualmente não atende aos critérios para caracterizar um episódio. Embora ela exiba alguma auto-centralidade na sua percepção da interação da equipe clínica, o aspecto principal é que ela percebeu-se sendo abandonada pela enfermeira. Ela, indubitavelmente, experimenta ansiedade relacionada com a sua atitude mal adaptada, porém não proporciona evidência de um padrão persistente de preocupação que caracterizaria um transtorno de ansiedade generalizada. Finalmente, o comportamento autoprejudicial de cortar ou arranhar suas coxas não constituiu masoquismo uma vez a paciente não experimenta gratificação sexual com o comportamento mas, em vez disso, uma liberação do sofrimento emocional.

11. d (Capítulo 4)

Este homem exibe alguns sinais comuns de transtorno de personalidade narcisista. Sua indiferença do momento da consulta, grandiosidade acerca de suas capacidades a despeito de diversas falhas no trabalho e sua sensibilidade para uma sugestão leve de que ele talvez tenha um problema são comportamentos comumente vistos com este transtorno. A humilhação seguida de raiva também é uma manifestação comum da personalidade narcisista. A condição pode ser rapidamente desqualificada como uma conseqüência das dificuldades que tais indivíduos têm ao tolerar desprezos percebidos onipresentes proximamente, em cada ambiente de trabalho. A indiferença e a grandiosidade são colocadas longe e a empatia diminui, a partir dos outros, a dor subjacente de alguém. Seu interesse na interação e perseguição de relações de trabalho torna o transtorno esquizóide improvável. Embora ele seja grandioso, sua admissão de inadequação não é consistente com uma grandiosidade de delírio persistente. Ele não é autodestrutivo, impulsivo ou receoso de abandono, tornando o transtorno de personalidade limítrofe improvável. Ele não exibe características de transtorno de personalidade dependente (necessidades extremas e confiança nos outros para suporte emocional e tomada de decisão).

12. b (Capítulo 3)

Esta paciente possui transtorno do pânico não tratado com um começo relativamente tardio deste transtorno. Ela possui uma história familiar de agorafobia, uma complicação do transtorno do pânico que esta paciente tem desenvolvido. Sua história clínica não é consistente com depressão maior. Sua ansiedade vem em ondas clássicas de pânico, não há a preocupação constante de uma pessoa com ansiedade generalizada. Ela não tem o medo específico de aranhas, necessário para o diagnóstico de aracnofobia, nem as obsessões e compulsões do transtorno obsessivo-compulsivo.

13. e (Capítulos 7 e 15)

A criança tem desenvolvido sintomas de mania e psicose nos primeiros poucos meses de terapia de dextroanfetamina para um caso presumido de transtorno de déficit de atenção. A violência claramente justifica uma hospitalização. O que não está claro, especialmente dada a extensiva história familiar, é se os sintomas são isolados em razão do tratamento ou se o paciente está tendo um episódio inicial de transtorno bipolar ou esquizofrenia. O diagnóstico não está claro, porém a 1ª coisa que deve ser feita é a descontinuidade da dextroanfetamina. O tratamento adicional talvez inclua um antipsicótico ou um estabilizador do humor. Um antidepressivo poderia ser contra-indicado em um paciente sem depressão ou ansiedade, que pode estar tendo um episódio maníaco ou psicótico. A terapia de grupo poderia ser útil após a estabilização aguda, porém não é o 1º passo no tratamento.

14. d (Capítulo 7)

A menina exibe mutismo seletivo. Comumente, crianças com esta condição irão falar normalmente em casa, porém tornam-se mudas na escola. Acredita-se ser uma forma infantil de transtorno de ansiedade social. Enquanto esta criança seletivamente muda talvez seja deprimida, sua atividade do lado de fora da escola sugere de outra forma. Ela, a sua família e os professores devem ser interrogados a respeito da possibilidade de uma situação de abuso relacionada com a escola, levando ao transtorno de estresse pós-traumático, porém nós não temos evidência disso atualmente. Crianças com autismo falham em relatar em todos os contextos, não justamente na escola. A abulia é uma condição neurológica que resulta em uma falta de expressão afetiva. Crianças com mutismo seletivo podem ser tratadas com um grupo social e medicação antidepressiva, objetivando sua ansiedade social. Algumas crianças irão desenvolver um transtorno de ansiedade social ou depressão mais tarde na vida.

15. e (Capítulos 5 e 15)

A paciente possui dependência de opiáceo e está, mais provavelmente, sofrendo de uma superdosagem de opiáceo. Os sintomas iniciais de lacrimação, pupilas dilatadas, piloereção, febre leve e taquicardia leve são consistentes com abstinência de opiáceo. O teste de laboratório que você pediu foi pesquisa de drogas na urina, que foi positiva para os metabólitos opiáceos. Após a confrontação durante a consulta inicial, a paciente confessou que obteve prescrições de opiáceos de múltiplos médicos e também tem roubado narcóticos do hospital, para dá-los aos pacientes e, então, guardando-os. Você prescreveu uma admissão de internação para desintoxicação de opiáceo seguida de psicoterapia ambulatorial e envolvimento em grupo de auto-ajuda. A paciente foi bem-sucedidamente desintoxicada antes de ter se tornado não responsiva. Dos tratamentos listados, o flumazenil é um antagonista da benzodiazepina. A fisostigmina é útil no tratamento da toxicidade anticolinérgica. A clonidina pode ajudar com os sintomas de abstinência de opiáceo, porém não com a intoxicação opiácea. O acamprosato é útil no tratamento do alcoolismo. A naloxona é um antagonista opiáceo que pode salvar vidas nos casos de superdosagem de opiáceo. O alprazolam é uma benzodiazepina, útil na abstinência de álcool. A tiamina e a glicose são tratamentos importantes nos pacientes não responsivos e poderiam, também, ser importantes no manejo desta paciente no caso de outros fatores estarem contribuindo para o diagnóstico.

16. c (Capítulo 7)

A criança tem retardo mental. Ela cai na faixa média e deve ser educável, porém requererá um percurso de educação especial. Se seu QI foi menor que 50, porém maior do que 30, ela pode ter retardo mental moderado; se fosse de 20 a 30, o retardo poderia ser grave. Ela não parece ter autismo porque é capaz de se comunicar e fazer contato visual. Finalmente, crianças com transtorno de Asperger possuem um QI normal ou alto e possuem habilidades sociais inadequadas com contato visual ruim. Antes de finalizar este diagnóstico, seria importante excluir todas as causas médicas potenciais para sua função intelectual ruim.

17. b (Capítulo 10)

Casos suspeitados de abuso de idoso necessitam ser relatados aos serviços sociais. Enviar a paciente para casa e encaminhar para o acompanhamento em ambulatório leva a paciente a risco significativo e viola as leis que comandam os relatos em muitos estados. Embora seja comum a tendência ao confronto com os perpetradores suspeitos, geralmente é melhor deixar isto nas mãos de assistentes sociais experientes que podem avaliar a situação social e denunciar as pessoas apropriadas para as autoridades. Um médico denunciante pode ser processado pelos abusadores acusados, porém a administração de riscos deve ser chamada apenas após os serviços sociais terem sido consultados no caso.

18. c (Capítulo 10)

Pacientes que sofrem de abuso às vezes aparecem para o tratamento com seus abusadores. Este casal pode ter alcoolismo, dada a presença de um odor de álcool na sua respiração sem evidência de intoxicação, um sinal potencial de alta tolerância ao álcool. Sua responsabilidade primária é com o seu paciente. Pessoas abusadas podem ficar receosas de confrontar seus abusadores em virtude do medo de retaliação. Portanto, não seria apropriado chamar a polícia ou confrontar o abusador suspeito sem mais informação. Se você tentar obter mais informações com o abusador alegado presente, você pode estimular a suspeita no abusador, que pode, então, levar o paciente embora. Finalmente, sair indagando de modo investigativo viola a confidencialidade do paciente e está fora do papel de um médico tratando um paciente. A melhor opção é procurar um jeito educado para falar com o paciente sozinho e perguntar a respeito do abuso potencial. Com esta abordagem você preserva o direito do paciente à privacidade, não arrisca que sua intervenção resulte em mais dano para o paciente, e proporciona uma oportunidade segura para o paciente buscar a ajuda de um médico.

19. b (Capítulo 11)

O paciente está rígido, acinético, hiperpiréxico e não responsivo, com uma CPK elevada. Trata-se de síndrome neuroléptica maligna (SNM) até que se prove o contrário. A síndrome da serotonina deve ser imaginada, porém os sintomas característicos de tremedeira, hiper-reflexia, clônus e sintomas gastrintestinais não estão presentes. A rigidez muscular comumente sugere SNM, porém pode se desenvolver em casos graves de síndrome da serotonina. A discinesia tardia não está associada à febre e acinesia. Uma distonia poderia estar localizada em 1 ou 2 grupos musculares e poderia não causar os sinais sistêmicos. A pneumonia poderia causar os sinais sistêmicos, porém não os sinais neurológicos focais.

20. e (Capítulos 2 e 13)

O paciente mostra os sintomas clássicos de mania: a fala rápida, a grandiosidade, a necessidade diminuída de sono e gastar em demasia. De todos os remédios listados, o ácido valpróico, um anticonvulsivante estabilizador do humor, poderia ser o mais útil. O flumazenil, uma benzodiazepina antagonista, não teria qualquer impacto. A fluoxetina não trataria a mania e poderia, de fato, piorá-la. O acamprosato funciona na dependência do álcool, porém não melhora a mania. A gabapentina, enquanto inicialmente suspeitada de ter propriedades estabilizadoras do humor, não trata a mania e poderia ser menos eficaz do que os tratamentos-padrão como o ácido valpróico.

21. a (Capítulo 7)

Esta criança exibe os critérios diagnósticos clássicos para autismo, nominalmente: (i) comprometimento das interações sociais, (ii) comprometimento da comunicação e (iii) comportamento ou interesses estereotipados. A criança não exibe evidência de um transtorno de pensamento formal ou psicose em andamento, de forma que poderia não alcançar os critérios para esquizofrenia. O transtorno de conduta é uma perturbação comportamental em que a criança viola os direitos básicos dos outros e não adere às regras e normas da sociedade. É o equivalente infantil do transtorno de personalidade anti-social no adulto. O transtorno de déficit de atenção é caracterizado por uma perturbação persistente da atenção em, no mínimo, 2 ambientes diferentes (como a escola e o lar). Pode ser acompanhado por hiperatividade, na qual a circunstância do transtorno de déficit de atenção/hiperatividade poderia ser diagnosticado. O transtorno de ansiedade de separação é caracterizado pela ansiedade, como evidenciado pelo transtorno comportamental (tal como chorar) quando separada de um cuidador primário.

22. e (Capítulo 10)

Entre todos os fatores listados, a desesperança tem sido mostrada como um dos indicadores mais confiáveis de risco de suicídio a longo prazo. A depressão maior e outros transtornos do humor e transtornos de abuso de substância também são fatores de risco para o suicídio.

23. c (Capítulo 11)

O paciente possui granulocitopenia moderada. Embora muitas medicações possam causar granulocitopenia ou agranulocitose, a clozapina carrega o risco mais elevado de todos os antipsicóticos para esta reação adversa maior à droga. Ela também é o único agente antipsicótico que requer monitorização freqüente dos leucócitos.

24. b (Capítulo 5)

Este paciente parece ter uma necessidade profunda de conexão e uma relação de dependência com sua mãe idosa. Ele depende demais de sua mãe para dirigir sua vida, incluindo tomar pequenas decisões. Ele provavelmente tem medo do abandono pela mãe, da qual ele depende, porém difere daqueles com transtorno de personalidade limítrofe porque tem um senso mais estável de si próprio e não é impulsivo e autodestrutivo. Sua auto-estima não está comprometida e ele carece da grandiosidade que poderia ser vista em uma pessoa com personalidade narcísica. Embora o paciente trabalhe em um emprego freqüentemente solitário, ele não é um eremita isolado com transtorno de personalidade esquizóide. Também não há evidência de pensamento mágico que poderia caracterizar transtorno esquizotípico de personalidade.

25. a (Capítulo 1)

Um diagnóstico de esquizofrenia requer um período maior do que 6 meses de sintomas positivos e negativos de psicose combinada com deterioração social e ocupacional. O transtorno bipolar requer a presença de, no mínimo, um episódio de mania e geralmente consiste de ciclos de mania e depressão. A psicose é comum na fase maníaca da doença bipolar, porém este paciente não exibe sintomas de mania (*i. e.,* fala pressionada, sono diminuído, energia aumentada etc.). A depressão maior pode estar associada à psicose, porém este paciente não proporciona a evidência de ter depressão maior. O abuso do álcool pode levar à psicose, especialmente alucinações auditivas, porém outros sintomas de abuso de álcool poderiam estar presentes. O transtorno de personalidade paranóide não leva ao nível de transtorno social e ocupacional grave experimentado por este paciente.

26. e (Capítulo 4)

Este paciente exibe um padrão geral de flagrante indiferença para as regras e leis da sociedade. Uma história infantil de negligência ou abuso grave não é incomum. A despeito do relato de um trauma de infância, um diagnóstico de transtorno de estresse pós-traumático não é feito a menos que exista hiperexcitação, recordação intrusiva do trauma e esforços para evitar a lembrança do trauma. Ele nega transtorno do humor e a perda de hospitalizações prévias ou história familiar tornam tanto o transtorno bipolar quanto o transtorno ciclotímico improváveis. Este paciente pode ter sido diagnosticado com transtorno de conduta na infância. Quando o comportamento de transtorno de conduta persiste na idade adulta, o diagnóstico torna-se de transtorno de personalidade anti-social.

27. c (Capítulo 16)

Este paciente exibe os sintomas clássicos de acatisia, um efeito colateral comum das medicações antipsicóticas. Pacientes com este efeito colateral exibem agitação, inquietação e marcha. Eles geralmente endossam um sentimento interno de inquietação (com freqüência localizada para as pernas). É importante distinguir a acatisia da inquietação e da agitação em decorrência da psicose piorada ou ansiedade. Outros transtornos de movimento, como distonia (espasmos dos músculos), discinesia tardia (movimentos musculares involuntários, lentos) ou parkinsonismo (tremor de enrolar pílula, marcha de festinação, *facies* em máscara), devem sempre ser excluídos nos pacientes que tomam neurolépticos. Pacientes com síndrome neuroléptica maligna podem se apresentar com agitação ou excitabilidade motora, porém a ausência de febre e uma CPK sérica normal tornam o diagnóstico improvável.

28. d (Capítulo 7)

O transtorno de Tourette é caracterizado por tiques involuntários vocais e motores. Às vezes os tiques vocais são roncos ou latidos, porém eles podem se desenvolver em tiques com palavras. O transtorno de Tourette é mais comum nos homens jovens (razão de 3:1 homem-mulher) e o começo geralmente é na adolescência tardia. A rebeldia do adolescente é um termo coloquial para certos tipos de comportamentos adolescentes, porém não explica os tiques vocais e motores. A esquizofrenia não é provável porque este homem jovem não possui sintomas psicóticos. O abuso de substância pode produzir uma alteração comportamental em um indivíduo, porém os tiques vocais e motores não são clássicos. O transtorno de conduta é diagnosticado quando uma criança viola consistentemente as regras básicas dos outros e ignora as regras e normas sociais. Uma criança suspeitada de ter transtorno de Tourette deve ter uma avaliação médica e neurológica cuidadosa. A doença de Wilson e a doença de Huntington se apresentam com transtorno do movimento que poderia ser confundido com tiques motores, portanto, necessitam ser excluídas e um eletroencefalograma deve ser realizado para avaliar transtorno convulsivo.

29. a (Capítulos 13 e 16)

Uma vez que o lítio é renalmente filtrado, seu nível sérico pode ser afetado pelos estados de desidratação ou insuficiência renal. Sinais de intoxicação pelo lítio, incluindo tremor grosseiro, confusão, ataxia e diarréia, são evidentes neste paciente. Embora a toxicidade da oxcarbazepina possa, similarmente, resultar em ataxia e confusão, ela não está associada a tremor grosseiro ou diarréia. Os níveis de oxcarbazepina também não estão como sensitivos aos níveis de desidratação. A fluoxetina pode causar náusea, dor de cabeça, inquietação, insônia e anorgasmia. Ela é geralmente não tóxica, mesmo em *overdose*. A síndrome da serotonina pode causar tremor e confusão, porém não ataxia.

30. a (Capítulos 1 e 2)

Este paciente se apresenta com sintomas psicóticos e agitação. Até que uma história adicional seja obtida ou episódios futuros sejam observados, o diagnóstico é incerto. Ele poderia ter um assim chamado "primeiro surto" de transtorno esquizoreniforme, que pode persistir pelos 6 meses requeridos para alcançar os critérios para esquizofrenia. Talvez possa ser um episódio maníaco com características psicóticas em um paciente com transtorno bipolar subjacente ou transtorno esquizoafetivo. A psicose pode também ser induzida por substância (p. ex., transtorno psicótico induzido por anfetamina). Embora os pacientes com transtorno de ansiedade generalizada possam se apresentar com inquietação ou irritabilidade, eles geralmente não são agitados e não têm alucinações auditivas ou transtorno do pensamento. Pacientes com depressão do inverno e depressão atípica geralmente se apresentam com sintomas de energia diminuída, apetite e sono aumentados. Eles também se queixam de lentidão psicomotora. Indivíduos com transtorno obsessivo-compulsivo possuem obsessões e compulsões não razoáveis.

31. e (Capítulos 2, 5 e 10)

A vinheta descrita é comumente vista nos pacientes que tentaram suicídio. Aceitar a afirmação do paciente de que o evento foi acidental seria inapropriado em face de um evento ameaçador à vida. Com freqüência, pacientes tentam o suicídio e, então, negam qualquer intenção de autodano. Intoxicação com álcool ou outras drogas é comum. TC do crânio não parece clinicamente indicada a menos que haja suspeita de processo intracraniano que predisponha ao comportamento autolesivo. A dosagem de hormônio estimulante da tireóide talvez seja apropriada se o paciente é encontrado deprimido. O paciente pode ter dependência alcoólica ou abuso justificando um encaminhamento para os Alcoólicos Anônimos, porém a história disponível não sustenta tal diagnóstico até este ponto. Obter uma história adicional é fundamental para a avaliação apropriada deste paciente. Em tais casos, a história colateral de relatos de suicídios prévios pela família ou amigos é, com freqüência, descoberta, ou alteração comportamental consistente com um diagnóstico de depressão pode ser encontrada. A negação ou ambivalência com relação à tentativa de suicídio está freqüentemente presente.

32. b (Capítulos 2, 5 e 10)

Formar uma aliança de tratamento com o paciente é o melhor caminho para obter informação adicional e ajudá-lo a ganhar discernimento nas suas circunstâncias. No ambiente clínico, com freqüência não está claro se os pacientes que tentaram e, então, negam a autolesão no contexto de estresse psicossocial claro e vocacional e dificuldades interpessoais estão conscientes de suas intenções suicidas. Porém, a negação da tentativa de suicídio é muito comum e a utilização de intoxicantes prévios a tais tentativas também é um cenário clínico comum. Uma discussão da utilização de álcool e utilização imprópria também é importante, porém, a consideração médica mais urgente neste ponto é o suicídio. Um antidepressivo poderia ser indicado se a história adicional sustentou o diagnóstico de depressão maior.

33. b (Capítulos 12 e 16)

A acatisia é mais comumente causada pelas medicações antipsicóticas, particularmente antipsicóticos típicos (neurolépticos). A acatisia produzida pelas drogas da classe dos inibidores seletivos de recaptação da serotonina é menos provável, porém estas medicações são tão amplamente utilizadas e prescritas por tantos médicos não psiquiatras que este efeito colateral importante pode ser mal diagnosticado. A acatisia é profundamente desesperadora para alguns pacientes, e em alguns casos leva à tentativa ou ao suicídio bem-sucedido. Ela é facilmente tratável removendo o agente ofensivo na maior parte dos casos. Adicionar betabloqueadores e benzodiazepinas também é útil.

34. c (Capítulos 13 e 16)

A melhor explicação para a condição do paciente no momento é a intoxicação por droga em razão dos níveis de carbamazepina elevados. O paciente exibe sintomas conhecidos consistentes com intoxicação por carbamazepina. A pista para fazer o diagnóstico repousa na seqüência de eventos. O paciente provavelmente não aderiu às suas medicações como paciente ambulatorial chegando a níveis reduzidos de estabilizador de humor e a um rompimento maníaco. Após a admissão, ele foi reiniciado nas suas doses ambulatoriais usuais, o que, presumivelmente, proporcionou um nível terapêutico quando tomou como programado. Então, um antibiótico é acrescentado. Nós não proporcionamos o nome da droga, porém é importante lembrar que alguns antibióticos, como antibióticos macrolídeos, podem inibir o metabolismo de medicações metabolizadas pelo sistema de enzimas do fígado citocromo p450.

35. a (Capítulo 1)

A esquizofrenia catatônica requer a presença de sintomas catatônicos (alterações motoras e vocais). A esquizofrenia desorganizada requer a presença de fala desorganizada e comportamento e afeto inapropriados. A esquizofrenia não diferenciada é diagnosticada quando os critérios não são alcançados para um outro subtipo. A esquizofrenia residual é diagnosticada quando um paciente que formalmente possui sintomas positivos proeminentes de esquizofrenia agora possui apenas sintomas negativos residuais ou sintomas positivos menores.

36. e (Capítulos 1 e 16)

O paciente desenvolveu parkinsonismo induzido por neuroléptico (também conhecido como pseudoparkinsonismo), uma condição induzida por droga, lembrando a doença de Parkinson. O tremor de "rolar pílula", a marcha de festinação e a dificuldade de iniciar os movimentos são sintomas da doença de Parkinson. Uma vez que a doença é provocada por baixos níveis cerebrais da dopamina, as drogas que bloqueiam os receptores da dopamina são mais prováveis para mimetizar a doença. Nem o lorazepam nem a benztropina bloqueiam os receptores da dopamina. A queatiapina e a clozapina bloqueiam os receptores da dopamina, porém apenas bloqueiam os receptores da dopamina fracamente e são menos prováveis de causar pseudoparkinsonismo. O haloperidol, um potente bloqueador da dopamina, é mais provável de causar a síndrome.

37. a (Capítulos 5 e 8)

Continuar seu regime de tratamento atual com ajustamentos para baixo na dosagem do opiáceo e da benzodiazepina à medida que a dor e os sintomas de abstinência do álcool diminuam. A diminuição gradual da medicação opiácea para a dor com a melhora clínica e a diminuição gradual da benzodiazepina com a melhora dos sintomas da abstinência do álcool é o tratamento apropriado neste ponto. A naltrexona está indicada para tratar a dependência do álcool, porém não deve ser dada para uma pessoa tomando opiáceos porque pode precipitar a abstinência grave. A utilização judiciosa dos opiáceos é necessária em muitos indivíduos dependentes de droga ou de álcool em circunstâncias que requerem tratamento com medicações opiáceas. As benzodiazepinas, embora potencialmente aditivas, são utilizadas para o tratamento a curto prazo dos sintomas de abstinência do álcool e devem ser lentamente diminuídas para evitar a precipitação de uma convulsão ou outros sintomas graves da abstinência. Medicações antidepressivas podem ser úteis nos indivíduos com dependência do álcool e depressão, porém nós não obtivemos evidência de depressão neste paciente.

38. a (Capítulos 5 e 15)

Após a desintoxicação do álcool bem-sucedida, tratamento combinado com Alcoólicos Anônimos (AA), terapia cognitivo-comportamental (TCC) e manejo farmacológico com naltrexona e acamprosato são indicados. A naltrexona, a TCC, os AA ou o acamprosato isolados poderiam também ser tratamentos úteis, porém não são tão efetivos individualmente como é a terapia de combinação. O mecanismo exato da naltrexona na prevenção ou diminuição da gravidade da reincidência do álcool é desconhecido, porém é presumivelmente relacionado à ação da naltrexona como um antagonista opióide μ. O acamprosato pode trabalhar por numerosos mecanismos, incluindo um modulador da função do glutamato. A duloxetina é um antidepressivo que pode ser utilizado no tratamento do paciente se ele tiver depressão maior. O oxazepam é utilizado para a desintoxicação aguda na dependência do álcool, porém é contra-indicado após a desintoxicação à medida que ele pode precipitar a reincidência ou levar para o abuso do oxazepam ou dependência no alcoolismo.

39. c (Capítulos 2 e 12)

A paciente provavelmente está desenvolvendo uma mania induzida por substância causada pelo tratamento de fluoxetina para sua depressão pós-parto. Isto é particularmente comum nas pacientes pós-parto tratadas com antidepressivos. O tratamento mais apropriado poderia ser parar a fluoxetina e começar um estabilizador do humor. A terapia eletroconvulsiva pode ser utilizada tanto para a mania como para a depressão, porém apenas em casos muito graves que são refratários a outro tratamento. A terapia comportamental dialética está indicada para o transtorno de personalidade limítrofe. A terapia cognitivo-comportamental examina as distorções e é primariamente útil para os transtornos de depressão e ansiedade.

40. e (Capítulos 1 e 18)

Este cenário clínico poderia ser considerado uma emergência verdadeira e realizar uma traqueostomia para estabilizar a via aérea do paciente não requereria consentimento informado. A internação não é necessária ou apropriada nesta circunstância. Entretanto, a internação dos pacientes também não requer consentimento informado para o tratamento. Se isto não fosse uma situação de emergência, cada um dos outros aspectos poderia ser uma preocupação válida.

41. e (Capítulos 2 e 12)

Os sintomas do paciente são consistentes com depressão maior. Os inibidores seletivos da recaptação da serotonina são uma escolha de 1ª linha para o tratamento da depressão, porém os efeitos colaterais sexuais são comuns e poderiam, potencialmente, complicar seu relacionamento com sua esposa. Os antidepressivos tricíclicos são muito efetivos, porém geralmente são considerados antidepressivos de segunda linha devido à sua toxicidade e perfis de efeito colateral. O lítio é, primariamente, um tratamento aumentativo para a depressão. Embora muito eficazes, os inibidores da monoaminoxidase (IMAOs) não são utilizados como tratamentos antidepressivos de 1ª linha por causa do seu requerimento para restrições dietéticas. As limitações dietéticas dos IMAOs poderiam, adicionalmente, limitar suas utilidades em um paciente que trabalha com um chefe de cozinha. A terapia eletroconvulsiva não está contra-indicada 3 meses após o infarto miocárdico, porém está indicada apenas para a depressão grave ou refratária.

42. c (Capítulos 4 e 17)

O paciente descrito possui transtorno de personalidade limítrofe. A terapia comportamental dialética foi desenvolvida especificamente para o tratamento do transtorno de personalidade limítrofe. Pacientes com transtorno de personalidade limítrofe freqüentemente requerem tratamentos adjuntos para seu abuso de substância, transtornos do humor e outras co-morbidades. Por causa de suas defesas primitivas, eles geralmente não são bons candidatos para a terapia psicodinâmica a longo prazo.

43. c (Capítulos 7 e 15)

A criança descrita acima atende aos critérios para transtorno de déficit de atenção/hiperatividade, que geralmente é tratado com psicoestimulantes. O metilfenidato é o agente de 1ª linha seguido pela D-anfetamina. Estes são, às vezes, evitados por causa do comportamento bizarro ou efeitos físicos a longo prazo, como perda de peso e crescimento corporal inibido. Alternativamente, as crianças podem ser tratadas com atomoxetina. O manejo comportamental também é uma das pedras fundamentais do tratamento.

44. c (Capítulo 17)

A modelagem é a aprendizagem baseada na observação dos outros e mimetizando as suas ações. O condicionamento clássico é a aprendizagem onde um estímulo neutro é pareado com um estímulo natural, com o resultado de que o estímulo inicialmente neutro torna-se capaz de evocar a mesma resposta que o estímulo natural. O condicionamento operante é uma forma de aprendizagem na qual os eventos ambientais influenciam a aquisição de novos comportamentos ou a extinção de comportamentos existentes. A projeção e a regressão, ambos são mecanismos de defesa.

45. b (Capítulos 1, 11 e 16)

A síndrome neuroléptica maligna (SNM) pode ocorrer a qualquer momento durante a utilização de medicações antipsicóticas. Ela é mais freqüentemente vista durante os períodos de desidratação ou escalação rápida de dose. A síndrome da serotonina pode se apresentar similarmente à SNM, porém geralmente possui menos rigidez muscular. A distonia é um transtorno do movimento induzido por neuroléptico caracterizada por espasmos musculares. A acatisia consiste de uma sensação subjetiva de inquietação interior ou um desejo forte de mover o corpo de alguém. O dissulfiram serve para prevenir a ingestão de álcool pelo medo das conseqüências de sua interação com o metabolismo do álcool. O dissulfiram bloqueia a oxidação do acetaldeído, que leva ao rubor, dor de cabeça, suor, boca seca, náusea, vômito e vertigem.

46. c (Capítulos 2, 12 e 13)

O paciente descrito alcançou os critérios prováveis para transtorno bipolar. As medicações estabilizadoras do humor e antipsicóticas são a pedra fundamental da terapia de manutenção. As benzodiazepinas podem ser utilizadas também no tratamento da mania aguda. Os antidepressivos devem ser utilizados com cautela por causa da possibilidade de mania induzida ou produção de uma mania mais grave.

47. b (Capítulo 12)

O efeito colateral mais comum da eletroconvulsoterapia (ECT) é a perda da memória a curto prazo e a confusão. A ECT bilateral é mais efetiva do que a ECT unilateral, porém produz mais efeitos colaterais cognitivos. A ECT possui alguma eficácia na mania refratária e nas psicoses com componentes do humor proeminentes ou catatonia.

48. d (Capítulos 1, 2 e 8)

Este paciente exibe os sintomas-chave necessários para o diagnóstico de um episódio de mania aguda. Entretanto, o começo do transtorno bipolar em alguém deste grupo de idade com nenhuma história psiquiátrica prévia é improvável. Portanto, as causas médicas e neurológicas da alteração comportamental do paciente devem ser cuidadosamente avaliadas. Um estabilizador do humor ou uma medicação antipsicótica pode ser necessária agora ou em um ponto mais tarde para o controle do sintoma, porém poderia não ser iniciada para o diagnóstico específico, a menos que uma avaliação definitiva fosse completada. Um antidepressivo poderia não ajudar a tratar este sintoma complexo e talvez tornasse a condição pior. O paciente apresenta sintomas consistentes com hipertireoidismo, porém o tratamento não seria adicionar mais hormônio da tireóide.

49. b (Capítulos 2, 10 e 12)

Este paciente parece ter depressão maior, provavelmente trazida pela morte de sua esposa. Sua filha tê-lo observado desanimado, com falta de sono e de cuidados, e a aparente perda de peso sugere depressão maior. Uma pessoa pode ter luto após a perda de alguém querido, porém estes sintomas são mais consistentes com depressão maior. Uma vez que o paciente foi encontrado com um revólver, existem sintomas graves e a doença é negada, é mais apropriado admitir o paciente para um hospital psiquiátrico do que encaminhar para tratamento ambulatorial. A consulta neurológica e a terapia nutricional podem ser componentes importantes do manejo deste paciente, uma vez que ele esteja colocado em uma situação de segurança.

50. d (Capítulos 2 e 10)

O índice de suicídio nos homens caucasianos acima da idade de 65 anos é 5 vezes maior que o da população geral. Os transtornos psiquiátricos, especialmente a depressão maior, também aumentam o risco de suicídio. A desesperança a respeito do futuro aumenta o risco de suicídio. A perda de peso, a diminuição do sono e a aparência descuidada estão associadas à depressão maior, porém não tem sido mostrado serem indicadores fortes para o risco aumentado de suicídio.

51. d (Capítulos 12 e 17)

A terapia inicial apropriada para este paciente poderia incluir uma medicação antidepressiva. A mirtazapina é, com freqüência, utilizada nos indivíduos mais idosos e melhora o sono e o apetite. A buspirona é às vezes utilizada como um adjunto para o tratamento antidepressivo, porém está aprovada para o tratamento do transtorno de ansiedade generalizado. A psicoterapia comportamental dialética tem sido demonstrada como sendo efetiva, principalmente no tratamento do transtorno de personalidade limítrofe. O propranolol não tem um papel como monoterapia no tratamento da depressão maior e pode exacerbar ou causar sintomas de depressão. O valproato é uma medicação estabilizadora do humor mais apropriada para tratar a mania no transtorno bipolar. Este paciente não exibe evidência de mania.

52. b (Capítulos 2 e 12)

A terapia eletroconvulsiva é uma opção de tratamento apropriada em um indivíduo mais idoso com depressão ameaçando a vida. A diminuição da mirtazapina poderia não melhorar, mas talvez piorar a condição deste paciente. A terapia cognitivo-comportamental é um tratamento útil para a depressão leve a moderada, porém não é apropriada, dada a gravidade dos sintomas deste paciente (porém pode vir a ser uma terapia importante uma vez que melhore em alguma coisa). As multivitaminas podem ser importantes para a boa saúde geral, mas não para tratar a depressão por si. A gabapentina é utilizada para os transtornos convulsivos e dor neuropática de alguns tipos, mas não foi demonstrado ser eficaz na depressão grave.

53. d (Capítulo 1)

O transtorno do pânico com um ataque de pânico talvez cause um transtorno em um lugar público, porém as acusações estranhas, a logorréia e outros sinais de paranóia poderiam não estar presentes. A intoxicação por heroína geralmente se apresenta com uma condição quieta, sedada, com índice cardíaco e respiração diminuídas. A paranóia também não é, geralmente, um componente da intoxicação por heroína. O transtorno de déficit de atenção/hiperatividade talvez se apresente com atividade motora excessiva, porém, novamente, a paranóia, a fala pressionada e a agitação não são consistentes com esta condição. A esquizofrenia, subtipo paranóide, está associada a agitação, paranóia e aparência desgrenhada. Portanto, esta é a melhor escolha diagnóstica entre as opções proporcionadas. O hipotireoidismo geralmente se apresenta com apatia, depressão, retardo psicomotor grave. O hipertireoidismo talvez mimetize alguns dos sintomas do paciente, como a fala pressionada ou a agitação. Apenas com observação não existe evidência suficiente proporcionada nesta vinheta para fazer um diagnóstico formal de esquizofrenia. O tempo de curso da doença do paciente, as causas médicas reversíveis, a paranóia induzida por droga e outras condições psiquiátricas (como transtorno esquizoafetivo, mania com psicose ou depressão com psicose) devem todas ser cuidadosamente consideradas.

54. d (Capítulos 9 e 15)

A história clínica é mais consistente com um diagnóstico de narcolepsia, uma condição caracterizada pelos ataques de sono diurnos, cataplexia (perda súbita, reversível, bilateral do tônus do músculo esquelético), paralisia do sono (paralisia temporária após despertar do sono) e intrusões do sono REM (experimentadas como sonhos rápidos, vívidos, que podem atrapalhar no estado de alerta. Se experimentada no começo do sono, as intrusões REM são denominadas alucinações hipnagógicas. Se experimentadas no despertar, as intrusões REM são denominadas alucinações hipnopômpicas). O modafinil é um tratamento aprovado para a narcolepsia e realça a vigilância diurna. A pressão da via aérea positiva contínua à noite para melhorar a respiração anormal é um tratamento apropriado para o transtorno do sono relacionado à respiração. A administração de Ambien no momento de dormir é um tratamento apropriado a curto prazo para a insônia. O ácido valpróico é utilizado no tratamento do transtorno bipolar e transtorno convulsivo, porém não para a narcolepsia. Os ataques de queda do paciente com consciência retida não sugerem um diagnóstico de transtorno convulsivo. A sonolência na ausência de sintomas do humor não sugere um diagnóstico de transtorno bipolar. A olanzapina, uma medicação antipsicótica atípica, é um sedativo rápido e poderia, provavelmente, exacerbar a sonolência diurna.

55. c (Capítulos 5 e 8)

O começo relativamente agudo de agitação e confusão no ambiente da unidade de cuidado intensivo é comumente devido ao *delirium*. Um transtorno psicótico pode estar associado à agitação, porém nenhuma história de sintomas psicóticos está proporcionada. A demência é um fator de risco para o desenvolvimento do delírio, porém o começo da demência é geralmente muito gradual, não é parte da história prévia do paciente, e poderia ser incomum neste grupo de idade. O transtorno de personalidade anti-social está associado a traços que talvez incluam agitação e comportamento ameaçador, porém o transtorno de personalidade anti-social não está diretamente associado à confusão. A acatisia resultante da administração de medicação, especialmente administração de antipsicóticos típicos (neurolépticos), é uma causa comum de agitação, porém não confusão no ambiente da unidade de cuidado intensivo. Os opiáceos e antibióticos não são geradores prováveis de acatisia.

56. d (Capítulos 5 e 8)

Uma causa tão comum de *delirium* no ambiente da unidade de cuidado intensivo, especialmente após lesão traumática, é a presença de *delirium* de abstinência de álcool potencialmente complicado pela encefalopatia de Wernicke. As elevações dos níveis das enzimas do fígado associadas a uma pancitopenia relativa e a uma história de problemas do fígado são consistentes com um diagnóstico de dependência do álcool, embora outras causas médicas destes achados devam ser excluídas. A administração de tiamina intravenosa é um tratamento crítico para prevenir o desenvolvimento de dano cerebral irreversível, como visto na encefalopatia de Wernicke.

57. d (Capítulo 5)

Neste ponto, a consideração diagnóstica primária é *delirium* de abstinência do álcool. O *delirium* de abstinência do álcool é uma complicação ameaçadora da vida da síndrome de abstinência de álcool não tratada, que geralmente começa de 48 a 72 horas após a cessação abrupta da ingestão nos indivíduos dependentes dessa substância. O paciente tem índice cardíaco, pressão sanguínea e temperatura corporal elevados – sintomas consistentes com hiperdespertar autonômico. O tratamento de escolha é uma medicação benzodiazepínica para prevenir a deterioração adicional e prevenir a convulsão. A buspirona é uma medicação aprovada para a ansiedade generalizada, porém não no tratamento do hiperdespertar autonômico. O propranolol isolado ou a cloridina isolada talvez reduzam os aspectos de ativação simpática, porém poderiam, atualmente, mascarar a gravidade da abstinência e poderiam não ajudar a prevenir a convulsão. A hidratação intravenosa, juntamente com suplementação de magnésio, folato e tiamina é, com freqüência, um tratamento de sustentação importante na abstinência do álcool, porém não trata o sintoma ameaçador da vida da convulsão e do hiperdespertar autonômico.

58. e (Capítulo 5)

A naltrexona é uma medicação antagonista opiácea que está aprovada para a utilização na dependência do álcool. A naltrexona não trata a abstinência de álcool, porém ajuda na redução da ingestão de álcool. A naltrexona como um tratamento farmacológico deve ser confinada a tratamentos psicossociais como atendimento nos Alcoólicos Anônimos e participação na psicoterapia. A naltrexona não deve ser utilizada nos pacientes que continuam a tomar aliviadores de dor opiáceos porque a medicação irá precipitar a abstinência opiácea aguda. As medicações benzodiazepínicas estão indicadas no tratamento da abstinência do álcool, porém possuem um alto risco de abuso e geralmente não são indicadas para o tratamento pós-desintoxicação. As medicações antidepressivas podem ser terapias adjuntas importantes nos indivíduos que possuem depressão que persiste após a desintoxicação do álcool, porém geralmente não são indicadas para tratar o abuso ou dependência do álcool. Uma medicação anti-hipertensiva talvez seja apropriada se um paciente tiver pressão sanguínea persistentemente elevada após a desintoxicação do álcool, porém muitos indivíduos, na abstinência aguda do álcool, possuem a pressão sanguínea marcadamente elevada que se normaliza após a desintoxicação. Uma medicação analgésica opiácea não está indicada porque o paciente já tem sido diminuído dos analgésicos opiáceos, sugerindo que ele não requer opiáceos mais longos para aliviar a dor aguda.

59. a (Capítulo 7)

Este paciente exibe as características comuns de uma pessoa com uma incapacidade de desenvolvimento. As dificuldades sociais e a perda de proveito nos pequenos detalhes enquanto perde o grande quadro são manifestações comuns tanto do autismo quanto do transtorno de Asperger. A característica principal diferenciada é a presença ou ausência de dificuldade da linguagem. No transtorno de Asperger, a função da linguagem está preservada, enquanto no autismo a linguagem está, com freqüência, gravemente comprometida. O transtorno de Asperger tende a ser diagnosticado mais tarde do que o autismo e o QI está largamente preservado no transtorno de Asperger, porém freqüentemente comprometido no autismo. Embora os pacientes com transtorno de Asperger possam parecer evitar o contato social, isto é secundário às experiências recorrentes de rejeição social, que são comuns para as crianças com transtorno de Asperger. A ansiedade deve sempre ser excluída, como deve ser o transtorno de estresse pós-traumático. Crianças com cada condição podem ser rapidamente fechadas em si mesmas e inadequadas socialmente.

60. e (Capítulo 18)

Os 3 elementos comumente reconhecidos no Consentimento Informado incluem informação, capacidade e consentimento. A informação é o conteúdo do tratamento proposto e as alternativas para o tratamento, incluindo efeitos potenciais de falhar o tratamento. A capacidade requer que uma pessoa possua a habilidade para compreender, apreciar, razão e expresse a escolha. Este paciente expressou uma escolha. O consentimento precisa ser dado voluntariamente, quer dizer, não precisa envolver coerção sutil ou aberta.

61. a (Capítulo 18)

As decisões de *Tarasoff* acreditam que os terapeutas possuem uma responsabilidade razoável para prevenir vítimas potenciais de ameaças feitas pelos pacientes no tratamento. Embora existam muitas interpretações legais diferentes desta decisão (também denominada a responsabilidade para prevenir ou proteger), é importante para os médicos praticantes conhecer as regras na sua jurisdição. A regra de M'Naghten se refere à defesa da insanidade. *Griswold versus Connecticut* não é pertinente. A responsabilidade para prevenir está baseada nas sentenças iniciais da Suprema Corte da Califórnia e não está baseada na Lei Comum Sueca. A negligência é um elemento da prática ruim médica.

62. c (Capítulo 5)

O sintoma complexo do paciente é consistente com aquele da intoxicação com drogas psicoestimulantes como a cocaína. O paciente provavelmente possui uma isquemia miocárdica causada pelo vasoespasmo da artéria coronária induzido pela cocaína. O paciente está em risco para infarto miocárdico, arritmia cardíaca ou acidente vascular. Em um paciente que se apresenta com este sintoma complexo, é mais importante tratar o paciente como qualquer outro paciente com um infarto agudo miocárdico ou isquemia aguda miocárdica dependendo do eletrocardiograma e de outros achados. Entretanto, excluindo as drogas de abuso como uma causa deste evento, é fundamental para o tratamento e monitorização futura deste paciente. Uma ultrasonografia abdominal não é, provavelmente, necessária, a menos que as queixas do paciente de dor abdominal ou outros sinais sugiram infarto esplênico ou ruptura de aneurisma abdominal. Um eletroencefalograma é improvavelmente necessário em um paciente alerta que não tem evidência de estado mental alterado ou dor de cabeça. Os hematócritos não irão ajudar no diagnóstico imediato da condição do paciente. Os testes de função do fígado talvez possam ser utilizados em tal paciente se existirem fatores de risco para hepatite alcoólica ou hepatite viral, porém eles não são críticos para o diagnóstico atual.

63. d (Capítulo 5)

No presente, o único diagnóstico que pode ser feito com confiança é aquele de infarto miocárdico. O paciente, muito provavelmente, tem abuso de cocaína ou dependência desta. Entretanto, para fazer um diagnóstico de dependência de cocaína, seria necessário alguém saber que o paciente tem, no mínimo, 3 sintomas consistentes com tolerância, abstinência, abuso excessivo sem propósito repetido, esforços falhos persistentes para reduzir, tempo excessivo gasto tentando obter a substância, reduções nas atividades sociais, ocupacionais ou recreacionais relacionadas à cocaína, e utilização continuada a despeito da consciência de que a cocaína está causando dificuldades psicológicas e físicas. Uma vez que este paciente se apresenta em múltiplas ocasiões para o departamento de emergência com dor no tórax após a utilização de cocaína, ele está, provavelmente, ciente entre a associação da utilização da droga e a dor no tórax e poderia, portanto, alcançar os critérios mínimos (consciência das dificuldades físicas). Nós não temos, ainda, evidência para outros critérios. O abuso de polidroga ou, no mínimo, a exposição à polidroga, talvez também seja encontrado neste paciente, porém a evidência atual não sustenta, ainda, aquele diagnóstico. O transtorno de personalidade anti-social requer um padrão consistente e sustentado de indiferença das regras sociais. Este paciente pode estar engajado em uma atividade ilegal, porém isto é comum entre os usuários de cocaína na ausência de transtorno de personalidade anti-social. Fingir-se doente é diagnosticado quando uma pessoa engana para obter ganho secundário. A negação da utilização de droga é consideravelmente comum entre os indivíduos dedicados à droga ou abusando de droga e não é, necessariamente, um sintoma de fingir-se de doente.

64. b (Capítulos 5 e 8)

O transtorno amnésico persistente induzido pelo álcool (psicose de Korsakoff) está associado a dano ao hipocampo, fórnice e corpos mamilares. Acredita-se que o dano a estas estruturas é causado pela deficiência da tiamina. O tronco cerebral e os lobos frontais, tálamo e giro cingulado, caudado e putâmen, e o cerebelo não são regiões do cérebro associadas ao transtorno amnésico no alcoolismo.

65. e (Capítulos 3 e 14)

O paciente possui os sintomas clássicos de transtorno do pânico. Os transtornos de ansiedade têm sido mais fortemente associados a alterações no neurotransmissor inibitório GABA. A serotonina e a norepinefrina também estão implicadas na psicopatologia desta condição. A glicina está associada à transmissão inibitória na medula espinhal. A melatonina está associada a perturbações do sono. A substância P e a encefalina estão mais notavelmente associadas a dor.

66. d (Capítulo 17)

O menino está lutando com o ciclo de vida de Erikson, conhecido como dedicação *versus* inferioridade. Entre as idades de 5 e 13 anos as crianças lutam com o desenvolvimento de um senso de si mesmas baseadas nos pensamentos que elas podem criar. Os cuidadores proporcionam um senso de domínio ensinando e dando *feedback*. Neste caso, a criança está lutando com o que o seu desempenho no campo de futebol implica a respeito de seu mérito geral. O pai está ensinando e guiando seu filho no esporte, o que é, indubitavelmente, promover o desenvolvimento psicológico do filho. A intimidade *versus* o isolamento responde, mais tarde, no desenvolvimento na maioridade jovem. A identidade *versus* a confusão do papel ocorre imediatamente após a identidade *versus* a inferioridade e corresponde à adolescência. A iniciativa *versus* a culpa precede a identidade *versus* a inferioridade nas idades de 3 a 5 e envolve os sentimentos de culpa que sucedem quando uma criança, inicialmente, tem autonomia suficiente para explorar o mundo, incluindo pensamentos que pais podem achar perturbadores. Finalmente, a integridade do ego *versus* desespero envolve a aceitação da vida até um certo ponto de colocar alguém no ciclo da vida *versus* arrepender-se de desejos da vida precoces não realizados.

67. a (Capítulo 9)

A paciente alimenta uma percepção que seu nariz está deformado e, portanto, horrível, o que não parece ser verdadeiro. Isto é transtorno dismórfico do corpo. Ela está extremamente preocupada com seu problema percebido com sua aparência física até o ponto onde ela tem procurado remediação cirúrgica. A paciente não tem satisfação de mostrar seu corpo a outros, como no exibicionismo. Embora muitos médicos possam apresentar sentimentos irritantes com a preocupação da paciente, ela não tem outras características clínicas preocupantes de uma pessoa com transtorno de personalidade limítrofe. Ela se sente examinada em locais públicos, o que sugere fobia social, porém seus sentimentos são apenas em relação à sua percepção que seu nariz está deformado. Finalmente, as pessoas com transtorno de estresse pós-traumático possuem ansiedade e se apresentam nas salas de emergência com sofrimento não específico, porém não têm uma ocupação anterior com uma parte particular de seus corpos.

68. b (Capítulo 8)

Embora possa existir uma grande quantidade de sintomas sobrepostos entre a doença de Alzheimer, a doença de Pick, e a demência vascular, a doença de Pick geralmente é caracterizada por um começo de alteração da personalidade e um declínio na função no trabalho e em casa. Os estudos de imagem na apresentação ajudam a fazer o diagnóstico. Na necropsia as diferenças são realmente aparentes na revisão patológica. A doença de Pick é marcada pelos "corpos de Pick" e os neurônios possuem uma aparência inchada. Isto não é visto na doença de Alzheimer, que é caracterizada pelas placas e tranças. A demência vascular é mais comumente caracterizada seja por infartos múltiplos corticais; doença de vaso pequeno subcortical, ou infartos colocados estrategicamente. A doença de Pick também está geralmente restrita aos lobos frontal e temporal anterior. A coréia de Huntington geralmente se apresenta com um transtorno do movimento seguido pela labilidade emocional ou depressão e, então, demência. A doença de Creutzfeldt-Jacob se apresenta com a tríade clínica de mioclônus, demência e eletroencefalograma anormal. A encefaloptia espongiforme está presente na necropsia.

69. b (Capítulo 17)

O paciente está, provavelmente, submetido a alguma forma de psicoterapia psicanalítica. O foco na infância precoce e as múltiplas sessões por semana são características comuns deste tipo de terapia. O foco nos relacionamentos indica que o terapeuta pode estar utilizando a teoria das relações dos objetos, uma forma comum de psicanálise, para guiar o tratamento. Se existir terapia cognitivo-comportamental, o foco poderia estar mais nos pensamentos do dia atual e seu impacto nos sentimentos. A terapia interpessoal é uma terapia a curto prazo que se foca nos aspectos específicos dos relacionamentos do dia atual. A terapia comportamental utiliza os princípios de reforço e aversão para efetuar alterações comportamentais específicas (p. ex., perder peso, parar de fumar). Finalmente, a terapia comportamental dialética é uma outra terapia que se foca nos pensamentos e sentimentos do dia atual para ajudar os pacientes com transtorno de personalidade limítrofe para manejar sentimentos intoleráveis e diminuir os comportamentos autodestrutivos.

70. a (Capítulo 4)

A medicação é, provavelmente, naltrexona. A naltrexona é utilizada para diminuir a freqüência e a intensidade da reincidência alcoólica. Ela também não causa doença quando há consumo de álcool, como o faz o dissulfiram (Antabuse). O zolpidem é uma ajuda do sono não benzodiazepínico, a buspirona é um ansiolítico não benzodiazepínico e a metoclopramida é uma medicação que está aprovada para a doença de refluxo gastresofágico e também é utilizada para enxaquecas sem receita.

71. a (Capítulo 14)

O lorazepam, o oxazepam e o temazepam são benzodiazepinas metabolizadas primariamente pela conjugação e não possuem metabolização ativa. O clonazepam é uma benzodiazepina de longa ação, porém não possui metabólitos de longa ação. O diazepam e o clordiazepóxido são metabolizados, principalmente, pela glucoronidação e possuem metabólitos de longa ação. Assim, estas duas medicações são inclinadas a se acumular nos indivíduos com comprometimento do metabolismo hepático e podem causar toxicidade benzodiazepínica. A buspirona não é uma benzodiazepina e não é utilizada para a desintoxicação do álcool.

72. b (Capítulo 8)

O paciente possui múltiplos fatores de risco para a demência vascular, incluindo o cigarro, a hipercolesterolemia, a hipertensão, o diabetes melito tipo 2 e a doença coronária. Pacientes com estes fatores de risco com freqüência mostram doença não específica da substância branca do cérebro na RM e devem ter a progressão da demência diminuída, se tratados para os fatores de risco subjacentes. A doença de Huntington é uma herança dominante autossômica; Creutzfeldt-Jacob é causada por prions; a doença de Parkinson é ocasionada por degeneração em neurônios de monoamina e outras no cérebro; o HIV está associado à exposição ao vírus HIV.

73. b (Capítulo 9)

O ciclo de resposta sexual está dividido em 4 estágios: Desejo – estágio inicial da resposta sexual: consiste em fantasias sexuais e urgência para fazer sexo. Excitamento – Consiste no despertar fisiológico e sentimento de prazer sexual. Orgasmo – Pico do prazer sexual; geralmente associado à ejaculação nos homens. Resolução – Relaxamento fisiológico associado a uma sensação de bem-estar. Nos homens, existe geralmente um período refratário para o excitamento e orgasmo adicional. O platô não é uma fase de resposta do ciclo sexual.

74. e (Capítulo 9)

O transtorno do sono relacionado à respiração é uma condição caracterizada pela respiração desordenada durante o sono, que resulta no despertar freqüente e na fragmentação do sono noturno com resultante sonolência durante o dia. A síndrome complexa do paciente é consistente com síndrome de apnéia do sono, um tipo de disfunção do sono relacionada à respiração, consistindo de episódios recorrentes de apnéia enquanto dorme. A presença de ronco alto e sufoco ou respiração profunda durante o sono é um sinal cardinal desta condição.

75. d (Capítulo 5)

A abstinência de barbitúricos pode ser facilmente perigosa e pode incluir hiperpirexia, convulsão e, potencialmente, a morte. A abstinência de crack ou cocaína, cristal de metanfetamina e maconha geralmente é autolimitada. Ocasionalmente, o paciente pode parecer psicótico durante a intoxicação com estes agentes. A abstinência da cocaína e cristal de metanfetamina geralmente é caracterizada por fadiga, depressão, pesadelos, dor de cabeça, suor, cãibras musculares e fome. A abstinência de nicotina é caracterizada pela irritabilidade, fadiga, insônia e dificuldade de concentração.

Bibliografia

Andreasen NC, Black DW *Introductory textbook of psychiatry.* 3rd ed. Washington, DC: American Psychiatric Publishing, 2001.

Baldessarini RJ. *Chemotherapy in psychiatry: Principles and practice.* Cambridge, Mass: Harvard University Press, 1985.

Corsini RJ, Wedding D. *Current psychotherapies.* 6th ed. Belmont, Calif: Wadsworth, 2000.

Davison GC, Neale JM, Kring AM. *Abnormal psychology.* 9th ed. New York: John Wiley & Sons, 2003.

Diagnostic and statistical manual of mental disorders. 4th ed, text rev. Washington, DC: American Psychiatric Association, 2000.

Hales RE, Yudofsky SC. *Textbook of clinical psychiatry.* 4th ed. Washington, DC: American Psychiatric Publishing, 2003.

Physicians' desk reference. 59th ed. Montvale, NJ: Medical Economics, 2005.

Ropper AH, Brown RH. *Adams and Victor's principles of neurology.* 8th ed. New York: McGraw-Hill Professional, 2005.

Rosenbaum JF, Arana GW, Hyman SE, et al. *Handbook of psychiatric drug therapy.* 5th ed. Philadelphia: Lippincott Williams & Wilkins, 2005.

Sadock BJ, Sadock VA, Kaplan HI. *Comprehensive textbook of psychiatry.* 8th ed. Philadelphia: Lippincott Williams & Wilkins, 2004.

Índice Remissivo

Os números em *itálico* referem-se às Tabelas.

A

Abstinência
ao álcool, 32
menor, 32
maior, 32
Abuso(s)
conjugal, 71
epidemiologia, 71
fatores de risco, 71
manifestações clínicas, 71
manejo, 71
do idoso, 72
Acamprosato, 99
Acatisia, 103
Adolescente
transtornos do, 44-53
de retardo mental, 44
de aprendizagem, 46
de desenvolvimento, 47
do déficit de atenção, 50
de hiperatividade, 50
de conduta, 51
do oposicionista desafiador, 51
alimentares, 52
de eliminação, 53
Agorafobia
epidemiologia, 17
etiologia, 17
manifestações clínicas, 17
avaliação diagnóstica, 18
diagnóstico diferencial, 18
manejo, 18
Agranulocitose, 78
Ajustamento
transtorno de, 64
Álcool
transtornos por, 30
intoxicação alcoólica, 30
dependência, 31
dependência do, 31
epidemiologia, 31
etiologia, 31
manifestações clínicas, 31
diagnóstico diferencial, 32
manejo, 32
abstinência ao, 32
menor, 32
maior, 32
reabilitação do, 32
Alzheimer
doença de, *58*
Amnésia
dissociativa, 62
Anorexia
nervosa, 39
epidemiologia, 39
etiologia, 39
manifestações clínicas, 40
diagnóstico diferencial, 40
manejo, 40
Ansiedade
transtorno de, 17-22, *18*
generalizado, 20
epidemiologia, 20
etiologia, 20
manifestações clínicas, 20
diagnóstico diferencial, 21
manejo, 21
Ansiolítico(s), 93-96
benzodiazepinas, 93
buspirona, 96
Antabuse, 99
Antagonista(s)
da dopamina, 74
da serotonina/dopamina, 75
Antidepressivo(s), 80-85
indicações, 80
mecanismos de ação, 80
escolha da medicação, 82
monitorização terapêutica, 83
efeitos colaterais, 83
reações adversas, 83
tricíclicos, 83
outros antidepressivos, 84
Antipsicótico(s), 74-78
indicações, 74
mecanismo de ação, 74
típicos, 74
atípicos, 75
escolha da medicação, 76
monitorização terapêutica, 76
efeitos colaterais, 77
colinérgicos, 78
cardíacos, 78
metabólicos, 78
outros efeitos, 78
reações adversas, 77
Aprendizagem
transtornos de, 44
epidemiologia, 46
etiologia, 46
manifestações clínicas, 46
diagnóstico diferencial, 46
manejo, 47
Asperger
transtorno de, 49
Ataque(s)
de pânico, *18*
critérios para, *18*

B

Benzodiazepina(s)
indicações, 93
mecanismos de ação, 93
escolha da medicação, 93
potência, 95
início da ação, 95
vias metabólicas, 95
monitorização terapêutica, 96
eliminação, 95
metabólitos ativos, 96
efeitos colaterais, 96
reações adversas, 96
Betabloqueador(es), 99
Bulimia
nervosa, 40
epidemiologia, 40
etiologia, 40
manifestações clínicas, 41
diagnóstico diferencial, 41
manejo, 41
Buprenorfina, 100
Buspirona
indicações, 96
mecanismos de ação, 96
monitorização terapêutica, 96
efeitos colaterais, 96
reações adversas, 96
Buspar
indicações, 96
mecanismos de ação, 96
monitorização terapêutica, 96
efeitos colaterais, 96
reações adversas, 96

C

Carbamazepina, *88*, *89*
mecanismos de ação, 91
escolha da medicação, 91
monitorização terapêutica, 91
efeitos colaterais, 91
Conidina, 100
Club Drugs
transtornos por uso de, 36
Convulsão(ões)
limiar de, 78
reduzido, 78
Creutzfeldt-Jakob
doença de, *58*
Criança
transtornos da, 44-53
de retardo mental, 44
de aprendizagem, 46
de desenvolvimento, 47
do déficit de atenção, 50
de hiperatividade, 50
de conduta, 51
do oposicionista desafiador, 51
alimentares, 52
de eliminação, 53

D

Déficit de atenção
transtorno de, 50
epidemiologia, 50
etiologia, 50
manifestações clínicas, 50
diagnóstico diferencial, 50
manejo, 51
Delirium
epidemiologia, 55
etiologia, 55
manifestações clínicas, 55
causas mais comuns de, *56*
diagnóstico diferencial, 56
manejo, 57
versus demência, *57*
Demência, 57
versus delirium, *57*
epidemiologia, 58
etiologia, 58
manifestações clínicas, 58
doenças relacionadas à, *58*
diagnóstico diferencial, 59
manejo, 59
Desenvolvimento
transtornos do, 47
Despersonalização
transtorno de, 63
Discinesia
tardia, 105
Disfunção(ões)
sexuais, 64
Dissonia(s), 67
Dissulfiram, 100
Distonia, 103
Distorção(ões)
cognitivas, *110*
tipos de, *110*
Doença(s)
de Alzheimer, *58*
vascular, *58*
de Parkinson, *58*

de Huntington, *58*
de Pick, *58*
de Creutzfeldt-Jakob, *58*
Dopamina
antagonistas da, 74
Droga(s)
principais reações adversas às, 103-106
distonia, 103
acatisia, 103
sintomas extrapiramidais, 104
síndrome, 104
neuroléptica maligna, 104
serotonérgica, 106
discinesia tardia, 105

E

Ego
psicologia do, 108
defesas do, *109*
negação, *109*
projeção, *109*
regressão, *109*
repressão, *109*
formação reativa, *109*
deslocamento, *109*
racionalização, *109*
supressão, *109*
sublimação, *109*
Eliminação
transtornos de, 53
Encoprese, 53
Enurese, 53
Episódio(s)
depressivo maior, *10*
critérios para, *10*
maníaco, *12*
critérios para, *12*
Erikson
teoria de, 109
do ciclo de vida, 109
Esquizofrenia
epidemiologia, 1
fatores de risco, 1
etiologia, 1
manifestações clínicas, 2
sintomas da, *2*
positivos, *2*
negativos, *2*
subtipos de, *3*
diagnóstico diferencial, 3
manejo, 3
Estabilizador(es)
de humor, 87-91
indicações, 87
lítio, 87
valproato, 88
lamotrigina, 90
carbamazepina, 91
oxcarbazepina, 91
gabapentina, 91
medicações antipsicóticas, 91
no tratamento da mania, 91
Estimulação
do nervo vago, 85
Estimulante(s)
transtornos por uso de, 35
do SNC, 35
manifestações clínicas, 36
manejo, 36
Estresse, 21
pós-traumático, 21, *21*
transtorno de, 21, *21*
epidemiologia, 21
etiologia, 21
manifestações clínicas, 21
diagnóstico diferencial, 21
manejo, 21
Exibicionismo, *66*

F

Fetichismo, *66*
transvéstico, *66*
voyerismo, *66*
Fobia(s)
especifca, 19
epidemiologia, 19
etiologia, 19
manifestações clínicas, 19
diagnóstico diferencial, 19
manejo, 19
social, 19
epidemiologia, 20
etiologia, 20
manifestações clínicas, 20
diagnóstico diferencial, 20
manejo, 20
Fototerapia(s), 80-85
Frotteurismo, *66*
Fuga
dissociativa, 62

G

Gabapentina, 91

H

Hiperatividade
transtorno de, 50
epidemiologia, 50
etiologia, 50
manifestações clínicas, 50
diagnóstico diferencial, 50
manejo, 51
Hipotensão, 78
Hormônio(s)
da tireóide, 101
Humor
transtorno de, 9-15
classificação do, *10*
unipolar, *10*
bipolar, *10*
etiológico, *10*
com etiologia desconhecida, 15
induzida por substância, 15
por condição médica geral, 15
subtipos, 15
modificações, 15
estabilizadores de, 87-91
indicações, 87
lítio, 87
valproato, 88
lamotrigina, 90
carbamazepina, 91
oxcarbazepina, 91
gabapentina, 91
medicações antipsicóticas, 91
no tratamento da mania, 91
Huntington
doença de, *58*

I

Identidade
transtorno de, 62
dissociativo, 62
sexual, 64
transtorno de, 64
de gênero, 64, 65
transtorno de, 64, 65
Impulso(s)
psicologia dos, 108
Infância
transtorno desintegrativo da, 48
epidemiologia, 47
etiologia, 47
manifestações clínicas, 47
diagnóstico diferencial, 48
manejo, 48
Inibidor(es)
seletivos, 83
de recaptação da serotonina, 83
da monoaminoxidade, 84
Insônia
crônica, 67
Intoxicação
alcoólica, 30

L

Lamotrigina, *89*, *90*
mecanismos de ação, 90
escolha da medicação, 90
monitorização terapêutica, 90
efeitos colaterais, 91
Lítio, *88*, *89*
mecanismos de ação, 87
escolha da medicação, 87
monitorização terapêutica, 87
efeitos colaterais, 88
Luto
tratamento para o, 72

M

Maconha
transtornos pelo uso da, 36
Mania
tratamento da, 91
medicações antipsicóticas no, 91
Masoquismo
sexual, *66*
Medicação(ões)
diversas, 98-101
psicoestimulantes, 98
atomoxetina, 98
anticolinérgicos, 98
betabloqueadores, 99
naltrexona, 99
acamprosato, 99
dissulfiram, 100
buprenorfina, 100
clonidina, 100
realçadores cognitivos, 100
memantina, 101
tireóide, 101
hormônios da, 101
Memantina, 101
M'Naghten
regra de, 114
Monoaminoxidade
inibidores da, 84
Movimento(s)
transtornos do, 78

N

Naltrexona, 99
Namenda, 101
Nervo(s)
vago, 85
estimulação do, 85

O

Opióide(s)
transtornos por uso de, 34
epidemiologia, 34
manifestações clínicas, 34
diagnóstico diferencial, 35
manejo, 35
Oxcarbazepina, 91

P

Pânico
transtorno do, 17
epidemiologia, 17
etiologia, 17
manifestações clínicas, 17
avaliação diagnóstica, 18
diagnóstico diferencial, 18
manejo, 18
ataque de, *18*
Parafilia(s), 65
exibicionismo, *66*
fetichismo, *66*
transvéstico, *66*
frotteurismo, *66*
pedofiflia, *66*
masoquismo sexual, *66*
sadismo sexual, *66*
voyerismo, *66*
Parassonia(s), 68
Parkinson
doença de, *58*
Pedofilia, *66*
Personalidade
transtorno de, 24-28, *25*
classificação dos, *25*
critérios diagnósticos, *25*
paranóide, 24
transtorno da, 24-28
epidemiologia, 24
etiologia, 24
manifestações clínicas, 24
diagnóstico diferencial, 24
esquizóide, 24
transtorno da, 24
epidemiologia, 24
etiologia, 24
manifestações clínicas, 25
diagnóstico diferencial, 25
esquizotípico, 25
transtorno da, 25
epidemiologia, 25
etiologia, 25
manifestações clínicas, 25
diagnóstico diferencial, 25
anti-social, 25
transtorno da, 25
epidemiologia, 25
etiologia, 26
manifestações clínicas, 26
diagnóstico diferencial, 26
limítrofe, 26
transtorno da, 26
epidemiologia, 26
etiologia, 26
manifestações clínicas, 26
diagnóstico diferencial, 26
histriônico, 26
transtorno da, 26
epidemiologia, 26
etiologia, 26
manifestações clínicas, 27
diagnóstico diferencial, 27
narcisista, 27
transtorno da, 27
epidemiologia, 27
etiologia, 27
manifestações clínicas, 27
diagnóstico diferencial, 27

de evitação, 27
transtorno da, 27
epidemiologia, 27
etiologia, 27
manifestações clínicas, 27
diagnóstico diferencial, 27
dependente, 27
transtorno da, 27
epidemiologia, 27
etiologia, 27
manifestações clínicas, 27
diagnóstico diferencial, 27
obsessivo-compulsiva, 28
transtorno da, 28
epidemiologia, 28
etiologia, 28
manifestações clínicas, 28
diagnóstico diferencial, 28
manejo, 28
Perturbação(ões)
sexuais, *65*
específicas, *65*
do sono, *67*
PICA
transtorno, 52
Pick
doença de, *58*
Privação
sedativo-hipnótica, *34*
sinais, *34*
sintomas, *34*
opiácea, *35*
sintomas, *35*
Psicologia
dos impulsos, 108
do ego, 108
Psiquiatria
aspectos legais da, 113-114
prática ruim, 113
consentimento informado, 113
internação involuntária, 113
decisões de Tarasoff, 114
regra de M'Naghten, 114

R

Reabilitação
do álcool, 32
Realçador(es)
cognitivos, 100
Recaptação
da serotonina, 83
inibidores seletivos de, 83
Retardo
mental, 44
epidemiologia, 44
grau de, *45*
leve, *45*
moderado, *45*
grave, *45*
profundo, *45*
etiologia, 45
manifestações clínicas, 45
diagnóstico diferencial, 45
manejo, 46
Rett
transtorno de, 48
Ruminação
transtorno de, 52

S

Sadismo
sexual, *66*
Serotonina
recaptação de, 83
inibidores seletivos de, 83
Serotonina/dopamina
antagonistas da, 75
Síndrome(s)
psicóticas, *3*
agudas, *3*
neuroléptica, 104
maligna, 104
autonômica, *105*
motora, *105*
comportamental, *105*
laboratoriais, *105*
serotonérgica, 106
autonômica, *106*
motora, *106*
comportamental, *106*
Sistema(s)
nervoso, 35
central, *ver SNC*, 35
SNC
transtornos do, 35
por uso de estimulante, 35
manifestações clínicas, 36
manejo, 36
Somatização
transtorno de, 63
Sono
transtornos do, 66
estágios do, *66*
estágio 0, *66*
estágio 1, *66*
estágio 2, *66*
estágio 3, *66*
estágio 4, *66*
Substância(s)
químicas, 30-37
transtornos por, 30-37
abuso de, 30
dependência de, 30
sedativas, 33
transtornos por, 33
epidemiologia, 33
manifestações clínicas, 33
manejo, 33
hipnóticas, 33
transtornos por, 33
epidemiologia, 33
manifestações clínicas, 33
manejo, 33
ansiolíticas, 33
transtornos por, 33
epidemiologia, 33
manifestações clínicas, 33
manejo, 33
mistas, 36
transtornos por uso de, 36
Suicídio
tentativas de, 70
epidemiologia, 70
fatores de risco, 70
manifestações clínicas, 70
diagnóstico diferencial, 71
manejo, 71

T

Tarasoff
decisões de, 114
Teoria(s)
psicológicas, 108-111
psicanalítica/psicodinâmica, 108
escolas do século XX, 108
das relações de objeto, 108
do ciclo de vida de Erikson, 109
confiança *versus* desconfiança, *110*
autonomia *versus* vergonha, *110*
iniciativa *versus* culpa, *110*
dedicação *versus* inferioridade, *110*
identidade *versus* confusão de papel, *110*
intimidade *versus* isolamento, *110*
produção *versus* estagnação, *110*
integridade do ego *versus* desespero, *110*
cognitiva, 109
comportamental, 109, *110*
conceitos importantes na, *110*
cognitivo-comportamental, 109
dialético-comportamental, 111
Terapia(s)
eletroconvulsiva, 80-85
Tireóide
hormônios da, 101
Transtorno(s)
psicóticos, 1-7
esquizofrenia, 1
esquizoafetivo, 4
epidemiologia, 4
fatores de risco, 4
etiologia, 4
manifestações clínicas, 4
diagnóstico diferencial, 4
manejo, 5
esquizofreniforme, 5
epidemiologia, 5
fatores de risco, 5
etiologia, 5
manifestações clínicas, 5
diagnóstico diferencial, 5
manejo, 5
delirante, 6, *6*
subtipos de, *6*
epidemiologia, 6
etiologia, 6
manifestações clínicas, 6
diagnóstico diferencial, 6
manejo, 6
psicótico, 7
breve, 7
epidemiologia, 7
etiologia, 7
manifestações clínicas, 7
diagnóstico diferencial, 7
manejo, 7
de humor, 9-15
classificação do, *10*
unipolar, *10*
bipolar, *10*
etiológico, *10*
com etiologia desconhecida, 15
induzida por substância, 15
por condição médica geral, 15
subtipos, 15
modificações, 15
unipolares, 9
depressivo, 9
maior, 9
epidemiologia, 9
etiologia, 9
manifestações clínicas, 10
diagnóstico diferencial, 10
manejo, 10
distímico, 11
epidemiologia, 11
etiologia, 11
manifestações clínicas, 11
diagnóstico diferencial, 12
manejo, 12
bipolar I, 12
epidemiologia, 12
etiologia, 12
manifestações clínicas, 12
diagnóstico diferencial, 13
manejo, 13
bipolar II, 14
epidemiologia, 14
etiologia, 14
manifestações clínicas, 14
diagnóstico diferencial, 14
manejo, 14
ciclotímico, 14
epidemiologia, 14
etiologia, 14
manifestações clínicas, 14
diagnóstico diferencial, 14
manejo, 14
de ansiedade, 17-22, *18*
generalizado, 20
epidemiologia, 20
etiologia, 20
manifestações clínicas, 20
diagnóstico diferencial, 21
manejo, 21
do pânico, 17
epidemiologia, 17
etiologia, 17
manifestações clínicas, 17
avaliação diagnóstica, 18
diagnóstico diferencial, 18
manejo, 18
de estresse, 21, *21*
pós-traumático, 21, *21*
epidemiologia, 21
etiologia, 21
manifestações clínicas, 21
diagnóstico diferencial, 21
manejo, 21
obsessivo-compulsivo, 22
epidemiologia, 22
etiologia, 22
manifestações clínicas, 22
diagnóstico diferencial, 22
manejo, 22
da personalidade, 24-28, *25*
paranóide, 24
epidemiologia, 24
etiologia, 24
manifestações clínicas, 24
diagnóstico diferencial, 24
esquizóide, 24
epidemiologia, 24
etiologia, 24
manifestações clínicas, 25
diagnóstico diferencial, 25
classificação dos, *25*
critérios diagnósticos, *25*
esquizotípico, 25
epidemiologia, 25
etiologia, 25
manifestações clínicas, 25
diagnóstico diferencial, 25
anti-social, 25
epidemiologia, 25
etiologia, 26
manifestações clínicas, 26
diagnóstico diferencial, 26
limítrofe, 26
epidemiologia, 26
etiologia, 26
manifestações clínicas, 26
diagnóstico diferencial, 26
histriônico, 26
epidemiologia, 26
etiologia, 26
manifestações clínicas, 27
diagnóstico diferencial, 27

narcisista, 27
epidemiologia, 27
etiologia, 27
manifestações clínicas, 27
diagnóstico diferencial, 27
de evitação, 27
epidemiologia, 27
etiologia, 27
manifestações clínicas, 27
diagnóstico diferencial, 27
dependente, 27
epidemiologia, 27
etiologia, 27
manifestações clínicas, 27
diagnóstico diferencial, 27
obsessivo-compulsiva, 28
epidemiologia, 28
etiologia, 28
manifestações clínicas, 28
diagnóstico diferencial, 28
manejo, 28
por substâncias, 30-37
químicas, 30-37
abuso de, 30
dependência de, 30
sedativas, 33
epidemiologia, 33
manifestações clínicas, 33
manejo, 33
hipnóticas, 33
epidemiologia, 33
manifestações clínicas, 33
manejo, 33
ansiolíticas, 33
epidemiologia, 33
manifestações clínicas, 33
manejo, 33
mistas, 36
por álcool, 30
intoxicação alcoólica, 30
dependência, 31
por uso de opióides, 34
epidemiologia, 34
manifestações clínicas, 34
diagnóstico diferencial, 35
manejo, 35
por uso de estimulante, 35
no SNC, 35
manifestações clínicas, 36
manejo, 36
pelo uso da maconha, 36
por *Club Drugs*, 36
alimentares, 39-42, 52
anorexia nervosa, 39
classificação dos, *40*
complicações médicas dos, *41*
bulimia nervosa, 40
PICA, 52
ruminação, 52
na infância, 53
complicações médicas, 42
da criança, 44-53
de retardo mental, 44
de aprendizagem, 46
de desenvolvimento, 47
do déficit de atenção, 50
de hiperatividade, 50
de conduta, 51
do oposicionista desafiador, 51
alimentares, 52
de eliminação, 53
do adolescente, 44-53
de retardo mental, 44
de aprendizagem, 46
de desenvolvimento, 47
do déficit de atenção, 50
de hiperatividade, 50
de conduta, 51
do oposicionista desafiador, 51
alimentares, 52
de eliminação, 53
de aprendizagem, 46
epidemiologia, 46
etiologia, 46
manifestações clínicas, 46
diagnóstico diferencial, 46
manejo, 47
do desenvolvimento, 47
autístico, 47
epidemiologia, 47
etiologia, 47
manifestações clínicas, 47
diagnóstico diferencial, 48
manejo, 48
de Rett, 48
epidemiologia, 48
etiologia, 48
manifestações clínicas, 48
diagnóstico diferencial, 48
manejo, 48
desintegrativo da infância, 48
epidemiologia, 49
etiologia, 49
manifestações clínicas, 49
diagnóstico diferencial, 49
manejo, 49
de Asperger, 49
epidemiologia, 49
etiologia, 49
manifestações clínicas, 49
diagnóstico diferencial, 49
manejo, 49
do déficit de atenção, 50
epidemiologia, 50
etiologia, 50
manifestações clínicas, 50
diagnóstico diferencial, 50
manejo, 51
de hiperatividade, 50
epidemiologia, 50
etiologia, 50
manifestações clínicas, 50
diagnóstico diferencial, 50
manejo, 51
de conduta, 51
epidemiologia, 50
etiologia, 50
manifestações clínicas, 50
diagnóstico diferencial, 50
manejo, 51
oposicionista desafiador, 51
de Tourette, 52
epidemiologia, 52
etiologia, 52
manifestações clínicas, 52
diagnóstico diferencial, 52
manejo, 52
PICA, 52
de ruminação, 52
de eliminação, 53
encoprese, 53
enurese, 53
cognitivos, 55-60, *56*
delirium, 55
demência, 57
anestésicos, 59
epidemiologia, 59
etiologia, 60
manifestações clínicas, 60
diagnóstico diferencial, 60
manejo, 60
diversos, 62-68, *63*
dissociativos, 62, *63*
amnésia dissociativa, 62, 63
fuga dissociativa, 62, *63*
de identidade, 62, *63*
de despersonalização, 63, *63*
de identidade, 62, *63*
dissociativo, 62
sexual, 64
disfunções sexuais, 64
parafilias, 64
de gênero, 64, 65
de despersonalização, 63
somatoformes, 63, *64*
de somatização, 63
de somatização, 63
de ajustamento, 64
de sono, 66
dissonias, 67
insônia crônica, 67
parassonias, 68
factício, 68
condições clínicas especiais, 70-72
tentativas de suicídio, 70
abuso, 71, 72
conjugal, 71
do idoso, 72
luto, 72
Tourette
transtorno de, 52

V

Valproato, *88*, *89*
mecanismos de ação, 88
escolha da medicação, 88
monitorização terapêutica, 90
efeitos colaterais, 90